Hannes Bahrmann

Francos langer Schatten

Hannes Bahrmann

Francos langer Schatten

Diktatur und Demokratie in Spanien

Ch. Links Verlag, Berlin

Auch als ebook erhältlich

Die Deutsche Nationalbibliothek verzeichnet diese Publikation
in der Deutschen Nationalbibliografie; detaillierte bibliografische Daten
sind im Internet über www.dnb.de abrufbar.

1. Auflage, März 2020

Prinzenstraße 85 D, 10969 Berlin, Tel.: (030) 44 02 32-0
www.christoph-links-verlag.de; mail@christoph-links-verlag.de
Umschlaggestaltung: Eugen Bohnstedt unter Verwendung
eines Fotos von Pablo Blazquez Dominguez
(Getty Images): Rechtsextremisten entbieten am 15. Juli 2018 den
faschistischen Gruß vor der Grabstätte Francos im »Tal der Gefallenen«
und protestieren gegen die geplante Umbettung des Diktators
Satz: Nadja Caspar, Ch. Links Verlag
Druck und Bindung: Druckerei F. Pustet, Regensburg
Gedruckt auf säurefreiem, alterungsbeständigem Papier

ISBN 978-3-96289-077-3

Inhalt

»Kein Winkel der Vergangenheit war vollkommen unschuldig. Wenn man nicht auf eine Leiche stieß, stieß man auf Schweigen, auf Vergessen, auf die unerbittliche Rechtfertigung des Laufs der Dinge.«

Jorge Semprún, Überlebender des KZ Buchenwald, Ex-Politbüromitglied der KP Spanien und international erfolgreicher Romancier in seinem Buch »Der zweite Tod des Ramón Mercader«

Golf von Biscaya
La Coruña
Gijón
Santiago de Compostela
Lugo
Oviedo
Santander
ASTURIEN
GALICIEN
KANTABRIEN
Río Miño
Pontevedra
CORDILLERA CANTÁBRICA
Vigo
Orense
León
Burgos
Palencia
Zamora
Valladolid
Duero
Douro
KASTILIEN UND LEÓN
Salamanca
Segovia
Ávila
SISTEMA CENTRAL
Madrid
MADRID
PORTUGAL
Tejo
Tajo
Toledo
Lissabon
Cáceres
KASTILIEN - LA MANCHA
EXTREMADURA
Badajoz
Mérida
Guadiana
Ciudad Real
SIERRA MORENA
Córdoba
Guadalquivir
Jaén
Huelva
Sevilla
ANDALUSIEN
Granada
Mulhacén (3482m)
Jerez
Málaga
Cádiz
Marbella
Atlantischer Ozean
GIBRALTAR (U.K.)
Straße von Gibraltar
Ceuta (Sp.)
N
0
50
100 km

1 VIZCAYA
2 GUIPÚZCOA
3 ÁLAVA
Landeshauptstadt
Hauptstadt der autonomen Region
Hauptstadt der gleichnamigen Provinz
sonstige Stadt
(alle Städtenamen in kastilischer Schreibweise)
Landesgrenze
Grenze der autonomen Region
Provinzgrenze
FRANKREICH
ANDORRA
PYRENÄEN
Bilbao
San Sebastián
BASKENLAND
Vitoria
Pamplona
NAVARRA
Logroño
LA RIOJA
Huesca
ARAGÓN
Soria
Ebro
Zaragoza
KATALONIEN
Gerona
Lérida
Barcelona
Tarragona
Teruel
Cuenca
Castellón
Mittelmeer
Menorca
Palma
Mallorca
VALENCIA
Valencia
BALEAREN
Albacete
Ibiza
Formentera
Segura
Alicante
Murcia
MURCIA
KANARISCHE INSELN
Lanzarote
La Palma
Pico de Teide (3718m)
Santa Cruz
Las Palmas
La Gomera
Teneriffa
Fuerteventura
El Hierro
Gran Canaria
Spanien
Atlantischer Ozean
Marokko

Prolog

Das Mausoleum des Führers war das größte Europas. 18 Jahre lang schufteten hier 20 000 Häftlinge aus Konzentrationslagern. Über der riesigen Anlage ragt ein Kreuz 152 Meter in die Höhe. Es ist 200 000 Tonnen schwer. Eine Stiftung erinnert an Leben und Werk des Führers, Plätze sind nach ihm benannt, ganze Ortschaften. Hunderte Straßen tragen bis heute die Namen seiner Generäle. Berüchtigte Folterer erhalten Ehrenpensionen und Auszeichnungen. Seine toten Gegner haben hunderttausendfach keine Namen. Sie liegen in Massengräbern oder in Straßengräben verscharrt. Gerichtsurteile aus der Zeit der Diktatur sind heute, mehr als vier Jahrzehnte nach ihrem Ende, weiterhin gültig.

Der spanische General Francisco Franco putschte sich 1936 mithilfe Adolf Hitlers und Benito Mussolinis an die Macht und entfesselte einen Bürgerkrieg, aus dem er 1939 siegreich hervorging. Man nannte ihn *El Caudillo* (der Führer). Seine Diktatur hielt fast vier Jahrzehnte. Franco prägte sein Land durch Terror und Angst. Konzentrationslager, Gefängnisstrafen, Vertreibung und Benachteiligung prägten das Leben der Besiegten. Der Tod ereilte den 82-Jährigen 1975 im Bett. Der Befund lautete alterstypisch multiples Organversagen.

Die nach seinem Tod neu zugelassenen demokratischen Parteien beschlossen, die Toten und die Vergangenheit ruhen zu lassen. Sie vereinbarten den *Pacto de Olvido* – den Pakt des Vergessens. Mit dem Amnestiegesetz von 1977 sollten die Straftaten der Vergangenheit ungesühnt bleiben. Man errichtete die spanische Demokratie auf dem Fundament der Diktatur.

Der Amnestie folgte die Amnesie, ein Vierteljahrhundert des kollektiven Gedächtnisverlusts. Der alte Apparat der Diktatur blieb unangetastet. Richter, Beamte, Polizisten, Geheimdienstler, Archivare, die Armeeführung – sie alle blieben in ihren Ämtern. Die Regierungen wechselten zwischen den Sozialisten von der

Partido Socialista Obrero Español (PSOE) und der (von Franco-Leuten initiierten) rechtskonservativen *Partido Popular* (PP).

Die PP war gegen jede Aufarbeitung der Vergangenheit. Auch die PSOE zeigte kaum Interesse. »Der Bürgerkrieg ist kein Ereignis, dessen man gedenken sollte, auch wenn er für die, die ihn erlebten und erlitten, eine entscheidende Episode in ihrem Leben darstellt. Der Krieg ist endgültig Geschichte, ist nicht mehr lebendig und präsent«, befand der sozialistische Regierungschef Felipe González zum 50. Jahrestag des Putsches der Generäle.

Erst die Enkelgeneration der entführten und ermordeten Verteidiger der Republik fing nach der Jahrtausendwende an, lauter zu fragen, wo ihre Großeltern geblieben waren. Mit ihrem Drängen stößt sie bis heute bei offiziellen Stellen auf Hindernisse. Die Türen zu den Akten blieben lange Zeit für die an einer kritischen Aufarbeitung Interessierten verschlossen. Im Zweifelsfall kam das Gesetz über den Schutz von Staatsgeheimnissen aus der Franco-Zeit zur Anwendung, das bis heute gilt. Wer sich den Zugang in die Archive erkämpfte, erlebte ein gestaffeltes System der Verhinderung: Akten waren verschwunden, verlegt, nicht auffindbar. Die relevanten Archive in Spanien sind bis heute systematisch unterbesetzt. 2018 arbeiteten in den 23 Archiven des Militärs 28 Archivare.

Spanien ist nach Kambodscha weltweit das Land mit den meisten Massengräbern. Sie sind über das ganze Land verteilt. Eine offizielle Kartierung gibt es bis heute nicht. Eine staatliche Datenbank mit der DNA der »Verschwundenen« existiert nicht. Das ist der Grund, warum die Opferzahlen für die Franco-Diktatur eine große Schwankungsbreite haben. Ging man im Jahr 2000 z. B. noch von 30 000 Verschwundenen aus, sind es jetzt weit mehr als hunderttausend, von denen bis heute jede Spur fehlt. Und es werden immer noch mehr.

Den Spaniern, die nach 1975 eine Schule besucht haben, wurde das wahre Ausmaß der Verbrechen nicht vermittelt. Ein Team der Universität von León untersuchte die Lehrmaterialien im

Fach Geschichte der Mittel- und Oberstufe. Die Wissenschaftler kamen nach dreijähriger Arbeit zu folgenden Schlussfolgerungen: Die Ursachen für den Ausbruch des Bürgerkriegs werden oft falsch dargestellt. Landläufig wird erklärt, »das Chaos in der Zweiten Republik« sei die Ursache gewesen, nicht der Putsch der Militärs um Franco. Es wird von »Erhebung« gesprochen oder von einem »Bruderkrieg«, nicht vom Putsch der Generäle.

Die Zeit der Diktatur nach dem Ende des Bürgerkriegs und die Verfolgung und Unterdrückung der unterlegenen Republikaner werden im Schulunterricht weitgehend ausgeblendet. Die Diktatur wird als eine »nichtdemokratische Regierung« umschrieben. Franco wird mit seinem Titel als »Generalissimus« geführt, nicht der Diktator genannt. Ausgespart wird die Rolle der Kirche als Unterstützerin der Diktatur ebenso wie der Widerstandskampf gegen Franco. Eine der Folgen: Die faschistische Hymne ist einer der beliebtesten Titel bei Spotify Spanien und wird – vor allem von jungen Leuten – millionenfach heruntergeladen.

Noch heute erscheinen Bücher, die von der Zensur der Diktatur verschandelt wurden. Der spanische Philologe Jordi Cornellà gibt als Beispiel die spanische Ausgabe von Ernest Hemingways Roman »Über den Fluss und in die Wälder« an. Im Original steht die Dialogzeile »Sind Sie lesbisch?«, in der spanischen Ausgabe »Sind Sie normal?« Spanische Verlage verkaufen die zensierten und zusammengestrichenen Texte von weltbekannten Autoren wie George Orwell, Ian Fleming, Henry Miller oder James Baldwin bis heute.

Spanier lesen in den Nachschlagewerken wie dem *Diccionario Biográfico Español de la Real Academia de la Historia* in der Ausgabe von 2011, dass Diktator Franco ein »verdienter Militär« war und die Diktatur »autoritär, aber keinesfalls totalitär« gewesen sei. Der Autor des biografischen Artikels war der frühere Hofbiograf Francos, Luis Suárez Fernández.

Unzählige Mythen sind über Franco im Umlauf. Er sei der Vater der Sozialversicherung, da sind sich viele Spanier sicher. Er war es nicht. Sie wurde bereits im Jahr 1883 eingeführt. Da war er noch gar nicht geboren. Franco habe den bezahlten Urlaub eingeführt – hat er nicht. Das entsprechende Gesetz stammt von 1918. Auch die staatliche Rente führte Franco nicht ein, sie datiert aus dem Jahr 1919. Die ihm zugeschriebene systematische Bewässerung Spaniens fußte auf dem *Plan Gasset,* und der stammt aus dem Jahr 1902. Franco gründete auch keine großen Unternehmen, weder die Telefónica (1924) noch die Fluglinie Iberia (1927). Auf ihn gehen weder die Unterstützung kinderreicher Familien noch die Alphabetisierung, der Schutz der Blinden, der Mindestlohn, die Witwenrente, die Berufsausbildung oder die Schulpflicht zurück. Aber viele Spanier glauben weiter fest daran.

An vielen Orten stößt man auf Symbole der Diktatur. Das Emblem an den Kasernen der paramilitärischen *Guardia Civil* zeigt bis heute das faschistische Rutenbündel. Man sieht das franquistische Wappen an Rathäusern. Denkmäler preisen den »glorreichen Kreuzzug« der Franco-Armee, und Hunderte Straßennamen halten das Gedenken an die Diktatur lebendig. In vielen Orten gibt es noch die *Plaza del Caudillo,* mit der Franco gehuldigt wurde. Der Schlachtruf der Franquisten »*Arriba España*« findet sich ebenso wieder, wie Straßen nach der *División Azul* benannt sind, die Franco an Hitlerdeutschland zur Unterstützung im Krieg gegen die Sowjetunion auslieh.

Das furchtbarste Monument der Diktatur befindet sich eine Autostunde außerhalb Madrids: El Valle de los Caídos, das Tal der Gefallenen. Offiziell ist es Mahnmal und Grabstätte für die Toten des spanischen Bürgerkrieges. Den Ort für das Bauwerk in der kastilischen Hochebene hatte Franco unmittelbar nach Ende der Kämpfe 1939 persönlich ausgesucht. Zwei Jahre später begannen die Arbeiten auf dem 1400 Hektar großen Gelände. Hunderttausende Tonnen Fels wurden gesprengt, um Platz für die Basilika, ein Kloster, Pilgerunterkünfte und Ähnliches zu schaffen. Die Bauarbeiten dauerten insgesamt 18 Jahre und kosteten nach heutiger Kaufkraft 3,5 Milliarden Euro.

Zum 20. Jahrestag des Sieges der Franquisten weihte der Diktator das Monument ein. »Der Bürgerkrieg war kein Bruderkrieg, sondern ein Kreuzzug für das wahre Spanien«, sagte er damals in seiner Eröffnungsrede. »Unser Sieg war ein Sieg für die Einheit des spanischen Volkes.« Deshalb sollten an diesem Ort die Gebeine der Toten von beiden Bürgerkriegsparteien beerdigt werden. Platz genug hatte man geschaffen. Bis zu 150 000 Tote konnten hier ihre letzte Ruhe finden. Niemand wollte zunächst seine Angehörigen ins »Tal der Gefallenen« bringen lassen. Die Sieger nicht und die Besiegten erst recht nicht. Doch Franco setzte seinen Willen durch. Aus allen Teilen Spaniens ließ er die sterblichen Überreste der Toten des Bürgerkrieges heranschaffen. Insgesamt sind es die Gebeine von 34 000 Menschen.

War die Ankündigung zur Versöhnung wenig glaubhaft, machte die unterschiedliche Behandlung der Toten die Absicht der Sieger deutlich. Die 22 000 toten Franco-Anhänger sind namentlich erfasst und registriert, die sterblichen Überreste der 12 000 toten Republikaner schüttete man namenlos zu einem Berg Knochen in die Gruften. Lediglich zwei Gräber waren namentlich gekennzeichnet: das des 1975 verstorbenen Diktators sowie des 1936 erschossenen Gründers der faschistischen Falange José Antonio Primo de Rivera.

Am 24. Oktober 2019 wurde der Leichnam Francos nach mehreren vergeblichen Versuchen auf einen kleinen Friedhof am Stadtrand von Madrid umgebettet. Der Diktator liegt nun in Mingorrubio, nahe der gleichnamigen Kolonie, die für die Leibgarde Francos und deren Familien errichtet wurde. Unweit befindet sich der Palast, in dem Franco zu seinen Lebzeiten den größten Teil des Jahres verbrachte.

Nicht wenige fürchten, dass Mingorrubio zur nächsten Pilgerstätte der Rechtsradikalen werden könnte. Bis heute findet am Todestag des Caudillos in vielen spanischen Kathedralen die Totenmesse statt, bei der für die Seele des Diktators gebetet wird. Jahr für Jahr kommen im ganzen Land Anhänger Francos zusammen, die ihm mit dem faschistischen Gruß, dem hochgereckten rechten Arm, huldigen.

Was wäre geschehen, wenn es in Spanien einen Bruch mit der Vergangenheit gegeben hätte? Die Institutionen der Diktatur wären verboten worden; man hätte die Schuldigen zur Verantwortung gezogen und ihr Eigentum beschlagnahmt; ihre Ideologie wäre Gegenstand des Geschichtsunterrichts, man hätte ihre Symbole verboten. Dies wäre einhergegangen mit der Aufarbeitung der Unterdrückung während der Diktatur, mit der Anerkennung und Entschädigung ihrer Opfer. Sie hätten Anspruch auf Wahrheit, Gerechtigkeit und Wiedergutmachung.

Das alles ist bislang unterblieben.

Wie alles begann

Spanien verliert den Status einer Großmacht – Das Militär wird zum Staat im Staate – Krieg in Spanisch-Marokko – Ein junger Oberleutnant macht Karriere – Spanien feiert Franco als Kriegsheld – General Primo de Rivera erhebt sich zum Militärdiktator – Deutsches Giftgas gegen die aufständischen Berberstämme – Franco wird zum jüngsten General Europas befördert

Spanien war zu Beginn des 20. Jahrhunderts in großer Not. Die Staatsfinanzen waren ungeordnet und die innenpolitischen Verhältnisse chaotisch. In 120 Jahren registrierte man mehr als 100 Regierungen, zwei Dutzend Militärputsche und zwei Bürgerkriege. Weltpolitisch war die einstige Großmacht nahezu bedeutungslos geworden.

Das Land hatte eine bewegte Vergangenheit: Im Jahr 711 drangen Araber in das christliche Reich der Westgoten ein. Im 8. Jahrhundert hatten sie die Iberische Halbinsel besetzt. Ihr Erfolg war wesentlich auf die Stärke ihrer Kampftruppen zurückzuführen, die mehrheitlich in Nordafrika rekrutiert wurden. Die indigene Bevölkerung Marokkos, Tunesiens und Algeriens fasst man unter der Bezeichnung Berber zusammen. Sie selbst benennen sich nach ihrer Stammeszugehörigkeit z. B. als Rif-Kabylen oder Tuareg.

Nach der Eroberung der Iberischen Halbinsel wurden sie in Spanien sesshaft. Man nannte sie dort *Moros* (Mauren). Sie errichteten einen eigenen Staat. Die arabische Aristokratie reklamierte nach dem militärischen Sieg durch die Berber den Führungsanspruch aber für sich. Es kam zu zahllosen Aufständen. Jahrhundertelang versuchten die Christen, das Land zurückzuerobern, was ihnen Stück für Stück gelang. 1492 ergab sich der letzte maurische Herrscher im übrig gebliebenen Andalusien.

Spanien kam unter die Herrschaft der Habsburger, die mit gezielter Hochzeitspolitik ihren Erzrivalen Frankreich schwächen wollten. 1496 heiratete Philipp I. von Österreich Johanna von Kastilien, seine Schwester den spanischen Thronfolger. Philipps Sohn Karl I. wurde mithilfe des Finanziers Jakob Fugger auch »Erwählter Kaiser des Heiligen Römischen Reiches«. Danach teilten sich die Habsburger: Sohn Philipp II. wurde König von Spanien, sein Onkel Ferdinand wurde römisch-deutscher Kaiser.

Mit der Eroberung Amerikas im 16. Jahrhundert war Spanien zur europäischen Großmacht aufgestiegen. Drei Jahrhunderte lang beutete es seine Kolonien aus, schaffte Tausende von Tonnen Silber und Gold mit Schiffen nach Europa. Im 17. Jahrhundert befand sich das Land auf dem Höhepunkt seiner Macht. Spanien hatte die Herrschaft über Portugal und seine überseeischen Kolonien in Amerika und Asien übernommen, weil der letzte König ohne Nachkommen gestorben war. Ein Weltreich zu verteidigen kostete sehr viel Geld. Spanien führte Kriege gegen Osmanen, Franzosen, Engländer und Niederländer.

Zum Verhängnis wurde den Habsburgern, dass sie ihre beiden Linien immer wieder miteinander verheirateten – Macht ging vor Gesundheit. 200 Jahre herrschten sie in Spanien, dann zahlten sie den Preis für die fortwährende Inzucht: 1700 starb mit Karl II. die Linie der Habsburger in Spanien aus. Seine Eltern waren Nichte und Onkel, der Inzuchtfaktor hatte mit ihrem Sohn den Spitzenwert erreicht. Er lernte erst mit acht Jahren laufen und litt unter Infantilismus und Geistesschwäche. Im Volk hieß er *El Hechizado* (der Verhexte). Auch ging das Gerücht um, er wäre ein Mädchen, weil es den Eltern nicht gelungen sei, einen Thronerben zur Welt zu bringen.

In geistiger Umnachtung vererbte Karl II. das spanische Königreich dem Enkel des französischen Königs Ludwig IV., dem Bourbonen Philipp von Anjou. Diese Ausdehnung des französischen Einflussgebiets löste in Europa schwere Konflikte aus, die im Spanischen Erbfolgekrieg mündeten. Aus diesem gingen die

Bourbonen siegreich hervor. Auch sie herrschten 200 Jahre und ihre Nachfahren stellen das heutige spanische Königshaus. Waren die Habsburger an ihren hervorstehenden Unterkiefern, der gewölbten Unterlippe und einer weit nach unten reichenden Nase zu erkennen, so stellten die Hofmaler wie Goya die Bourbonen vor allem in ihrer Korpulenz dar.

Anfang des 19. Jahrhunderts begannen sich die lateinamerikanischen Untertanen gegen die spürbar geschwächte spanische Herrschaft aufzulehnen und nach dem Sieg ihre Unabhängigkeit zu erklären. Kurz vor der Jahrhundertwende verlor Spanien 1898 noch die letzten Besitzungen Kuba, Puerto Rico und die Philippinen an die aufkommende Großmacht USA. Das besiegelte das Ende Spaniens als Großmacht. Vor allem das Militär sorgte sich um seine künftige Rolle, denn es hatte in den Kolonialkriegen versagt.

Anstatt die Ursachen in der desolaten Organisation und Ausbildung der Truppe zu suchen, machten die Generäle die Politiker für das Kolonialdesaster verantwortlich. Die Regierung wich vor dem Druck der Armee zurück. Sie verabschiedete 1906 ein Gesetz, mit dem das Militär jede Form von Kritik an den Streitkräften und der Missachtung ihrer Symbole zur Anklage bringen und verurteilen konnte. Damit war die Armee zum Staat im Staate geworden. Zur völligen Wiederherstellung ihres alten Ruhmes fehlte ein Sieg auf dem Schlachtfeld. Geeignet erschien dafür die einzig noch verbliebene Kolonie im Norden von Marokko.

Seit 1497 war das marokkanische Melilla in spanischem Besitz. Häufig kam es zu Auseinandersetzungen mit den Berberstämmen. Die Konferenz von Algeciras 1906 teilte Marokko zwischen Frankreich und Spanien auf. Frankreich hatte ursprünglich den Anspruch auf ganz Marokko erhoben, war damit jedoch auf den Widerspruch Großbritanniens gestoßen, das die Meerenge von Gibraltar kontrollierte und keinen Konkurrenten duldete. Spanien war derart bedeutungslos, dass die Briten kein Problem damit hatten, die einstige Großmacht als Platzhalter ihrer Interessen zu tolerieren.

Traditionelle Reiterspiele der Berber-Krieger

1909 kam es in der Nähe von Melilla wieder einmal zu Aufständen der Berber. Die spanische Armee wollte ihre Stärke dort unter Beweis stellen. Die Bedingungen dafür waren aber alles andere als gut: Die Truppe war schlecht ausgebildet, mangelhaft ausgerüstet und kopflastig: 18 000 Offiziere kommandierten 80 000 Soldaten. In ihren prunkvollen Uniformen waren die zahlreichen Kommandeure vor allem Operettendarsteller mit einem grenzenlosen Dünkel. Die Soldaten waren vor allem Analphabeten, die mit abgelegten Waffen aus dem Deutsch-Französischen Krieg von 1870/71, abgerissenen Uniformen und löchrigen Bastschuhen in den Kampf gegen die aufständischen Berber zogen.

Nach Melilla schickte die Militärführung zunächst vor allem Reservisten aus Katalonien, die eigens zu diesem Zweck einberufen worden waren. Wenige Tage nach ihrer Ankunft waren 500 von ihnen bereits gefallen und Tausende verwundet. Das rief Massenproteste in der Heimat hervor. In Barcelona kam es zur »Tragischen Woche«, bei der die Armee gegen die Demonstranten eingesetzt wurde und 120 von ihnen erschoss. Im Nachgang wurden mehr als 1700 verurteilt, mehrere von ihnen zum Tode.

Zur Verstärkung entsandte das Kriegsministerium Zehntausende reguläre Soldaten nach Marokko. Einer der Offiziere, die nach Nordafrika übersetzten, war der 19-jährige Oberleutnant Francisco Paulino Hermenegildo Teódulo Franco y Bahamonde Salgado Pardo. Seine Herkunft war schlichter, als der Name vermuten ließ: Der Vater war Zahlmeister der Marine im galizischen Ferrol. Sein Sohn war kleinwüchsig, schmal und wirkte schüchtern. Entsprechend fiel sein Spitzname aus: *Cerrillita* – das Streichhölzchen. Mit 14 Jahren war er zur Militärakademie nach Toledo geschickt worden. Was er aus den nachfolgenden Jahren des Drills und der patriotischen Gehirnwäsche mitnahm, waren vor allem der Glaube an die Überlegenheit Spaniens, blinder Gehorsam und heroischer Mut, für das Vaterland zu sterben. Sein Studienabschluss war hingegen mehr als mittelmäßig: Er belegte in den Prüfungen Platz 251 von 312.

Das waren seine Ausgangsbedingungen, als der 1,65 Meter große *Franquito,* der kleine Franco, wie er auch genannt wurde, 1912 in Melilla von Bord des Truppentransporters ging. Wie sollte er seine Soldaten, zumeist kräftige Bauernburschen, die ihm an Körpergröße deutlich überlegen waren, mit seiner leisen Fistelstimme kommandieren? Franco fand das einzige Mittel, aus diesem Dilemma herauszukommen: Er wurde ein pingeliger Kommandeur. Schnell hatte er drakonische Strafen bei der Hand, um keine Zweifel an seiner Führungsfähigkeit aufkommen zu lassen. Einen Soldaten, der einem Vorgesetzten aus Protest die Suppe über die Hose gekippt hatte, ließ er kurzerhand erschießen.

Bereits beim ersten Gefecht stellte der schmächtige Oberleutnant fest, dass er angstfrei war. Auf dem Pferd blieb er noch hochaufgerichtet, wenn die Kugeln um ihn herumflogen. Bald sprach sich herum, dass ihm von einem Scharfschützen die Kaffeetasse aus Hand geschossen worden war. Die einzige Reaktion sei gewesen, dass er mit ruhiger Stimme um eine neue bat. Das brachte ihm bei Mannschaften und Offizierskameraden Respekt, gar Hochachtung ein.

Er wechselte zu den *Regulares,* einem Verband des spanischen Heeres, der seine Soldaten vor allem in der einheimischen Bevölkerung von Spanisch-Marokko, den Moros, rekrutierte. In der neuen Einheit zeigte sich eine weitere Eigenschaft, die Franco sein Leben lang begleitete: Er war mitleidlos. Was er bei seinen Soldaten im Gefecht beobachtete, hätte schwächer besaiteten Charakteren den Magen umgedreht. Den Feinden wurden erst die Ohren und dann der ganze Kopf abgeschnitten. Die Ohren wurden als Trophäen aufgefädelt, die Köpfe aufgespießt. Eine besonders schreckliche Tötungsart der *Regulares* war es, dem Feind erst den Bauch aufzuschlitzen, um ihn anschließend mit seinen eigenen Därmen zu erdrosseln. Gefangene wurden nicht gemacht.

Franco bemerkte, dass diese Rituale bei den Feinden Panik erzeugten. So wie sich seine Einheit im Kampf durch Grausamkeit hervortat, so folgte sie in der Kaserne jedem Befehl ihres kleinen Kommandeurs in blindem Gehorsam. Dafür sorgte Franco mit gnadenloser Härte und erzeugte jene Angst, die er fortan als probates Mittel zur Machtausübung einsetzte. Das fiel seinen Vorgesetzten auf, und er wurde zum jüngsten Hauptmann der spanischen Armee befördert.

Nur ein Jahr später sollte Franco auf Vorschlag des Hochkommissars für Spanisch-Marokko aufgrund neuer Verdienste im Feld zum Major befördert werden. Gleichzeitig wollte man ihn mit dem höchsten Militärorden Spaniens, dem *Gran Cruz Laureada de San Fernando,* auszeichnen. Dagegen legte das Verteidigungsministerium in Madrid ein Veto ein. Die Karrieresprünge des 23-jährigen Franco hatten wie ein Lauffeuer in Spanien die Runde gemacht. Den Offizieren ohne Fronteinsatz waren sie besonders sauer aufgestoßen, denn bei ihnen erfolgte die Beförderung streng nach dem Dienstalter.

Franco wandte sich vorschriftswidrig direkt an seinen Oberbefehlshaber König Alfonso XIII., um die Beförderung zu bekommen. Der ließ sich über den kecken Offizier berichten und stimmte dem Anliegen zu. Franco wurde der jüngste Major in Europa. Den Orden bekam er nicht. (Er verlieh ihn sich 1939 selbst.) Die Beförderung durch den König steigerte die Empörung. Die Zukurzgekommenen gründeten *Juntas de Defensa* (Verteidigungsräte), eine Art Offiziersgewerkschaft, die sich um Angleichung von Sold und Beförderungschancen an die *Africanistas,* die in Marokko dienenden Offiziere, kümmern sollte.

Franco hatte einen Dienstgrad erreicht, für den es in Marokko keine Verwendung mehr gab. Er kehrte 1917 in die Heimat zurück. Hier erwartete ihn eine Überraschung: Man empfing ihn wie einen lange vermissten Helden. Der Bürgermeister der asturischen Hauptstadt Oviedo verlieh ihm den Goldenen Schlüssel der Stadt. Hier heiratete er 1923 seine Verlobte Maria del Carmen. Der König stellte dem Hochzeitspaar den Militärgouverneur von Oviedo als seinen persönlichen Trauzeugen zur Seite. Eine riesige Menschenmenge feierte das Paar. Aus allen Landesteilen kamen Glückwünsche. In Madrid titelte eine Zeitung ihren Bericht »Die Hochzeit eines heroischen Caudillos«. Der Titel eines Führers (Caudillo) wurde Francos Markenzeichen.

In den Bergen des Rif-Gebirges hatten die Kabylen, ein Berberstamm, Abd el-Krim zu ihrem lokalen Anführer gewählt. Er war Kadi (der oberste lokale Richter) in Melilla und arbeitete als Herausgeber der arabischsprachigen Beilage der spanischen Zeitung »Telegrama del Rif«. Zunächst war er ein Gefolgsmann der Kolonialherren, wollte gemeinsam mit ihnen das unwirtliche Gebiet erschließen und dort einen modernen Staat errichten.

In Europa tobte der Erste Weltkrieg. Der deutsche Konsul im spanisch-marokkanischen Tetuán, Walter Zechlin, nahm Kontakt zu Abd el-Krim auf. Er sagte ihm Unterstützung im Kampf um die Unabhängigkeit in ganz Marokko zu. Das wertete Frankreich als deutsche Kriegsaktion und beschuldigte den Diplomaten der Aufwiegelung von Einheimischen. Zechlin wurde auf Bitten der spanischen Regierung an die Botschaft in Madrid versetzt. Abd el-Krim kam ins Gefängnis.

1919 drohte Frankreich, Spanien solle sein Protektorat nicht nur an wenigen Punkten, sondern flächendeckend verwalten. Andernfalls müsse es damit rechnen, seinen Teil an Frankreich zu verlieren. 1921 begann Spanien eine militärische Offensive, die auf den erbitterten Widerstand der Rif-Kabylen stieß. Die Spanier setzten vor allem die *Regulares* ein. Der Vormarsch war unkoordiniert und ohne funktionierende Kommunikation, sodass die Truppen schnell in die Defensive gerieten.

Abd el-Krim, dem Führer der kabylischen Guerrilla, gelang es, die spanischen Soldaten einzukreisen. Panisch zogen sie sich zurück. Die Aufständischen nahmen über 20 spanische Stützpunkte ein und töteten deren Besatzungen. Die gesamte spanische Militärstruktur in Spanisch-Marokko brach zusammen. Ein Teil der Truppen wurde mit Kriegsschiffen evakuiert, ein anderer floh in die französische Zone. Es verblieben einzig die spanischen Brückenköpfe Melilla und Ceuta.

Der Hochkommissar des spanischen Protektorats handelte mit der Führung der Rif-Kabylen die Kapitulation aus. Das spanische Militär erlitt eine demütigende Niederlage. Ein Bericht des Parlaments listete die beschämenden Details der Niederlage auf: 13 363 Spanier wurden getötet oder vermisst. Die aufstän-

Der Anführer der Rif-Kabylen,
Abd el-Krim (1882–1963)

dischen Berber hatten nur 1000 Mann verloren, erbeuteten aber 20 000 Gewehre, 400 Maschinengewehre und 129 Artilleriegeschütze.

Nach dem großen Sieg wählten die Stämme des Rif Abd el-Krim zum Emir. 1923 rief er die unabhängige Republik aus, schaffte eine Vertretung aller Stämme und begann mit dem Bau von Straßen, Brücken und Telefonverbindungen. Weltweit wurde der Berberführer zum Idol des antikolonialen Kampfes. Wer in Spanien Sympathien mit dem Kampf der Rif-Kabylen äußerte, den verfolgten die Behörden wegen feindlicher Propaganda und Hochverrats. Die Kommunistische Partei wurde verboten. Innenpolitisch hatte das militärische Desaster in Marokko gravierende Folgen. Erneut überdeckte das Militär seine Niederlage und schob die Schuld den Politikern in die Schuhe.

Spanien war zu dieser Zeit ein Land, in dem die Ungerechtigkeit bei der Verteilung des gesellschaftlichen Reichtums zum akuten Problem geworden war. Auf dem Land war der Grundbesitz zunächst die traditionelle Basis der alten Eliten. Mit ihren Gewinnen diversifizierten sie ihre wirtschaftlichen Aktivitäten in die Schifffahrt, den Bergbau oder den Handel. In der parlamentarischen Demokratie hatten sie jene Regierungsform gefunden, die ihre Interessen angemessen vertrat. Doch mit dem Anwachsen der organisierten Arbeiterschaft in Industrie und Landwirtschaft wurde die Frage akut, ob das künftig noch gelten würde. Die russische Revolution von 1917 war in Spanien auf viel Zustimmung gestoßen und bot die Blaupause, um die scheinbar auf Ewigkeit angelegten Verhältnisse zu ändern.

Die alten Familien, die im Land herrschten, forderten daher das Eingreifen des Militärs zur Absicherung ihrer Macht. Der Generalkapitän von Katalonien, General Miguel Primo de Rivera, putschte 1923 und errichtete mit Zustimmung des Königs eine Militärdiktatur, die bis 1930 dauerte. Die spanische Verfassung aus jener Zeit sah vor, dass der König befugt war, die zivile Regierung durch die Machtübergabe an das Militär abzulösen.

Der Diktator Primo de Rivera brauchte zur Legitimierung seiner Herrschaft einen Sieg in Marokko. Dazu bedurfte es neuer schlagkräftiger Truppen. Oberstleutnant Millan Astray, ein Held der Kolonialkriege auf den Philippinen, hochdekoriert und mit Kriegsverletzungen übersät, schlug vor, eine Fremdenlegion nach französischem Vorbild zu schaffen. Mit dieser Truppe wollte er die militärische Lage in Nordafrika nachhaltig verbessern. Er erhielt das Kommando. Als er den jungen Kriegshelden Franco in Madrid traf, bot er ihm an, sein Stellvertreter zu werden. Der nahm das Angebot mit Freuden an.

Söldner wurden in der ganzen Welt angeworben. Das größte Kontingent stellten die benachbarten Portugiesen, das zweitgrößte die Deutschen. In deutschen Zeitungen erschienen Anzeigen, die auf das Hauptanwerbebüro in Hamburg verwiesen. Die Söldner mussten sich für fünf Jahre verpflichten. Der Gründer der spanischen Legion hatte einen umfangreichen Katalog von Prinzipien, Regeln, Bekleidungsvorschriften und Vorgaben zur Bewaffnung ausgearbeitet.

Zwölf Gebote hatten die Legionäre zu befolgen. Sie sollten stets versuchen, die Distanz zum Feind auf Messerlänge zu verkürzen. Ein Kamerad durfte nie auf dem Gefechtsfeld zurückgelassen werden. Auf seinen Ruf »Zu mir, Legion« war einem Bedrängten zu Hilfe zu eilen. Der Leitsatz lautete: »Die Legion fordert den ständigen Kampf, ohne Pause und ohne die Tage, die Monate oder die Jahre zu zählen!« Die größte Ehre für einen Legionär war es, zu sterben. Daraus entwickelte sich ein regelrechter Todeskult.

Aus diesem ideologischen Überbau entwickelte sein Stellvertreter Franco die Praxis im Alltag des Krieges. Er forderte unbedingten Gehorsam, ahndete wie vordem gnadenlos jeden Verstoß und ließ dafür seinen Soldaten freie Hand beim Umgang mit den Feinden. Bald hatte die Legion die gleichen grausamen Praktiken des Ohren- und Kopfabschneidens und Schändens der Leichname übernommen, wie sie die *Regulares* ausübten.

Der Militärdiktator Primo de Rivera machte sich 1925 auch zum Hochkommissar von Spanisch-Marokko. In dieser Eigenschaft wandte er sich an die deutsche Reichswehr mit der Bitte, ihm bei der Beschaffung von Giftgas zum Einsatz gegen Abd el-Krim und seine Rif-Kabylen behilflich zu sein. Deutschland war weltweit die erste Adresse für diesen Kampfstoff. Entwickelt hatte ihn der Chemiker und Nobelpreisträger Fritz Haber vom Kaiser-Wilhelm-Institut. Tausende Tonnen wurden im Ersten Weltkrieg produziert, ausreichend, um die gesamte Menschheit zu vernichten.

Der Versailler Vertrag von 1919 ordnete die Vernichtung der Giftgasbestände an. Wenige Monate nach Vertragsabschluss ereignete sich im Giftgas-Sammellager Breloh eine Großexplosion. Bis heute hält sich der Verdacht, dass sie von den Militärs inszeniert wurde. Das Ergebnis war ein komplettes Chaos, niemand wusste mehr, was explodiert und was noch übrig geblieben war.

Deutschland lieferte Spanien heimlich 500 Tonnen Giftgas. Flugzeuge versprühten es über dem Rebellengebiet im Rif-Gebirge. Es war der erste Aerochemische Krieg der Menschheitsgeschichte. Die Deutschen arbeiteten eine spezielle Verseuchungsstrategie für Spanisch-Marokko aus: Das Giftgas wurde vor allem im Hinterland über den Feldern und Dörfern versprüht. Ziel war es, die zivile Unterstützungsbasis der Guerrilleros von Abd el-Krim zu zerstören. Viele Rif-Kabylen starben. Die Überlebenden mussten ihre Siedlungsgebiete verlassen.

Auch französische Truppen griffen in den Kampf gegen die Rif-Guerrilleros ein. Sie waren überrascht, dass die Berber nicht panisch vor ihnen flohen, sondern im Gegenangriff die französischen Linien durchbrachen und kurz davorstanden, Fès einzunehmen. Der Kommandeur der französischen Truppen in Afrika, der Held des Ersten Weltkriegs Marschall Philippe Pétain, vereinbarte daraufhin mit Primo de Rivera ein koordiniertes Vorgehen gegen die Berberrebellen.

Spanien entsandte 75 000 Mann. Oberst Franco führte die Vorhut an. Planungsfehler und eine chaotische Organisation führten schnell zum Zusammenbrechen des Angriffs. Franco hielt sich nicht an den Rückzugsbefehl und errichtete mit seinen Legionären einen Brückenkopf, der zum Ausgangspunkt der Vereinigung mit den französischen Truppen wurde. Gemeinsam gingen sie gegen die Berbertruppen vor.

Angesichts der militärischen Übermacht musste sich Abd el-Krim im Mai 1926 ergeben. Er wurde auf die französische Insel Réunion im Indischen Ozean verbannt, wo er starb. Franco wurde mit 33 Jahren zum jüngsten General Europas befördert. Zurück in der Heimat erhielt er das prestigeträchtige Kommando über die 1. Brigade der 1. Division in Madrid.

General Franco wird politisch

Kolonialkrieger übernehmen die Führung der Streitkräfte – Das Ende von Diktatur und Monarchie – Aufruhr in der Zweiten Republik – Franco schlägt den Aufstand in Asturien nieder – Der Anarchismus auf dem Vormarsch – Die Rechten schließen sich zusammen – Der Putsch beginnt

In Madrid begrüßte man den jungen Kriegshelden ebenso begeistert wie zuvor in Oviedo. Er war bald ein gern gesehener Gast bei den exklusivsten Gesellschaften und genoss das Leben in den Offizierskasinos und Herrenclubs. Er nutzte die Zeit, sich mit Generälen zu treffen, und etablierte ein breitgefächertes persönliches Netzwerk. Es bildete sich eine Bruderschaft der *Africanistas*. Ihre Mitglieder waren Heerführer, die den Krieg in Marokko miterlebt hatten und sich absetzten von den Etappenhengsten, die sie verachteten. Der Krieg in Marokko hatte eine neue Führungsschicht in der spanischen Armee geschaffen. Angesichts der unübersichtlichen Lage im eigenen Land sah sie die Lösung in der Übernahme der direkten Verantwortung durch das Militär.

Die Diktatur von Primo de Rivera hatte sich als unfähig erwiesen, die Probleme des Landes zu lösen. Die Weltwirtschaftskrise von 1929 versetzte der schwachen spanischen Ökonomie einen harten Schlag. Die Verschuldung des Staates stieg sprunghaft an, die spanische Währung befand sich im freien Fall, und die Arbeiterschaft protestierte gegen den sozialen Niedergang. Missernten beeinträchtigten die Versorgung, und die politischen Parteien aller Richtungen befanden, dass sechs Jahre Militärherrschaft genug seien. Am 30. Januar 1930 trat Primo de Rivera zurück.

Quer durch alle politischen Parteien bildete sich eine Bewegung, die nicht nur die Diktatur, sondern auch die Monarchie in Spanien beenden wollte. Das Militär war in dieser Frage gespalten. Die Offiziersgewerkschaft, die das Heimatheer vertrat, tendierte gegen den König, die *Africanistas* hielten ihm die Treue. Die Trennung ging quer durch die Familie Franco: Der General war königstreu, sein Bruder Ramón, ein Militärflieger, der wegen Ungehorsams entlassen worden war, hielt es mit den Verschwörern. Er flog am 15. Dezember 1930 über den Königspalast mit der Absicht, den Regenten mit einer Bombe zu töten. Der Plan misslang. Ramón Franco floh nach Paris.

Bei Wahlen im April 1931 siegten die Gegner der Monarchie. König Alfons XIII. erkannte das Votum an und ging nach Paris ins Exil. Auf den Thron verzichtete er nicht. Zum Abschied sagte er: »Die abgehaltenen Wahlen führen mir klar und deutlich vor Augen, dass ich heute nicht mehr die Liebe meines Volkes habe. Mein Gefühl sagt mir allerdings, dass diese Verirrung nicht von Dauer sein wird.«

Die Zweite Republik (die Erste Republik wurde 1873 ausgerufen und bestand nur 23 Monate) hielt Wahlen zur Verfassunggebenden Versammlung ab. Daraus gingen die Parteien der Linken und der Mitte mit 400 Abgeordneten gegen 80 Sitze für die Rechte siegreich hervor. Hauptziel ihrer Politik wurde es, eine Agrarreform auf den Weg zu bringen, mit der sie sich den Widerstand der Landbesitzer und der mit ihnen verbündeten Kräften zuzogen. In der neuen Verfassung verankerten sie die Trennung von Kirche und Staat. Das war in einem der katholischsten Länder der Welt ein klarer Affront, der die Gesellschaft tief spaltete. Der dritte Schritt, eine Militärreform mit dem Ziel einer radikalen Verkleinerung des aufgeblähten Offizierskorps, rüttelte an der wichtigsten Säule der traditionellen Machtverhältnisse Spaniens.

General Franco spürte die Folgen gleich in mehrfacher Hinsicht: Seine Karriere, die bislang glanzvoll verlaufen war, geriet deutlich ins Stocken. Es war ein offenes Geheimnis, das er der nächste Hochkommissar für Spanisch-Marokko werden wollte. Der neue Kriegsminister Manuel Azaña sorgte dafür, dass er den begehrten Posten nicht erhielt. Der Intellektuelle aus reichem Haus wurde zum persönlichen Widersacher des Kriegshelden.

Die zahlreichen Auseinandersetzungen, die er sich fortan mit Franco lieferte, führten zu dessen wachsender Abneigung gegen die Republik.

Den nächsten Stich versetzte ihm Azaña, der mittlerweile zum Ministerpräsidenten aufgestiegen war, mit der Ernennung des ungeliebten Bruders Ramón Franco zum Generaldirektor für Luftfahrt der Republik. Dann traf es die *Africanistas,* die bei der Reduzierung des Offizierskorps überproportional ausgesondert wurden. Das belastete deren Verhältnis zur neuen Regierung schwer. Wer den Abschied bei vollen Bezügen wollte, musste sich binnen eines Monats entscheiden. Andernfalls verfielen alle Ansprüche auf Soldfortzahlung. Der nächste Schritt Azañas war es, die Militärakademie zu schließen, deren Direktor Franco mittlerweile geworden war. Er erhielt dennoch 80 Prozent seiner Bezüge.

Ungeachtet aller dieser Vorfälle hielt sich Franco in der folgenden Zeit von allen Putschplänen fern. Das erkannte der Regierungschef an. Azaña ernannte ihn zum Militärgouverneur von La Coruña und zum Kommandeur der Infanterie in Galizien. Es war eine besondere Geste, denn kurz darauf erging der Erlass, dass jeder Offizier ohne Dienststellung die Armee zu verlassen hatte. Franco revanchierte sich. Er lehnte es ab, der monarchistischen *Unión Militar Española* beizutreten, und weigerte sich, die Verteidigung des Anführers des Putsches von 1932, General José Sanjurjo, zu übernehmen. Diesem sagte er ins Gesicht: »Ich denke, dass Sie die Todesstrafe verdient haben.« Franco erhielt sogar das Angebot, Kriegsminister zu werden. Er lehnte ab, weil er glaubte, dass sich die Regierung nicht mehr lange halten würde. Azaña reagierte umgehend und stufte ihn auf der Beförderungsliste vom ersten auf den 24. Platz zurück.

1934 kamen die Rechten bei Wahlen an die Macht. Sie hatten gelernt, dass das neue Wahlsystem Koalitionen förderte, und sich zum Spanischen Bund Autonomer Rechtsparteien (CEDA) zusammengeschlossen. Ihr Hauptziel war es, die Maßnahmen der Vorgängerregierung zurückzunehmen. Das stieß auf den wütenden Protest derjenigen, denen sie zugutegekommen waren: den Landarbeitern, den nach Autonomie strebenden Regionen Katalonien und Baskenland sowie der Arbeiterschaft in Asturien und in den großen Städten. Der Generalstreik wurde ihr probates Mittel des Widerstands.

Die rechte Regierung verhängte das Kriegsrecht. In Katalonien und in Asturien begann ein sozialistischer Aufstand, die Regierung hob deren Autonomierechte auf. In Asturien hatten sich streikende Bergarbeiter bewaffnet und mehrere Städte angegriffen und besetzt. Am 5. Oktober 1934 marschierten sie in die Provinzhauptstadt Oviedo, die schwer in Mitleidenschaft gezogen wurde. Die Universität, Banken und Regierungsgebäude wurden niedergebrannt, Brücken gesprengt, Straßen aufgerissen und viele Gebäude schwer beschädigt.

In Madrid suchte Franco den neuen Kriegsminister zum Antrittsbesuch auf. Der teilte ihm die Beförderung zum Generalmajor mit und bat ihn, bei der Aufstandsbekämpfung behilflich zu sein. Franco empfahl, seine kampferprobten Legionäre und Soldaten der *Regulares* aus Marokko zu holen. Das war ein schwerer Tabubruch angesichts der jahrhundertelangen arabischen Besetzung. Die Moros gegen Spanier in deren Heimatland einzusetzen, stieß selbst bei vielen Befürwortern eines harten Vorgehens gegen die Bergarbeiter auf Widerstand.

Franco setzte sich durch, und die Truppen aus Nordafrika kämpften in gewohnter Weise: Sie mordeten, verstümmelten und vergewaltigten. Binnen kurzer Zeit brach der Widerstand zusammen. Zurück blieben demoralisierte Arbeiter. Es war die Generalprobe für den Bürgerkrieg. Francos Methode, Angst und Schrecken zu verbreiten, hatte erneut funktioniert. 1335 Tote, 3000 Verletzte und 30 000 Inhaftierte waren die Bilanz. Viele verloren ihre Arbeit.

Generalmajor Franco erhielt zum Dank den Tapferkeitsorden *Gran Cruz de Mérito Militar* und die Bestellung zum Generalstabschef der Streitkräfte. Doch als die in der Volksfront vereinte

Linke bei den Wahlen im Februar 1936 mit knappem Vorsprung siegte, war er den Posten wieder los. Nichts verband ihn nunmehr mit den neuen Regierenden: Er war Monarchist, konservativ, tiefkatholisch, antiliberal und in seiner militärischen Karriere bedroht.

* * *

Franco überraschte die Entwicklung nicht. Er hatte sich für seine Gegner und deren Unterstützer zu interessieren begonnen und die »Revue Anticommuniste« abonniert, die die *Entente Internationale Anticommuniste* in Genf herausgab. Diese Vereinigung war eine Reaktion auf die III. Kommunistische Internationale (Komintern) und beobachtete deren Aktivitäten durch 20 Büros in Europa. Der Schweizer Anwalt Theódore Aubert hatte den Verein 1924 gegründet. Franco besuchte ihn und war fortan der festen Überzeugung, dass der Weltkommunismus auch sein Land unterminiere. Das war zu diesem Zeitpunkt eine Fehleinschätzung, denn die Kommunistische Partei Spaniens war nur ein kleiner Bund von Berufsrevolutionären.

Dafür war Spanien eine Hochburg des Anarchismus. Italienische Revolutionäre kamen erstmals 1868 hierher, um Mitglieder zu werben. In Katalonien und besonders in Barcelona waren sie damit sehr erfolgreich. Bald erschienen dort, genauso wie in Madrid und in Palma de Mallorca, eigene Zeitungen, die die Ideen des Anarchismus – die Ablehnung jeglicher Herrschaft als Form der Unterdrückung der Freiheit – verbreiteten. Schon nach wenigen Jahren hatten sich 150 Organisationen mit mehr als 40 000 Mitgliedern gegründet.

1873 kam es zur ersten massiven Konfrontation mit dem verhassten Staat: Arbeiter streikten für den Achtstundentag, und die Polizei schoss auf die Demonstranten. Die Regierung antwortete mit landesweiter Repression und zwang die Anarchisten in den Untergrund. Die reagierten mit Attentaten und Bombenanschlägen.

Parallel entwickelte sich die anarchistische Gewerkschaftsbewegung, die Arbeiter nach den Prinzipien der Selbstbestimmung organisierte. 1910 fasste die *Confederación Nacional del Trabajo* (CNT) die Gewerkschaften unter ihrem Dach zusammen und wurde zur stärksten Massenbewegung ihrer Zeit. Um jede Zentralisierung zu vermeiden, wurde die Bewegung in die Regionen, Kommunen und Gemeinden getragen.

Die CNT rief zu landesweiten Generalstreiks und lokalen Ausständen zur Durchsetzung ihrer Forderungen nach Verbesserung der Lebensverhältnisse der Industrie- und Landarbeiter auf. Polizei und Armee gingen unter massivem Waffeneinsatz gegen die Streikenden vor. Unternehmen erstellten schwarze Listen mit den Namen der Anführer und beauftragten rechte Todesschwadronen mit ihrer Ermordung. Die Anarchisten antworteten mit Attentaten gegen Unternehmer, Priester, Nonnen und Politiker.

Der Diktator General Primo de Riviera verbot alle anarchistischen Organisationen und verfolgte ihre Mitglieder. Die Auseinandersetzungen zwischen anarchistischen Attentätern und rechten Todesschwadronen nahmen zu. Auch zur Zweiten Republik blieb die CNT ab 1931 auf Distanz, da sie jede Staatsgewalt für zerstörerisch hielt. Sie hatte zu diesem Zeitpunkt 1,5 Millionen Mitglieder.

Die beiden politischen Lager schlossen ihre Reihen enger. Die Rechten vereinten sich unter dem Dach der CEDA. Hinzu kam die zunächst einflusslose faschistische Falange-Bewegung, die der Diktatorensohn José Primo de Rivera 1933 gegründet hatte. Über ihn berichtete der deutsche Botschafter in Madrid nach Berlin: »Primo sieht schon heute in unserem Führer seinen Meister, und er bemüht sich, das Gedankengut der NSDAP auf die spanischen Verhältnisse zu übertragen.«

Die Linken aus Kommunisten, Sozialisten und linken Republikanern unterzeichneten am 15. Januar 1936 ein Bündnis zur Gründung einer Volksfront und gewannen im Februar 1936 die Wahlen. Die *Frente Popular* vereinte die gemäßigten Republikaner der *Izquierda Republicana* und der *Unión Republicana,* die Sozialisten der PSOE und der UGT, die Kommunisten der PCE sowie die unabhängigen Kommunisten der POUM. Der Führer der Linken in der Sozialistischen Partei, Largo Caballero, gab das Ziel der Volksfront aus: »Für die Kapitalisten ist die Zeit zur Lösung von Problemen abgelaufen. Man muss geradewegs auf den Sozialismus zugehen.«

Das war deutlich weitreichender, als das Programm der Kommunistischen Partei von 1935 vorschlug. Zu Hauptzielen waren darin die Wiederherstellung demokratischer Verhältnisse, die Ablösung der konservativen Regierung und Neuwahlen, eine Amnestie für politische Gefangene, die Säuberung der Armee von Gegnern der Republik und das Verbot faschistischer Organisationen erklärt worden. Die KP trat zunächst nicht in die Volksfrontregierung ein.

Auch die Anarchisten blieben dem Bündnis fern. Sie hatten ihre eigene politische Agenda: eine herrschaftsfreie Gesellschaft, den Aufbau von Landkommunen und sexuelle Freiheit. Die CNT sah die Gefahr durch rechte Militärs heraufziehen und bat die Mitte-links-Regierung die Arbeiter zu bewaffnen. Nach der Ablehnung stürmten Anarchisten die Arsenale und verteilten Waffen an die Gewerkschaften. Es bildeten sich Arbeitermilizen, die ihre Kommandanten selbst wählten.

Francos Gegenspieler Manuel Azaña war zunächst Ministerpräsident und wenig später Staatspräsident der Volksfrontregierung. Er verbannte den General aus dem Zentrum der Macht als Militärgouverneur auf die Kanarischen Inseln. Obwohl nicht mehr in Reichweite, warnte Sozialistenführer Indalecio Prieto eindringlich vor ihm: »General Franco ist der Mann, der aufgrund seiner Jugend, seiner Begabung und seiner Beziehungen innerhalb der Streitkräfte einen Putsch mit größter Wahrscheinlichkeit anführen könnte; er verfügt über ein Maximum von Möglichkeiten, die ihm aufgrund seines persönlichen Ansehens zu Gebote stehen.«

Die rechten Kräfte schlossen sich enger zusammen. Die 1933 gegründete faschistische *Falange Española* hatte die Unterstützung radikalisierter Monarchisten. 1934 vereinigte sich die *Falange* mit den *Juntas de Ofensiva Nacional Sindicalista* (Vereinigungen der Nationalsyndikalistischen Offensive, JONS) zur *Falange Española de las JONS*. Diese Organisation wurde ab 1935 finanziell vom faschistischen Italien unterstützt.

Für den Führer der faschistischen *Falange* (der Begriff bezieht sich auf eine antike Schlachtformation) war der Weg vorgezeichnet: »Unsere Pflicht ist es also, mit allen daraus resultierenden Konsequenzen, auf den Bürgerkrieg zuzugehen.« Seine Organisation ging daran, mit Aktionen gegen Anhänger der linken Volksfront ein Klima der Gewalt zu erzeugen, um einen Vorwand für das Eingreifen des Militärs zu schaffen. Die Volksfrontregierung verbot die *Falange* und verhaftete José Antonio Primo de Rivera. Aus dem Gefängnis appellierte er an die Militärführung: »Dass Spanien fortbesteht, hängt von Euch ab.«

Attentate, Bombenanschläge, Streiks im ganzen Land radikalisierten beide politischen Lager. José Calvo Sotelo, ein Monarchist, der zur führenden Figur der Rechten im Parlament aufgestiegen war, listete auf, was sich in den fünf Monaten seit dem Amtsantritt der Volksfrontregierung ereignet hatte: 113 Generalstreiks, 218 Teilstreiks, 3300 politische Morde und 171 niedergebrannte Kirchen. »Sie werden die Erregung, die Ihre Rede auslösen wird, persönlich zu verantworten haben«, ermahnte ihn Ministerpräsident Casares Quiroga. Am 1. Juli 1936 forderten Polizisten Calvo Sotelo auf, sie zum Präsidium zu begleiten. Dort kam er nie an. Man fand seine Leiche mit einem Kopfschuss auf einem nahegelegenen Friedhof.

Calvo Sotelos Tod bewirkte ein weiteres Zusammenrücken der Feinde der Volksfront. Die Monarchisten vereinten sich im *Bloque Nacional*, der auch über eine paramilitärische Organisation, die *Requetés* (Rekruten), verfügte. Sie wurde 1907 ursprünglich als Jugendorganisation gegründet, in der ersten Hälfte der

30er Jahre unter militärischer Führung ausgebildet und zu einer schlagkräftigen Truppe formiert. Zum Zeitpunkt der Ermordung von Calvo Sotelo gehörten ihr 30 000 Mann an. Als Reaktion auf seinen Tod schlossen sie sich den putschenden Generälen bei Ausbruch des Bürgerkriegs an.

Der spanische Historiker Manuel Tuñon de Lara (1915 – 1997) fasste den Umbruch nach dem Sieg der Volksfrontparteien so zusammen: »Und dann kam der Februar 1936; die ›soziologische Rechte‹, das heißt der alte herrschende Block, glaubte seinen Einsatz von 1934/35 verloren: die Möglichkeit nämlich, auf friedlichem Weg die Entscheidungszentren der Macht zurückzuerlangen. Um die anhaltende Krise zu bewältigen, blieben ihr die gewaltsame Aufkündigung des Konsenses und der Bruch der etablierten rechtmäßigen Ordnung.«

Die Vorbereitungen der Generäle für einen Putsch gegen die Volksfrontregierung erfolgten nicht im Verborgenen. Doch die Regierung ignorierte die Anzeichen zunächst und versetzte verdächtige Militärs weit weg auf die Kanarischen Inseln sowie nach Spanisch-Marokko. Dort konnten sie unbeobachtet ihre Planungen vorantreiben.

Am 17. Juli 1936 erhoben sich spanische Truppen in der Garnison Melilla. Der Meuterei schloss sich die Garnison in Ceuta an. In Spanisch-Marokko waren 1600 der 10 000 von der Heeresverkleinerung übriggebliebenen Offiziere, 1600 der 8000 Unteroffiziere, alle 8750 marokkanischen Soldaten, 4600 Berufsmilitärs und 25 000 Reservisten stationiert. Franco sollte nach der Planung der Putschisten dort das Kommando übernehmen, mit dieser Truppe auf das spanische Festland übersetzen und in den Kampf eingreifen.

In den Morgenstunden des 18. Juli 1936 rief General Emilio Mola mit seinen Truppen den Aufstand in Pamplona aus. Er war der Chefplaner der Putschisten und kommunizierte mit ihnen unter dem Codenamen »Der Direktor«. Am Mittag bestieg Franco eine kleine Propellermaschine, die auf den Namen »Schneller

EL TELEGRAMA DEL RIF

Don Francisco Franco Bahamonde, General de División de las Fuerzas Armadas de Africa,

HAGO SABER:

Ordeno y mando:

¡VIVA ESPAÑA!

In der spanischen Tageszeitung in Marokko verkündet General Franco den Putsch gegen die spanische Regierung.

Drache« getauft war, die ihn von den Kanaren zunächst nach Casablanca flog. Um nicht aufzufallen, hatte sich der General als Berber verkleidet. Von dort flog er weiter nach Tetuán. Dort traf er am Morgen des 19. Juli ein und übernahm das Kommando über alle in Spanisch-Marokko stationierten Truppen.

Weniger Glück war dem nominellen Anführer der Putschisten, General José Sanjurjo, beschieden. Er hatte schon den Putsch von 1932 gegen die Zweite Republik angeführt und lebte im Exil bei Lissabon. Dort holte ihn der Pilot Juan Antonio Ansaldo ab, um ihn zum Feldflughafen La Marinha zu bringen, wo ein kleines Sportflugzeug wartete. Als er das Gepäck des Generals sah, wandte er ein, dass die beiden Überseekoffer zu schwer seien, weil er für den Rückflug randvoll getankt habe. Man beschied ihm, dass sich darin die Paradeuniformen des Generals befänden, ohne die er unmöglich die Siegesparade als neues Staatsoberhaupt abnehmen werde. Es gab keine Siegesparade und kein neues Staatsoberhaupt. Das Flugzeug stürzte nach dem Start ab. Der General war sofort tot.

Zu diesem Zeitpunkt hatten die Putschisten lediglich ein Drittel des Landes unter ihrer Kontrolle. In den großen Städten wie

Madrid und Barcelona waren die Republikaner weiter an der Macht. Die Verteidiger wiegten sich in trügerischer Sicherheit. Einer ihrer Minister hämte: »Ich verstehe nicht, was die Rebellen wollen. Sie sind Dummköpfe. Woher könnte Rettung für sie kommen? Wir haben die Städte mit der größeren politischen Bedeutung, die Industriezentren, das ganze Gold und Silber der Bank von Spanien, unerschöpfliche Menschenreserven und die Flotte in unserer Gewalt. Hören Sie? Wir haben die Flotte.«

Das hatte Franco mitbekommen. In Ceuta war der Zerstörer »Churruca« noch ausgelaufen, um die ersten Soldaten der Afrika-Armee ans spanische Festland zu bringen und sie dort mit den Aufständischen zu vereinen. Das nächste Schiff, der Zerstörer »Almirante Valdés«, war von den Matrosen, die zur Republik hielten, in ihre Gewalt gebracht worden und abgedampft. Die schlagkräftigsten Truppen der Putschisten warteten nun in Marokko vergebens darauf, über das Mittelmeer ins Kampfgebiet transportiert zu werden.

Ein diensthabender Telegrafist hatte im Marineministerium Alarm geschlagen und die Matrosen der Kriegsschiffe aufgerufen, ein Auslaufen und damit das Ende der Republik zu verhindern. Die Besatzungen übernahmen das Kommando, und die Afrika-Truppen blieben in Marokko. Statt sie zu transportieren, patrouillierten die Kriegsschiffe im Mittelmeer, um die Überfahrt zu verhindern. Angesichts der desaströsen Lage verfiel General Mola (»Der Direktor«) in eine tiefe Depression und konnte von seinen Untergebenen nur mit Mühe davon abgehalten werden, sich zu erschießen.

Hilfe in auswegloser Lage

Deutsche Flugzeuge transportieren Kolonialtruppen nach Spanien – Die Legion Condor greift aktiv in die Kämpfe ein – Spanien wird zum Erprobungsfeld der deutschen Luftwaffe – Hitler liefert Waffen gegen Rohstoffe

Francos Flugzeug parkte immer noch auf dem Flugplatz in Tetuán. Dort stand auch die Maschine der Lufthansa »Max von Müller«. Sie war auf ihrem Flug nach Lateinamerika auf den Kanaren zwischengelandet, von den Putschisten beschlagnahmt und nach Marokko überführt worden. Die Lage schien aussichtslos. Was tun? Ein Hinweis führte zu Johannes Bernhardt, der mit den spanischen Offizieren freundschaftlich verbunden war.

Der deutsche Ex-Leutnant aus Weltkriegstagen hatte sich in Hamburg als Börsenmakler etabliert und war im Gefolge der Weltwirtschaftskrise pleitegegangen. Auf der Flucht vor seinen Gläubigern setzte er sich nach Spanisch-Marokko ab, wo er Herde an spanische Garnisonsküchen verkaufte. 1933 trat er mit der Mitgliedsnummer 1 572 819 in die NSDAP ein, die eine »Landesgruppe Spanisch-Marokko« mit 30 Mitgliedern aufgebaut hatte. Man ersuchte ihn, nach Deutschland zu fliegen und Hitler einen Brief zu übergeben. Darin bat Franco um Luftunterstützung zum Transport seiner Truppen auf das spanische Festland.

Bernhardt wandte sich hilfesuchend an Adolf Langenheim, den Ortsgruppenleiter der NSDAP-Auslandsorganisation in Tetuán. Der war Feuer und Flamme für die Idee und stieg gleich mit in die gekaperte Lufthansa-Maschine nach Berlin. Gauleiter Ernst Wilhelm Bohle, der Chef der Nazipartei im Ausland, staunte nicht schlecht, als die beiden Francos Bitte übermittelten. Er informierte den Stellvertreter Hitlers, Rudolf Hess, der befahl, die beiden sofort zu seinem Landsitz in Thüringen zu schaffen. Von dort ging es weiter nach Bayreuth.

Am Abend des 25. Juli 1936 dirigierte Wilhelm Furtwängler in Bayreuth Wagners »Siegfried«. Ehrengast des Abends war Adolf Hitler. Nach der Aufführung übergaben ihm Bernhardt und Langenheim den Hilferuf des spanischen Generals. Hitler wies Hermann Göring an, 20 Transportflugzeuge Ju-52 sowie sechs Heinkel-51-Jagdflugzeuge und Flugabwehrgeschütze nach Marokko zu verlegen.

Göring gab der Operation den Namen »Unternehmen Feuerzauber« – nach dem letzten Akt der »Siegfried«-Oper. Die Lufthansa transportierte 13 500 Soldaten der Afrika-Armee Francos unter großer Geheimhaltung nach Spanien. Es war die erste Luftbrücke der Welt. Die Leitung wurde Hauptmann Rudolf Freiherr von Moreau übertragen: »Noch nie sind in einer Ju-52, die normalerweise 17 Passagiere fasst, so viele Menschen untergekommen. Bis zu 42 bewaffnete Moros fasste solch eine Ju-52 dieser neuen Verkehrsgesellschaft. Die Knie bis zum Kinn angezogen, das Gewehr zwischen den Füßen, so erlebten diese Soldaten ihren ersten Flug. Bevorzugte Zeiten waren die Früh- und Abendstarts, dann war die Luft ruhig. Schlimm wurde es manchmal um die Mittagsstunden. Das ganze Flugzeug verwandelte sich dann in jene berühmte Tüte, wie sie manche Flugreisende kennen.« Deutsche Jagdflugzeuge überwachten den Luftraum, und die deutschen Panzerschiffe »Deutschland« und »Graf Spree« sicherten den Transport der restlichen Legionäre aus Marokko nach Spanien auf dem Seeweg mit normalen Fähren ab.

In Berlin bildete General Helmut Wilberg im Reichsluftfahrtministerium den »Sonderstab W« zum Aufbau der dauerhaften militärischen Unterstützung Francos im spanischen Bürgerkrieg. Die Angehörigen der Truppe reisten in Zivil als Mitglieder der »Reisegruppe Union« auf dem Seeweg nach Spanien. Zunächst erfolgte alles unter großer Geheimhaltung und ohne dass Deutsche in den Kampf aktiv eingriffen. Ihre Angehörigen durften ihnen an eine Deckadresse schreiben: »bei Max Winkler, Berlin SW 68«.

Franco hatte neben den beiden deutschen Boten seinen Piloten Luis Bolín nach Italien entsandt, um ein paralleles Hilfeersuchen an den faschistischen Diktator Benito Mussolini zu überbringen. Der fand Gefallen an der Idee, wollte jedoch Geld sehen, ehe er seine Flugzeuge schickte. Der mallorquinische Finanzier und Franco-Freund Juan March übernahm die Zahlungsgarantie. March hatte im Ersten Weltkrieg die deutsche Marine heimlich versorgt und danach das spanische Tabakmonopol durch seine Schmuggler bis zur Wirkungslosigkeit gebrochen, bis der Staat kapitulierte und es ihm verkaufte.

* * *

Auf republikanischer Seite gerieten die deutschen Vertretungen und Auslandsdeutsche, die mit den Putschisten sympathisierten, ins Visier. In Barcelona wurden ein deutscher Optiker erschossen, die Büros der Deutschen Arbeitsfront und der Auslandsorganisation der NSDAP sowie die Deutsche Schule verwüstet. Angehörige der Gruppe DAS (Deutsche Anarchosyndikalisten im Ausland) erbeuteten im Deutschen Haus in Barcelona Dokumente über die Zusammenarbeit der Deutschen und Franquisten, die die CNT im legendären »Schwarz-Rotbuch Spanien« veröffentlichte.

Der Generalkonsul berichtete am 23. Juli 1936 nach Berlin, dass auf den Straßen Barcelonas Zettel mit den Namen der deutschen NSDAP-Mitglieder verteilt würden. Er bat dringend um die Entsendung deutscher Kriegsschiffe zu ihrem Schutz. Das deutsche Konsulat in Málaga und die Botschaft in Madrid schlossen sich dem Hilferuf an. Noch am selben Tag stachen deutsche Panzerschiffe in See, um für den Schutz der 10 000 Auslandsdeutschen zu sorgen. Für vier Deutsche kamen die Schiffe zu spät. Sie hatten sich mit ihrem Auto nach Frankreich absetzen wollen, wurden aber schon in einem Vorort von Barcelona von Anarchisten verhaftet und vor ein Revolutionstribunal gebracht. Man verurteilte sie zum Tode und erschoss sie.

Es verdichteten sich die Anzeichen, dass Italien und Deutschland die Putschisten immer stärker unterstützten: Am 30. Juli stürzten zwei italienische Flugzeuge, die für Franco bestimmt waren, in Französisch-Marokko ab. Am 9. August 1936 verflog sich eine Ju-52 mit der deutschen Kennung D-AMIN und landete irrtümlich in Madrid. Von einem Lufthansa-Funker auf seinen Irrtum aufmerksam gemacht, gelang es dem Piloten, wieder zu starten und so der Verhaftung zu entgehen. Seine Ju-52 musste in Badajoz zum Auftanken zwischenlanden und wurde dort von Republikanern beschlagnahmt.

Am 18. August drängten spanische Kriegsschiffe zwei mit Militärgütern für die Putschisten beladene deutsche Handelsschiffe ab. Am selben Tag schaffte der deutsche Frachter »Baden« Franco-Anhänger aus Barcelona heraus. Noch lieferte Deutschland nur Kriegsmaterial, hatten die Flieger Befehl, sich aus Kampfhandlungen herauszuhalten. Am 28. August 1936 hob Hitler das Kampfbeteiligungsverbot auf.

Der Generalstäbler Walter Warlimont wurde als »Militärischer Bevollmächtigter des Reichskriegsministers« zum Stab von Franco kommandiert. Er schickte am 12. September eine erste Einschätzung der Lage: »Militärisch sind Überraschungen zu befürchten – darin teile ich durchaus die Meinung des Generals Franco –, die sich aus verstärkter materieller Hilfe des Auslandes für Rot ergeben könnten. Außenpolitisch ist auch für uns meines Erachtens wesentlich, wenn die weiße Bewegung möglichst schnell ihr Ziel erreicht und damit weitere Verwicklungen europäischen Umfangs vermieden werden. Die landeseigenen Kräfte reichen nicht aus, um schnell oder auch ohne die Gefahr von Rückschlägen zum Ziel zu kommen. Den größeren Schwung kann lediglich Hilfe von außen bringen.«

Ende Oktober 1936 fiel die Entscheidung in Berlin, ein ganzes Luftwaffenkorps mit über 600 Flugzeugen und 4500 Mann nach Spanien zu schicken. Es bestand aus einer Kampfgruppe zu drei Staffeln Transportmaschinen, einer Jagdgruppe zu drei

Staffeln, einer Aufklärungsstaffel, vier schweren und zwei leichten Flak-Batterien sowie einer Luftnachrichtenabteilung. Dieses Luftwaffenkorps wurde zur Legion Condor, der man alle bis dahin schon in Spanien anwesenden Truppen unterstellte. Zum Kommandeur ernannte man General Hugo Sperrle, Stabschef wurde Oberstleutnant Wolfram von Richthofen, ein Vetter des berühmten »Roten Barons« aus dem Ersten Weltkrieg. Formell unterstand die Legion dem spanischen Oberkommando, entschied aber eigenständig über ihre Einsätze.

Um möglichst vielen deutschen Piloten Einsatzzeiten zu geben, wechselte man sie alle paar Monate aus. In Döberitz bei Berlin erhielten die Nachrücker ihre Einsatzvorbereitung. Danach verlegte man sie von Wunstorf bei Hannover nach Spanien. Bis zum Ende des Bürgerkrieges im März 1939 waren regelmäßig bis zu 10 000 deutsche Soldaten in Spanien im Einsatz, insgesamt 25 000 Mann. 300 kamen nicht zurück.

Deutsche Flieger an der nationalspanischen Front

Auf Bitten Francos schickte Hitler ein komplettes Luftwaffenkorps in den Kampf gegen die spanische Republik.

Das Deutsche Reich erprobte im spanischen Bürgerkrieg die neuesten Flugzeuge der Luftwaffe. Sie sicherten im Zusammenspiel mit italienischen Fliegern den Putschisten die ausschlaggebende Luftüberlegenheit. Hermann Göring sagte nach dem Zweiten Weltkrieg vor dem Internationalen Militärgerichtshof in Nürnberg aus, er habe Hitler gedrängt, Franco zu unterstützen, »um meine junge Luftwaffe bei dieser Gelegenheit in diesem oder jenem technischen Punkt zu erproben. Ich sandte mit Genehmigung des Führers einen großen Teil meiner Transportflotte und sandte eine Reihe von Erprobungskommandos meiner Jäger, Bomber und Flakgeschütze hinunter und hatte auf diese Weise Gelegenheit, im scharfen Schuss zu erproben, ob das Material zweckentsprechend entwickelt wurde. Damit auch das Personal eine gewisse Erfahrung bekam, sorgte ich für einen starken Umlauf, das heißt immer wieder neue hin und die anderen zurück.«

Die Maschinen der Legion Condor trugen statt der deutschen Balken- oder Hakenkreuze ein schwarzes X auf weißem Grund. Eines dieser Flugzeuge, die in Spanien erprobt wurden, war die Ju-87. Es vereinte viele Merkmale einer unausgereiften Flugzeugentwicklung. Die Maschine war zu langsam, nicht wendig genug, zu träge im Steigflug, konnte sich nur weniger als zwei Stunden in der Luft halten und lediglich maximal 500 Kilo Bombenlast an Bord nehmen. Dank der geänderten Einsatzkonzeption im Verlauf des spanischen Bürgerkriegs sollte das Flugzeug zur entscheidenden Komponente der ersten Schlachten des Zweiten Weltkriegs werden.

Die Ju-87 wurde von den Piloten im Sturzkampf ins Ziel gelenkt. Das führte zu einer hohen Treffergenauigkeit. Mit dem festen Fahrwerk war die Maschine stabil genug, um die hohen mechanischen Belastungen auszuhalten. Neue Zielgeräte machten aus dem lahmen Vogel als Sturzkampfbomber im Zweiten Weltkrieg eine furchterregende Waffe. Die Stukas trafen ihr Ziel im Radius von 10 Metern. Das war eine um das Fünfzigfache vergrößerte Zielgenauigkeit. Um die psychologische Wirkung der

Bombardierung republikanischer Stellungen durch die »Legion Condor«

Stukas noch zu erhöhen, besaßen sie an den Flügeln angebrachte propellergetriebene Sirenen, die, »Trompeten von Jericho« genannt, Angst und Schrecken verbreiteten. Im Lied der Legion Condor hieß es:

»Wir jagten sie wie eine Herde
Und der Teufel, der lachte dazu,
Ha ha ha ha ha,
die Roten in spanischer Luft und zur Erde,
wir ließen sie nirgends in Ruh …«

Welche furchtbare Wahrheit in diesen Zeilen steckte, machte ein Bomberangriff der Legion Condor und der italienischen Luftwaffe am 26. April 1937 auf die baskische Stadt Guernica deutlich. »Eine einzelne Heinkel 111, ein neuer Bomber, den die Deutschen unter den Gesichtspunkten Geschwindigkeit und Nutzlast entwickelt hatten, flog in geringer Höhe vom Gebirge heran«, schilderte ein Augenzeuge, der US-Journalist Mark Kulansky, den Angriff. »Dann folgte eine Art von tödlicher Luftfahrtschau, bei der alles vorgeführt wurde, was im deutschen und italienischen Kriegsflugzeugbau neu war.«

Offiziell hieß es, dass dort eine Brücke zerstört werden sollte. Die Renteria-Brücke bestand aus Stein. Die Bomber luden aber neben Sprengbomben auch von der I.G. Farben entwickelte Elektron-Thermit-Stabbrandbomben. Die deutsch-italienischen Bomberverbände setzten in Guernica die Thesen des bekanntesten Theoretikers des Luftkampfs der 1920er Jahre, des italienischen Fliegergenerals Giulio Douhet, in die Praxis um. Der hatte postuliert, dass das Ziel der Erringung der Luftherrschaft durch den kombinierten Einsatz von Explosiv-, Brand- und Gasbomben zu erreichen sei.

Der Stabschef der Legion Condor, Oberst Wolfram von Richthofen, war verantwortlich für den Angriff. Er notierte danach in seinem Tagebuch: »Die 250er (Kilo-Bomben) warfen eine Anzahl Häuser um und zerstörten die Wasserleitung. Die Brandbomben hatten nun Zeit, sich zu entfalten und zu wirken. Die Bauart der Häuser: Ziegeldächer, Holzgalerie und Holzfachwerkhäuser, führte zur völligen Vernichtung (…) einfach toll!«

Während des dreijährigen Einsatzes wurden von der Legion Condor 386 gegnerische Flugzeuge vernichtet. Die eigenen Verluste bestanden aus 72 Abschüssen und 160 durch sonstige Gründe. 300 Angehörige der Legion Condor kamen ums Leben, die Mehrzahl bei Unfällen am Boden und in der Luft. Knapp doppelt so viele verletzten sich. Hier erprobte die Legion Condor neue Flugzeugtypen unter Kampfbedingungen, die Standardmuster der deutschen Luftwaffe wurden.

Allein vom später meistgebauten Flugzeug der deutschen Luftwaffe, der Messerschmitt Bf 109, wurden von 1936 bis 1939 vier Serientypen im Einsatz getestet und weiterentwickelt. In Spanien wurden auch neue Einsatzregeln entworfen und taktische

Die deutsche Kriegsmarine beteiligte sich aktiv am Bürgerkrieg. Das Panzerschiff »Deutschland« wurde am 29. Mai 1937 vor Ibiza von republikanischen Flugzeugen angegriffen und sank danach.

Konzepte verbessert. Die Legion Condor hielt in ihren Berichten die Wirkung der neuen Waffensysteme bis ins kleinste Detail fest.

Die deutsche Kriegsmarine entsandte Überwasserschiffe zur Unterstützung Francos. Die U-Boot-Waffe sollte unter Realbedingungen in den spanischen Gewässern Erfahrungen sammeln. Im Rahmen der Operation »Ursula« fuhren die Boote unter falscher Flagge in internationalen Gewässern, tarnten sich im Funkverkehr als Frachtschiffe. »Bei unvermeidbarem Gesichtetwerden außerhalb der spanischen Gewässer ist keine oder eine nicht erkennbare Flagge zu führen und sofort auszuweichen. In spanischen Gewässern ist mit Ausnahme bei englischen Schiffen und Flugzeugen die englische Kriegsflagge zu setzen.« Für die Entdeckung in spanischem Hoheitsgebiet waren die Anweisungen ebenfalls eindeutig: »Für nicht mehr vermeidbares Gesichtetwerden in den spanischen Gewässern sind die spanische republikanische Flagge und für die Besatzung spanische Uniformmützen bereitzuhalten, sofern es sich nicht um weiße spanische Streitkräfte handelt.«

Insgesamt waren von der Kriegsmarine zwölf Torpedoboote, sechs Leichte Kreuzer und drei Panzerschiffe im Einsatz in Spanien. Eins kehrte nicht zurück: Das Panzerschiff »Deutschland« wurde am 29. Mai 1937 auf Reede vor Ibiza von zwei republikanischen Flugzeugen bombardiert und sank.

Das Deutsche Reich lieferte Franco 110 000 Tonnen Kriegsgerät: Transport-, Kampf-, Jagdflieger, Flak, Panzer, Panzerabwehr, Aufklärer sowie Nachrichten- und Transporttruppen im Gesamtwert von 500 Millionen Reichsmark. Zum Ausgleich erhielt es Lebensmittel und Rohstoffe, die für die deutsche Rüstung willkommene Ergänzungen zu den knappen Importen darstellten.

Die Warenströme liefen über die HISMA *(Companía Hispano-Marroquí de Transportes Ltda.)*. Diese Holding kontrollierte Bergbauunternehmen und Reedereien – insgesamt 30 Firmen. Ihr Direktor Johannes Bernhardt, der Bote Francos bei Hitler, hielt am 4. November 1937 in einem Memorandum fest: »Nachdem wir das spanische Volk vom Untergang gerettet haben und ihm den Weg zum Aufstieg bereiten, müssen wir auf einer Verbriefung der erworbenen Rechte auf lange Sicht bestehen.«

Auf Anweisung Hermann Görings, der von Hitler mit der Umsetzung des Vierjahresplans zur Herstellung der Kriegsbereitschaft Deutschlands beauftragt worden war, erhielt die Rohstoff- und Wareneinkaufsgesellschaft m.b.H. (ROWAK) den Auftrag, so viele spanische Ressourcen wie möglich zu kaufen. Deutschland erwarb Abbaurechte für Blei, Eisen, Kobalt, Kupfer, Nickel, Wolfram, Zink und Zinn. Neben der Erprobung neuer Waffen waren die Rohstofflieferungen ein wichtiger Baustein bei der deutschen Aufrüstungspolitik. Göring ernannte Johannes Bernhardt, der mittlerweile zum SS-Brigadeführer aufgestiegen war, zu seinem »Sonderbeauftragten«.

Der Kampf beginnt

Brutale Legionäre erobern die Extremadura – Franco räumt seine Konkurrenten aus dem Weg – Madrid bleibt in der Hand der Republikaner: »No pasarán« – Internationale Brigaden greifen in die Gefechte ein – Málaga kapituliert vor Mussolinis Truppen

Franco schlug sein erstes Hauptquartier in Sevilla auf. Dorthin waren mit deutschen und italienischen Flugzeugen Legionäre und *Regulares* geschafft worden. Sie wurden in gemischten Kampfgruppen zu jeweils einem *Tabor* mit 250 *Regulares* und einer *Bandera* mit 600 Mann der Fremdenlegion aufgestellt. Diese Truppen marschierten nach Norden entlang der portugiesischen Grenze, um die Extremadura unter ihre Kontrolle zu bringen und sich mit der Nordarmee unter dem Putschgeneral Mola zu vereinigen.

Die Legionäre aus Nordafrika waren die grausamsten Krieger auf den Schlachtfeldern des Bürgerkriegs: »Die Retter der christlichen Zivilisation hatten unseren überraschten Kameraden die Herzen herausgeschnitten, die Augen ausgestochen, die Gliedmaßen abgehackt. Einige der so geschändeten Leichname waren dann angezündet worden und teilweise verkohlt«, berichtete Alfred Kantorowicz in seinem »Spanischen Kriegstagebuch« über das Schicksal einer Gruppe von Interbrigadisten, die in einen Hinterhalt der *Regulares* geraten waren.

Nach zwölf Tagen nahmen Francos Legionäre die Hauptstadt der Extremadura, Badajoz, ein. Dort hatten sich 6000 Milizionäre verschanzt. Die *Regulares* gingen singend ins Maschinengewehrfeuer der Verteidiger. Wer überlebte und auf Nahdistanz zum Kampf Mann gegen Mann kam, setzte das Messer ein. Gefangene wurden nicht gemacht. Jay Allen, Reporter der »Chicago Tribune«, beobachtete das Geschehen, floh ins nahegelegene

Der spanische Bürgerkrieg 1936

Der spanische Bürgerkrieg 1937–39

Portugal und berichtete von dort: »Ich komme aus Badajoz, einige Meilen drüben in Spanien. Ich habe vom Dach hier noch einmal hinübergeschaut. Da lodert ein Feuer. Es sind brennende menschliche Leiber. Viertausend Männer und Frauen sind in Badajoz gestorben, seit die rebellierenden Fremdenlegionäre und Mauren des Generals Francisco Franco über die Leichen ihrer eigenen Gefallenen und die blutgetränkten Mauern in diese Stadt eingedrungen sind.«

Nach der Einnahme der Stadt verfolgten Francos Soldaten erbarmungslos die Einwohner. Tagelang fanden Massenerschießungen in der Stierkampfarena statt, wurden Frauen vergewaltigt, Männer erstochen und kastriert. Das war Francos Art der Kriegsführung: mit unbarmherziger Härte zuschlagen, Angst und Schrecken verbreiten und terrorisieren. »Natürlich haben wir sie getötet. Was haben Sie denn erwartet? Dass ich 4000 gefangene Rote mit mir schleppe?«, antwortete der Befehlshaber der Truppen, General Yagüe, auf die Frage eines Reporters der »New York Herald Tribune«.

Mit Badajoz fiel die ganze Extremadura an die Putschisten. Ende September 1936 wurde Franco zum Oberbefehlshaber der Putschisten im Rang eines Generalissimus ernannt und gleichzeitig zum Staatschef eines spanischen Teilstaates. Dessen Geist widerspiegelte eine Feier aus Anlass des »Tages der Rasse« in der Universität von Salamanca. Der Gründer der spanischen Fremdenlegion, General Millán Astray, hielt eine schmissige Rede, die mit dem Schlachtruf endete: »Viva la muerte!« (Es lebe der Tod.)

Da erhob sich der 72-jährige Rektor der Universität, der Philosoph Miguel de Unamuno. »Ich habe den sinnlosen Schrei ›Viva la muerte‹ gehört. Für mich ist das gleichbedeutend mit dem Schrei ›Zum Teufel mit dem Leben!‹ Und ich, der ich Jahre damit verbracht habe, Paradoxa zu formulieren, muss sagen, dies stößt mich ab. Dieses Haus ist ein Tempel der Vernunft, und Sie haben ihn entweiht. Sie werden gewinnen, aber sie werden nicht siegen. Sie werden gewinnen, weil Sie die nackte Gewalt besitzen. Aber um zu siegen, muss man überzeugen. Und um zu überzeugen, müssten Sie besitzen, was Ihnen fehlt – Vernunft und das Recht zu diesem Kampf.« Wutentbrannt schrie ihm der General entgegen: »Tod der Intelligenz!« Professor de Unamuno wurde unter Hausarrest gestellt und starb zweieinhalb Monate später.

Kaum war Franco zum Oberbefehlshaber und Staatspräsidenten ernannt worden, kamen aus allen Ecken die Widersacher. Die Carlisten maulten, weil ihre Milizen zunehmend unter das Kommando von Francos Offizieren gestellt worden waren. Ihr Anführer Fal Conde gründete in Burgos seine eigene Militärakademie. Das nahm Franco zum Anlass, seinen Konkurrenten des Putsches zu bezichtigen und des Landes zu verweisen.

Die faschistische Falange hatte sich mittlerweile zur größten Massenbewegung der Rechten entwickelt und zählte eine Million Mitglieder. Die Partei führte in den von den Putschisten kontrollierten Gebieten zunehmend ein Eigenleben. Zum Glück für den wenig charismatischen Franco saß der Falange-Führer José Antonio Primo de Rivera im Gefängnis bei den Republikanern, weil er den Putsch unterstützt hatte. Er war ein mitreißender Redner und galt als Mann der Nazis, was ihn für Franco noch gefährlicher machte. Am 20. November 1936 wurde er in Alicante zum Tode verurteilt und von den Republikanern erschossen.

Franco nutzte die Gunst der Stunde, vereinte – ohne die Beteiligten zu fragen – die Falange mit den Carlisten und machte sich zum Vorsitzenden der neuen Bewegung. Sie trug fortan das blaue Hemd der Faschisten und die rote Mütze der Carlisten. Am 1. November 1936 erließ Franco im Amtsblatt der neuen Bewegung Anweisungen, was auf Kundgebungen fortan zu rufen war: »Franco, Franco, Franco«, »Spanien, einig, groß und frei« sowie »Es lebe Spanien«. Alle anderen Rufe »werden als gezielte Störungen betrachtet und von den Partei- und Staatsorganen entsprechend bestraft«.

Den letzten Rivalen ereilte das Schicksal im Juni 1937. General Mola (»Der Direktor«) stürzte mit seinem Flugzeug ab, wie im

Jahr zuvor der in Aussicht genommene nächste Staatschef José Sanjurjo. Danach flog Franco lange Zeit nicht mehr mit einem Flugzeug.

* * *

Ungeachtet der Erfolge der Putschisten war die Hauptstadt nach drei Monaten immer noch in der Hand der Republikaner. Zunächst scheiterten die Franco-Truppen an den gerade eingetroffenen sowjetischen Panzern und Flugzeugen. Am 28. Oktober griffen Kampfflugzeuge erstmals in die Kämpfe um Madrid ein. Einen Tag später vertrieben Panzer der 80. sowjetischen Panzerbrigade unter dem Kommando von Oberstleutnant Kriwoschein die franquistischen Angreifer aus ihren Stellungen. Dennoch verließ die republikanische Regierung Madrid, setzte in der Hauptstadt eine Verteidigungsjunta unter Führung der Kommunistischen Partei ein und nahm ihren Sitz in Valencia.

Um Madrid kämpften vier Regimenter der Spanischen Volksarmee. Das 5. Regiment der Kommunisten stach heraus. Es kämpfte mit großem Erfolg, nicht zuletzt weil die Kommunistische Internationale ihre erfahrensten Kader entsandt hatte. Die Operative Abteilung des 5. Regiments stand unter Führung des späteren Ministers für Staatssicherheit der DDR Wilhelm Zaisser, der in Spanien unter dem Decknamen »General José Gómez« auftrat. Er war Offizier im Ersten Weltkrieg gewesen und hatte an der Militärpolitischen Hochschule Babowka bei Moskau die Taktik des Straßenkampfes gelehrt. Er war nun in Madrid an der richtigen Stelle, seine Theorie in die Praxis umzusetzen.

Kriegskommissar des 5. Regiments wurde der Argentinier Vittorio Vidali, der sich in Spanien »Carlos Contreras« nannte. Er war einer der erfahrensten Geheimdienstagenten der Komintern. Aus der Einheit gingen die bekanntesten Kommandeure der Volksarmee hervor: Juan Guilloto León, bekannt als »Juan Modesto«, Valentín Gonzáles, der als »El Campesino« berühmt wurde, und Enrique Lister. Im 5. Regiment herrschte – anders als

Die von Hans Beimler gegründete Hundertschaft »Ernst Thälmann« der Internationalen Brigaden

bei den anarchistischen Kolonnen – strenge militärische Disziplin mit einer festen Kommandostruktur und den wiedereingeführten Dienstgraden.

Die Verteidiger der Republik erhielten in den schweren Abwehrkämpfen Unterstützung durch Internationale Brigaden. Die ersten Freiwilligen waren Teilnehmer an der Volksolympiade in Barcelona, die parallel zu den Olympischen Spielen in Berlin stattfinden sollte. Der Eröffnungstag fiel auf den Tag des Beginns des Putsches der Generäle. Viele Teilnehmer waren an der Grenze aufgehalten worden. Von den Anwesenden blieben 200 und schlossen sich den Milizen an. Deutsche und polnische Emigranten, die in Spanien lebten, traten in die Milizen ein. Daraus ging später die Division Carlos Marx hervor, in die auch die von Hans Beimler gegründete Hundertschaft Thälmann eingegliedert wurde.

Dem Beschluss der Kommunistischen Internationale zur Verteidigung der spanischen Republik folgten Tausende Freiwillige. Die größten Kontingente stellten Franzosen, Polen und Italiener. Deutsche stellten das fünftgrößte Kontingent. (Die Angabe, Deutsche seien das zweitgrößte, beruht auf einem Irrtum: Sie wurden in der »Deutschen Sprachengruppe« geführt, zu der auch Österreicher, Skandinavier, Niederländer und Schweizer gehörten.) Offiziell wurden die Interbrigaden am 14. Oktober 1936 aufgestellt. Ende Oktober nahm ein Militärrat unter der Leitung des Komintern-Beauftragten André Marty als oberstes Gremium seine Arbeit auf.

Am 7. November, dem Jahrestag der russischen Oktoberrevolution, begann die Afrika-Armee Francos mit 20 000 Mann den Sturm auf Madrid und brach beim Universitätsviertel durch. Ihr marschierten 1300 Soldaten in neuen Uniformen und Stahlhelmen durch die Straßen der Hauptstadt entgegen: Es war die neue XI. Internationale Brigade. Sie wurde gegen den von den *Regulares* errichteten Brückenkopf in den Kampf geschickt und trieb die Franco-Truppen zurück. Im Ergebnis waren zwei Drittel der Kämpfer tot oder verletzt.

Der Versuch Francos, Madrid einzunehmen, scheiterte erneut. Es bewahrheitete sich der Aufruf der spanischen Kommunistin Dolores Ibárruri – genannt *La Pasionaria* –, die am ersten Tag des Putsches die Losung ausgegeben hatte: »No pasarán!« – sie werden nicht durchkommen! Bei den Kämpfen um Madrid starben sowohl der Beauftragte der KPD für Spanien Hans Beimler als auch der legendäre Kommandeur der anarchistischen Milizen Buenaventura Durruti. Beide wurden in Barcelona beigesetzt. Den Trauerzügen folgten Hunderttausende Menschen.

Franco brauchte den militärischen Erfolg und setzte deshalb die Einnahme Andalusiens auf die Tagesordnung. Dazu bedurfte es der Unterstützung von Truppen des faschistischen Italiens. Diktator Benito Mussolini entsandte ein Vorauskommando von 3000 Schwarzhemden – der faschistischen Miliz –, das kurz vor Weihnachten 1936 in Cádiz von Bord ging. Im Verlauf der nächsten Wochen kamen insgesamt 50 000 Mann nach Spanien,

60 Prozent Schwarzhemden und 40 Prozent reguläre italienische Streitkräfte. Sie verfügten über 760 Flugzeuge, 2000 Geschütze, 150 leichte Panzer und 7660 Fahrzeuge.

Am 10. Februar 1937 marschierten die italienischen Truppen gemeinsam mit den Soldaten Francos in die andalusische Provinzhauptstadt Málaga ein. Arthur Koestler, der als Kriegsberichterstatter für angelsächsische Zeitungen schrieb, hielt diesen Moment in seinem »Spanischen Testament« fest, das 1938 auf Englisch und Deutsch erschien: »Málaga hat sich nicht verteidigt. Die Stadt wurde von ihren Führern verraten, verlassen, ans Messer geliefert. Die Rebellenkreuzer haben sie zerschossen, und die Schiffe der Republik kamen nicht. Die Rebellenflugzeuge säten Panik und Tod, und die Flugzeuge der Republik kamen nicht. Die Rebellen hatten Artillerie, Panzerautos und Tanks, und die Waffen und Munitionen der Republik kamen nicht. Die Rebellen rückten im Halbkreis von allen Seiten vor, und auf der einzigen Straße, die Málaga mit der Republik verband, war die Brücke seit vier Monaten kaputt. Die Rebellen trieben ihre Soldaten mit eiserner Disziplin, mit Sperrfeuer im Rücken vorwärts: Und die Verteidiger Málagas hatten keine Disziplin, keine Führer und keine Gewissheit, dass die Republik hinter ihnen stand. Italiener, Mauren und Fremdenlegionäre kämpften mit dem professionellen Mut der Söldner gegen das Volk; und die Soldaten des Volkes, die für die eigene Sache kämpften, liefen davon.« Kurz nach dem Einmarsch geriet Koestler in Gefangenschaft und wurde als Spion standrechtlich zum Tode verurteilt. Die Briten erreichten seine Freilassung auf dem Wege eines Gefangenenaustauschs.

Allein in den ersten fünf Tagen erschossen die Putschisten im Gefängnis von Málaga fünftausend Menschen. Zehntausende Einwohner von Málaga flohen aus der Stadt nach Osten. Der einzige Fluchtweg führte über die noch heute bestehende Küstenstraße N-340. Ein Treck von bis zu 50 000 Flüchtlingen quälte sich die Straße entlang, die von Flugzeugen der Putschisten bombardiert und von Kriegsschiffen von See beschossen wurde. Man schätzt, dass bis zu 10 000 Flüchtende ums Leben kamen. Selbst Interbrigadisten, die den Ersten Weltkrieg überlebt hatten und Augenzeugen der Angriffe auf die Flüchtenden wurden, konnten sich nicht erinnern, je ein solches Grauen gesehen zu haben.

Der leichte Sieg verführte Mussolini, einen erneuten Vorstoß zur Einnahme Madrids vorzunehmen. Franco, der schon am Jarama gescheitert war, warnte, stellte aber Truppen. Der Kommandeur der italienischen Soldaten, Ex-Geheimdienstchef General Mario Roatta, übernahm die Führung des Angriffs mit 35 000 Mann. In seinem Tagesbefehl hieß es: »Wir sind hierhergekommen, um in Spanien für den Triumph des Faschismus zu kämpfen. Wir werden im Namen Roms unter dem Zeichen des Rutenbündels siegen. Wir sind die wahren Bannerträger der faschistischen Idee. Höher die Herzen, die Bajonette, die schwarze Flamme!«

Ihnen traten auf der anderen Seite die antifaschistischen Kämpfer der »Garibaldi« entgegen. Unter ihnen waren drei Männer, die die Nachkriegspolitik Italiens entscheidend mitbestimmten. Ihr Kommandeur Randolfo Pacciardi wurde Chef der Liberalen Partei und einer der Kompaniechefs, Pietro Nenni, Parteiführer der Sozialisten. (Der Generalinspekteur der Internationalen Brigaden, Luigi Longo, wurde Generalsekretär der Kommunistischen Partei Italiens.) Mit der Hilfe der sowjetischen Panzer hielt die Verteidigung Madrids erneut. Italien verlor eine ganze Division, Tausende Soldaten gerieten in Gefangenschaft. General Roatta wurde abgelöst.

Neben den Truppen waren für Franco die italienischen Materiallieferungen und besonders die Fliegereinheiten der *Aviazione Legionaria* wichtig. Während ihres Einsatzes zerstörten die Italiener die Hälfte der republikanischen Luftwaffe und beschädigten oder versenkten 224 Schiffe der Republikaner. Ihre Flugzeuge waren an allen entscheidenden Schlachten des Bürgerkriegs beteiligt. Der Preis war hoch: Der Einsatz in Spanien kostete Italien in den zwei Jahren jeweils ein Fünftel seiner Staatsausgaben.

Die Verluste an Menschen und Material schwächten die Kampffähigkeit der italienischen Streitkräfte im Zweiten Weltkrieg erheblich.

Die massive Unterstützung durch Italien und Deutschland sowie die höhere Kampfkraft von Francos eigenen Truppen führten schließlich zur militärischen Überlegenheit der Putschisten. Die Republikaner wehrten sich nach Kräften. Mitte Dezember 1937 griffen 40 000 Republikaner die von Francos Truppen besetzte mittelalterliche Provinzhauptstadt Teruel in Aragonien an, die von 3000 Mann verteidigt wurde. Nach zwei Wochen und verlustreichen Kämpfen nahmen sie zum Jahreswechsel die Stadt ein.

Einen Monat später griffen die Franco-Truppen mit einem massierten Artillerieeinsatz von 100 Batterien an, unterstützt von der Legion Condor. Die republikanische Armee musste kapitulieren, 15 000 Kämpfer wurden gefangen genommen, 10 000 waren gefallen. Die Gegenseite verzeichnete hohe Verluste, und die Zivilbevölkerung hatte zu leiden. Insgesamt starben an diesem Frontabschnitt in nur zwei Monaten 40 000 Menschen.

Der Republik zu Hilfe!

Jagd auf Anhänger der Putschisten – Checas terrorisieren unter dem Deckmantel der »revolutionären Justiz« – Stalin stärkt die KP Spaniens – Die Hilfe der UdSSR reicht nicht zum Sieg – Der sowjetische Geheimdienst verfolgt ideologische Feinde – Spanien muss Waffen zur Verteidigung der Republik mit seinem Goldschatz bezahlen

In Katalonien schafften es vor allem Anarchisten, den Putsch zu verhindern. An ihrer Seite kämpften die Separatisten, die den Zentralstaat ablehnten und sich für die Unabhängigkeit einsetzten. Die Anarchosyndikalisten von der CNT übernahmen mit ihrem politischen Arm, der *Federación Anarquista Ibérica* (FAI), die Macht und gründete das Zentralkomitee der antifaschistischen Milizen. Sie konnten sich in Barcelona auf eine breite Basis von 500 000 Mitgliedern stützen.

Seit Jahrzehnten unterdrückt und verboten, brach der Hass bei vielen durch. In den republikanisch verbliebenen Gebieten Spaniens breitete sich die Jagd auf Anhänger der Putschisten aus. Offiziere wurden ermordet, Priester verfolgt und Unternehmer beraubt. Die loyal gebliebenen Militärs legten ein Sortiersystem für ihre Kameraden an, die sich den Putschisten angeschlossen hatten, und klassifizierte sie nach den Kategorien A (Antifaschist), R (Republikaner) I (indifferent) oder F (Faschist). Diejenigen, die in die Kategorien I und F einsortiert worden waren und sich weigerten, für die Republik zu kämpfen, gingen ins Gefängnis.

Gleichzeitig bildeten sich republikanische Volkstribunale. In Madrid arbeiteten sechs dieser Standgerichte rund um die Uhr in Acht-Stunden-Schichten. Hier war juristischer Sachverstand weniger gefragt als überzeugendes Auftreten. Die Ankläger schickten Verdächtige nach kurzer Anhörung ins Gefängnis und ordneten den Einzug aller Habseligkeiten an. Der Rechtsstaat mit

Ein republikanisches Volksgericht. Hier wurden die wahren und vermeintlichen Feinde der Republik im Schnellverfahren abgeurteilt.

seinen Institutionen war kaum mehr vorhanden. Die politische Polizei richtete mithilfe sowjetischer Berater Verhörzentren ein.

Während der Wirren der ersten Monate nach Ausbruch des Bürgerkrieges entstanden irreguläre Gruppen, die sich selbst *Checas* nannten. Ihr Vorbild war die »Außerordentliche Allrussische Kommission zur Bekämpfung von Konterrevolution, Spekulation und Sabotage« (Tscheka). Daraus entwickelten sich Hunderte von Gruppierungen, die das Gesetz in ihre eigenen Hände nahmen und ihren Terror mit der Floskel der »revolutionären Justiz« tarnten.

Zwischen den offiziellen Sicherheitsorganen und den irregulären *Checas* gab es viele Überschneidungen. Manche unterstanden dem Generaldirektor für Sicherheit. Doch sowohl die Zusammensetzung der *Checas* wie auch die Führung und ihre Unterstellung wechselten ständig. Der Historiker Javier Cervera Gil gibt die Zahl der allein in Madrid operierenden Gruppen mit über 200 an.

Die *Checas* durchsuchten die Gefängnisse nach ihnen verdächtig erscheinenden Feinden der Revolution und unternahmen mit diesen anschließend sogenannte *Paseos* (Spaziergänge), von denen am nächsten Tag die Leichname auf den Straßen Zeugnis ablegten. In den ersten Monaten nach dem Putsch brachten sie auf diese Weise Tausende vermutete und tatsächliche Gegner um.

Die *Checas* zogen auch gewöhnliche Kriminelle an, denn mit der Tötung war die Aneignung des Besitzes verbunden. Bald entschied nicht mehr die Schwere der Schuld, sondern die Attraktivität des Besitzes über die Auswahl der Opfer. Bei Überfällen auf Bankiers holten sie Hunderte von Millionen Pesetas aus den Villen, dazu Juwelen, Gold und Devisen. Ein bekannter Anführer einer *Checa* war der Schwerkriminelle Felipe Sandoval. Er hatte viele Jahre wegen bewaffneter Raubüberfälle im Gefängnis verbracht. Von Anarchisten wurde er aus der Haft befreit. Bald fuhr er im schwarzen Rolls-Royce durch Madrid auf der Jagd nach Geld.

Die *Checas* holten ihre Opfer nicht nur aus den Gefängnissen, sondern verfolgten auch anonyme Anzeigen, von denen nicht wenige aus persönlichen Rachemotiven erstattet wurden. Sie verhafteten die Verdächtigen, ohne sich auszuweisen, und operierten vorzugsweise in den Nachtstunden. Insgesamt werden in der Literatur über 300 solcher Gruppierungen angegeben. Sie agierten vor allem in Madrid, Barcelona und Valencia.

Im Frühjahr 1937 beendeten die republikanischen Behörden die Aktivitäten der *Checas*. Mit dem *Departamento de Información del Estado* (DEDIDE) und dem im August 1937 gegründeten *Servicio de Investigación Militar* (SIM) wurde die Verfolgung wirklicher und angeblicher Feinde auf staatlich kontrollierte Ebene gestellt.

Nach Angaben des britischen Historikers Paul Preston kamen allein in den ersten fünfeinhalb Monaten nach dem Putsch Francos mehr als 8000 Menschen um, die verdächtigt wurden, den Putsch zu unterstützen. Insgesamt soll es auf republikanischem Gebiet mehr als 50 000 Opfer in den zweieinhalb Jahren des Bürgerkriegs gegeben haben.

Nach dem Putsch kamen die Antifaschisten aus vielen Ländern Europas nach Spanien, um bei der Verteidigung der Republik zu helfen. Unter den Ersten, die nach Spanien kamen, war der 23-jährige Schweizer Automechaniker Hans Hutter (die Schweiz stellte proportional zur Bevölkerung das größte Kontingent der internationalen Brigadisten). Er beendete die über zweijährige Kampfzeit in Spanien als Hauptmann. 1996 veröffentlichte er seine Erinnerungen. Darin schildert er eine Episode, die stellvertretend für die Schwierigkeiten der Interbrigaden stand:

»Die unberechenbare Dynamik der Kampfhandlungen, das Fehlen von Kartenmaterial, die Verständigungsschwierigkeiten wegen der verschiedenen Sprachen, die stockdunkle Nacht, die unsorgfältige Vorbereitung ließen jede Gruppe zu einer meist auf sich selbst angewiesenen, oft autonom handelnden Kleinsteinheit werden, die sich lediglich auf ihre eigenen Sinne und Erfahrungen verlassen konnte.«

Gravierender als die ohnehin vorhandenen Schwierigkeiten waren die politischen Verhältnisse: »Dass der stalinistische Einfluss innerhalb der Kommunisten schließlich die Oberhand gewann, merkten wir Parteilosen daran, dass immer mehr Unfähige an wichtige Führungsposten kamen und die wirklich einfühlsamen und solidarisch denkenden Soldaten und Kommandanten einfach umkamen. Die anderen waren in gefährlichen Situationen jeweils ›krank‹. Ich kann mich auch an keinen einzigen feigen und verschlagenen Spanier erinnern, während ich von stalinistischen Internationalen ganze Listen erstellen könnte. Im Großen und Ganzen spielten die Internationalen Brigaden mit Ausnahme der Verteidigung von Madrid, glaube ich, gar nie die überwältigende Rolle, die ihnen später viele Autoren andichten wollten.«

In den Jahren des Bürgerkrieges kämpften Freiwillige aus 52 Ländern. Ihre Zahl schätzt der Kenner der Verhältnisse, der Politologe Werner Abel, auf maximal 35 000. Am 31. März 1938 wurde sie dem Verteidigungsministerium mit 31 369 Interbrigadisten gemeldet. 4575 seien gefallen, 5740 als vermisst registriert, und 6062 waren nicht mehr in Spanien. »Geht man davon aus, dass von April bis August noch Freiwillige nach Spanien kamen und wieder andere Einheiten der Volksarmee angehörten, die nichts mit den Internationalen Brigaden zu tun hatten, scheint die Anzahl von 35 000 Internationalen realistisch zu sein«, so Abel.

Mehr als ein Drittel der Freiwilligen kam ums Leben. Als die Internationalen Brigaden Ende 1938 aufgelöst wurden, konnten viele ihrer Mitglieder nicht in ihre Heimatländer zurückkehren, weil sie ihre Staatsangehörigkeit verloren hatten, wie tschechische und österreichische Spanienkämpfer. Deutschen und Italienern drohten Verfolgung und Lagerhaft. Viele ereilte das Schicksal, beim Grenzübergang nach Frankreich in Internierungslager gebracht und später an die faschistischen Sicherheitsbehörden ausgeliefert zu werden.

* * *

Stalin konnte und wollte das Feld nicht Hitler und Mussolini überlassen. Im Oktober 1936 erfolgte die offizielle Hilfe der Sowjetunion: 250 Kampfflugzeuge, 730 Panzer und 1230 Artilleriegeschütze. In Spanien kämpften exakt 2066 sowjetische Militärs. Das war, gemessen an der deutschen und italienischen Hilfe für die Gegenseite, wenig. Wie sich am Ausgang des Bürgerkrieges ablesen lässt, zu wenig.

Mit der sowjetischen Hilfe blühte die kleine Kommunistische Partei Spaniens auf: Im Laufe des Bürgerkrieges wuchs sie von 10 000 Mitgliedern im Februar 1936 auf 283 605 Mitglieder im Februar 1938. Sie wurden vor allem als politische Kommissare in der neuen Armee eingesetzt und erlangten in den Polizei- und Sicherheitskräften leitende Stellungen. Umgehend gingen sie daran, den Einfluss der Anarchisten und aller nicht genehmen politischen Strömungen zurückzudrängen.

Die Milizen der Anarchisten erhielten zuletzt die dringend benötigten Waffen, wurden aber an den Frontabschnitten allein gelassen, während die unter kommunistischer Führung stehenden

Einheiten durch sowjetische Flieger und Panzer unterstützt wurden. Federica Montseny von der CNT sagte: »Wir befanden uns in einer schrecklichen Lage, wir waren völlig in die Enge getrieben. Durch die Waffenhilfe der Sowjetunion hatten die Kommunisten ungeheuer an Einfluss gewonnen. Wir mussten dauernd befürchten, dass den spanischen Anarchisten ein ähnliches Los bevorstand wie einst den Anarchisten in Russland.«

Der Unterschied zwischen Anarchisten, Anarchosyndikalisten, Linkskommunisten und der stalinistischen KP Spaniens bestand darin, dass Erstere den Kampf gegen die Putschisten mit der sozialen Revolution verbinden wollten, während das Ziel der Kommunisten entsprechend der Volksfrontpolitik der Erhalt der bürgerlich-demokratischen Republik war. Alle über dieses Ziel hinausgehenden Forderungen wurden als dem Franquismus dienliche Handlungen verurteilt. So wurde die als »trotzkistisch« denunzierte POUM *(Partido Obrero de Unificación Marxista)* verboten, ihr Zentralkomitee verhaftet und ihr Generalsekretär Andreu Nin ermordet. Ihre *División Lenin* wurde aufgelöst und in die Volksarmee eingegliedert.

Ein Kämpfer der Vereinten marxistischen Arbeiterpartei POUM. Sie wurde von der sowjetischen Geheimpolizei als »trotzkistisch« verfolgt und ihr Vorsitzender Andreu Nin ermordet.

Der erste Chef der sowjetischen Militärs in Spanien war Jan Bersin, Leiter der militärischen Auslandsspionage der Sowjetunion, der unter den Namen Grischin, *El Viejo* oder Donizetti öffentlich in Erscheinung trat. (Er wurde 1938 unter dem Vorwand einer »nationalistisch-terroristisch-lettischen Verschwörung« in Moskau verhaftet und nach einem Geheimprozess erschossen.) Die sowjetischen Militärberater waren an zentraler Stelle im Kriegsministerium, in der Führung der Republikanischen Armee und bei den Internationalen Brigaden platziert worden.

Neben den Militärberatern kamen Angehörige der sowjetischen Geheimdienste, vor allem des NKDW und des militärischen Geheimdienstes GRU nach Spanien. Dort galt ihre Aufmerksamkeit vor allem der Arbeiterpartei der marxistischen Vereinigung POUM, die sie als trotzkistisch bezeichneten. Das war jedoch eine bewusste stalinistische Missdeutung, denn zwischen der Partei in Spanien und dem verstoßenen russischen Revolutionsführer gab es Differenzen und scharfe ideologische Auseinandersetzungen. Ungeachtet dessen berichtete der Parteisender der POUM über die stalinistischen Schauprozesse gegen Trotzkis wahre oder vermeintliche Anhänger – und das teilweise auch in russischer Sprache. (Der Sender wurde im April 1937 geschlossen.)

Ihr wichtigster Führer, Andreu Nin, wurde aus der katalanischen Regionalregierung entfernt, verschleppt, gefoltert und am 20. Juni 1937 bei Madrid ermordet. Nin kannte als ehemaliger Funktionär der Komintern und der Roten Gewerkschaftsinternationale die inneren Machtstrukturen, war zunächst Anhänger Trotzkis, Mitglied der linken Opposition in der Sowjetunion und dann ein Kritiker der Stalin'schen Säuberungen. Nach seiner Ermordung wurde die gesamte POUM-Führung verhaftet. Im Oktober 1938 wurde ihr in Barcelona der Prozess gemacht.

Der republikanische Regierungschef Juan Negrín, der nach den blutigen Kämpfen zwischen Kommunisten und Anarchisten im Mai 1937 ernannt worden war, forderte die Todesstrafe. Er

Sowjetische Militärberater auf Seiten der Republikaner:
2. v. r. der spätere Verteidigungsminister der UdSSR Marschall Radion Malinowski (in Spanien »Oberst Malino«)

hatte dank der Unterstützung durch die Sowjetunion und dank der spanischen Kommunisten eine starke Stellung. Dem widersetzte sich der Justizminister und wies das Gericht an, fortan derartige Einmischungen »in den Papierkorb zu werfen«.

Der geplante Schauprozess wurde zum Rohrkrepierer. Die Angeklagten widerlegten die Vorwürfe der Anklage, dass sie für die Faschisten arbeiteten, und beschuldigten ihrerseits das NKWD und Stalin, ihre Mitglieder zu verfolgen und Andreu Nin ermordet zu haben. Das Gericht befand, dass die Vorwürfe gegen die POUM-Führung haltlos seien. Sie habe weder mit Franco noch mit den Deutschen kollaboriert. Im Gegenteil: Ihr Verhalten und ihr Ansehen als Antifaschisten seien untadelig.

Leiter des sowjetischen Geheimdienstes NKWD in Spanien war Leo Nikolski, der als »Alexander Orlow« auftrat. Der russische Historiker Boris Volodarsky, der im militärischen Geheimdienst GRU gedient hatte, konnte nach dem Ende der Sowjetunion 1992 die Akten einsehen und veröffentlichte seine Erkenntnisse in dem Buch »El Caso Orlov« (Der Fall Orlow).

Ein Team des katalanischen Fernsehens konnte die Orlow-Akte im ehemaligen KGB-Archiv einsehen und nannte in ihrem Film »Operación Nikolai« die Verantwortlichen für die Ermordung des POUM-Führers.

Für die Planung war Nikolski zuständig. Seine Mittäter waren u. a. Josef Grigulewitsch, der Andreu Nin erschoss, und Nachum Eitingon, der als »General Leonid Kotow« für die Verfolgung und Ermordung von Trotzkisten in Spanien verantwortlich war. 1940 versuchte Grigulewitsch Trotzki in Mexiko zu ermorden, scheiterte aber. Der sprachgewandte Tschekist freundete sich mit dem Präsidenten des mittelamerikanischen Landes an und schaffte es, unter dem Namen Teodoro B. Castro zum Botschafter Costa Ricas in Italien, beim Vatikan und in Jugoslawien ernannt zu werden. Als Lateinamerika-Experte schrieb er später unter dem Mädchennamen seiner Mutter als Josef Lawretzki mehr als 30 Bücher, darunter eine Biografie über Ernesto »Che« Guevara, zu der Kubas Partei- und Staatschef Fidel Castro das Vorwort verfasste.

Sowjetische Frachter transportierten Waffen für die republikanischen Verteidiger und den spanischen Goldschatz in die UdSSR; hier die »Sirijanin« aus Odessa im Hafen von Barcelona.

Nachum Eitingon, in Weißrussland geboren, war ein berüchtigter Liquidator im Stalin'schen Terrorsystem. Er leitete die NKWD-Zentrale in Barcelona und amtierte als Stellvertretender Chef des sowjetischen Geheimdienstes in Spanien. Der Tscheka gehörte er seit 1920 an. In China war er Resident unter diplomatischer Tarnung. Nach seiner Rückkehr wurde er stellvertretender Leiter für Spezialoperationen des NKWD – das waren Aktionen zur Beseitigung von Gegnern im Ausland. Er operierte in den USA, von wo aus er nach Spanien entsandt wurde. Nach der Ermordung von Andreu Nin desertierte der Leiter Nikolski (alias Orlow) 1938 in die USA. Eitingon wurde sein Nachfolger.

Nachdem Grigulewitsch 1940 mit dem Versuch gescheitert war, Leo Trotzki zu ermorden, erhielt Eitingon den Auftrag zur Liquidierung von Stalins Gegenspieler. Er rekrutierte Ramón Mercader, den Sohn der spanischen Kommunistin und NKWD-Agentin, der am 20. August 1940 in Mexiko-Stadt Trotzki einen Eispickel in den Schädel schlug. Eitingon, der im Wagen vor Trotzkis Residenz wartete, flüchtete außer Landes, als er bemerkte, dass der Mörder gefasst worden war.

Mercader verbrachte 20 Jahre in mexikanischen Gefängnissen. Eitingon wurde von Stalin mit dem Leninorden ausgezeichnet, Mercader zum »Held der Sowjetunion« ernannt. Im Zuge der Judenverfolgung in der Sowjetunion Anfang der 1950er Jahre wurde Eitingon verhaftet, später zu zwölf Jahren Lagerhaft verurteilt, die er überlebte. Er starb 1981 und wurde 1992 rehabilitiert.

Die Auseinandersetzungen zwischen Stalinisten, Anarchisten und Trotzkisten schwächten die Kampfmoral der Verteidiger der Republik nachhaltig.

* * *

Die sowjetische Hilfe für die spanische Republik war keine Solidarität ohne Gegenleistung. Spanien verfügte über den viertgrößten Goldschatz der damaligen Zeit. Die Regierung in Madrid war besorgt, der Goldschatz könnte in die Hände der Putschisten fal-

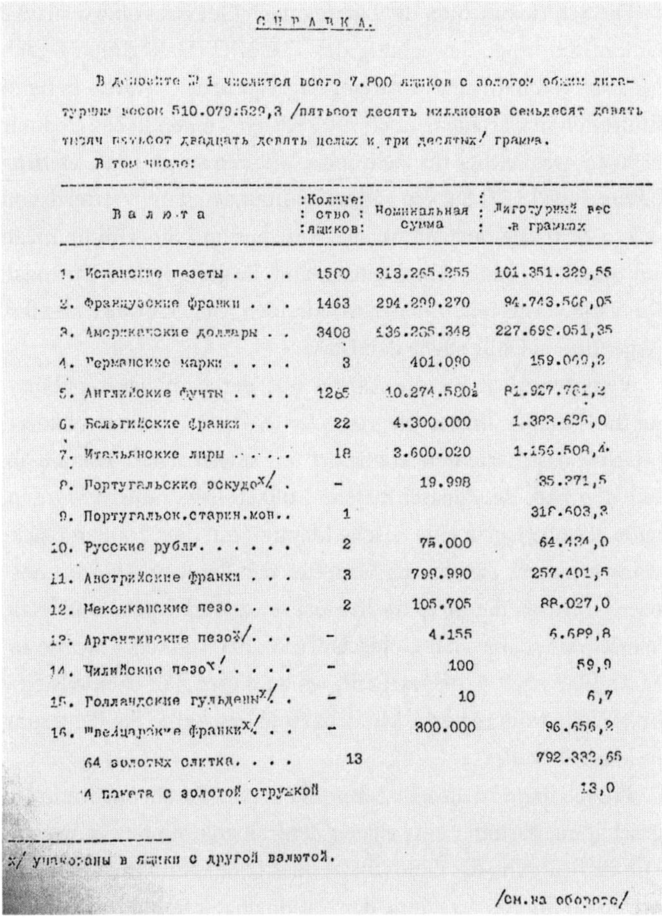

С П Р А В К А.

В депозите № 1 числится всего 7.800 ящиков с золотом общим лигатурным весом 510.079.529,3 /пятьсот десять миллионов семьдесят девять тысяч пятьсот двадцать девять целых и три десятых/ грамма.

В том числе:

Валюта	Количество ящиков	Номинальная сумма	Лигатурный вес в граммах
1. Испанские пезеты	1580	313.265.255	101.351.229,55
2. Французские франки . . .	1463	294.299.270	94.743.508,05
3. Американские доллары . .	3408	136.265.348	227.698.051,35
4. Германские марки	3	401.090	159.069,2
5. Английские фунты	1265	10.274.580½	81.927.781,2
6. Бельгийские франки . . .	22	4.300.000	1.383.626,0
7. Итальянские лиры	18	3.600.020	1.156.508,4
8. Португальские эскудо x/ .	–	19.998	35.271,5
9. Португальск.старин.мон. .	1		318.603,2
10. Русские рубли	2	75.000	64.424,0
11. Австрийские франки . . .	3	799.990	257.401,5
12. Мексиканские песо. . . .	2	105.705	88.027,0
13. Аргентинские песо x/. . .	–	4.155	6.689,8
14. Чилийские песо x/. . . .	–	100	59,9
15. Голландские гульдены x/ .	–	10	6,7
16. Швейцарские франки x/ . .	–	300.000	96.656,2
64 золотых слитка. . . .	13		792.332,65
4 пакета с золотой стружкой			13,0

x/ упакованы в ящики с другой валютой.

/см.на обороте/

Russische Liste mit der Aufstellung von 7800 Gold- und Geldkisten, die in die Sowjetunion verbracht wurden; sie weist mehr als 500 000 Kilo Gold und Valutabestände aus 14 Ländern aus, darunter Dollar, englische Pfund und Schweizer Franken.

len. Am 13. September schafften Soldaten 510 Tonnen zunächst in die Festung Cartagena und von dort – eskortiert von sowjetischen Panzern – am 22. Oktober 1936 zu den sowjetischen Frachtern »Kine«, »Kursk«, »Neva« und »Volgoles«.

Die Schiffe brachten die Ladung nach Odessa, von wo aus die Goldkisten unter Bewachung des 173. NKWD-Regiments nach Moskau geschafft und dort eingelagert wurden. Waren es beim Eintreffen in Cartagena noch 7900 Kisten, kamen in Moskau nur 7800 an, was seither für viele Spekulationen sorgt. Die Lieferung bestand aus 15 571 Säcken voller Goldmünzen. Drei Viertel davon waren britische Sovereigns, der Rest bestand aus Goldmünzen aus Spanien, Frankreich, Deutschland, Belgien, Italien, Portugal, Russland, Österreich, den Niederlanden, der Schweiz, Mexiko, Argentinien, Chile sowie den USA.

Verantwortlich für die Aktion war der damalige republikanische Finanzminister Negrín. Der NKWD-Resident Nikolski (»Orlow«) sicherte den Transport mit sowjetischen Militärs ab. Für den Fall, dass anarchistische Milizen misstrauisch würden, hatte er von Negrín eine falsche Identität mit dem Namen Blackstone erhalten, die ihn als Vertreter der Bank of America auswies – um so die Spur nach Moskau zu verbergen. Das letzte Viertel des spanischen Goldschatzes – 193 Tonnen – wurde im März 1937 nach Paris geschafft, wo zu dieser Zeit ebenfalls eine linke Volksfront regierte. Mit dem Gold beschaffte die Regierung in Madrid Waffen.

Franco hatte zu diesem Zeitpunkt bereits Parallelinstitutionen geschaffen, darunter eine eigene Zentralbank mit Sitz in Burgos. Die Verbringung des Goldschatzes des Landes erklärte er für illegal. Auch für die Vorstände der Nationalbank in Madrid, die erst nach dem Abtransport in die Sowjetunion informiert wurden, war die Aktion ungesetzlich. Das Gold sei Eigentum der Bank von Spanien und besichere die Konvertibilität des spanischen Pesos. Sie traten aus Protest zurück.

Am 5. Februar 1937 unterzeichnete der spanische Botschafter in Moskau das Übergabeprotokoll. Für die Regierung der UdSSR bestätigten der stellvertretende Volkskommissar für Auswärtige Angelegenheiten Nikolai Krestinski und der Volkskommissar für Finanzen Grigori Grinko den Erhalt des Goldes. In dem Dokument wurde es als Eigentum der spanischen Regierung anerkannt. Der damalige Finanzminister Negrín erließ in den folgenden 14 Monaten insgesamt 19 Verkaufsorders, bis nur noch zwei Tonnen Gold übrig waren. Die republikanische Regierung erlöste 470 Millionen US-Dollar, von denen 132 Millionen die Sowjetunion für ihre Lieferungen von Militärmaterial erhielt. Die restlichen 338 Millionen wurden auf eine Bank in Paris überwiesen, die sich im Besitz der Sowjetunion befand. 20 Jahre später erklärte die Sowjetunion, das spanische Guthaben sei sämtlich von der Regierung in Madrid abgerufen worden. Es sei nichts übrig.

Der Erste, der öffentlich machte, dass sich Stalin seine Hilfe für die Verteidiger der spanischen Republik bezahlen ließ, war General Walter Kriwitzky vom sowjetischen Geheimdienst. Er war zum Beginn des spanischen Bürgerkriegs für alle geheimen Operationen in Westeuropa verantwortlich. Er desertierte angesichts der Welle von Erschießungen von Verantwortlichen in Moskau und veröffentlichte 1939 das Buch »In Stalin's Secret Service«. Kriwitzky wurde im Februar 1941 in einem Hotel in Washington ermordet aufgefunden.

Wie Hitler und später Mussolini den fast gescheiterten Putsch Francos retteten, hatte Stalin mit seiner zögerlichen Unterstützung seinen Anteil an der Niederlage der Republikaner. Zunächst waren es außenpolitische Erwägungen, die die Sowjetunion zur Zurückhaltung bewogen. Ihr Hauptinteresse war es, angesichts der Bedrohung durch Hitler-Deutschland die Allianz mit Frankreich zu bewahren und Großbritannien neutral zu halten.

In einem nächsten Schritt gestattete Stalin, dass die Kommunistische Internationale zur Aufstellung Internationaler Brigaden aufrief. Erst nachdem klar wurde, dass Großbritannien und Frankreich keine Partei für die Republikaner ergreifen würden, und in Reaktion auf die Hilfe Deutschlands begann im Oktober 1936 die militärische Unterstützung durch die sowjetische Regierung. Dadurch konnte die republikanische Seite zunächst wichtige Positionen wie die Hauptstadt Madrid halten. Zu einem

Sieg wäre eine drastische Ausweitung der Hilfe nötig gewesen, die nicht erfolgte.

Bis heute ist unklar, warum Stalin Ende 1938 die Hilfe für die spanische Republik nahezu völlig einstellte. Ein außenpolitischer Aspekt kann vernachlässigt werden, denn mit dem Münchner Abkommen hatten sich Frankreich und Großbritannien von der Sowjetunion abgewandt, die nun international isoliert dastand.

Stalin sah die Niederlage der von der Sowjetunion unterstützten Republikaner klar voraus und wollte damit nicht verbunden werden. Bekannt ist auch, dass Stalin nie aufhörte, die Kämpfer gegen Franco als Parteifeinde und »Schädlinge« zu verdächtigen. Er fürchtete die Konkurrenz durch einen anarchistischen »comunismo libertario« und glaubte auch nicht mehr an den Erfolg seiner Volksfrontpolitik. Die Hälfte der Mitglieder des Politbüros der KP Spaniens wandte sich daraufhin von der sowjetischen Politik ab.

Überall sah Stalin in Spanien Agenten und Saboteure Francos am Werk und übertrug diese Manie auf sein eigenes Land. Am 2. Juni 1937 erklärte Stalin vor dem Militärrat, er sei einer Verschwörung im Militär auf der Spur: »Sie wollen die UdSSR in ein zweites Spanien verwandeln.« In der Folge wurden die sowjetischen Streitkräfte von Stalin regelrecht enthauptet: Verhaftet und ermordet wurden drei der fünf Marschälle der Roten Armee, 13 der 15 Armeebefehlshaber, 57 der 85 Korpskommandeure, 110 von 195 Divisionskommandeuren, 220 von 406 Brigadekommandeuren, unter ihnen 11 stellvertretende Kriegsminister sowie 75 der 80 Mitglieder des Obersten Kriegsrates. Bis zu 35 000 Offiziere – die Hälfte des Offizierskorps – wurden Opfer von Stalins »Säuberungen«.

Am 28.Oktober 1938 wurden die Interbrigaden von 300 000 Spaniern in Barcelona mit einer Parade verabschiedet. Zwei Monate später eroberten Francos Truppen Katalonien. In Barcelona wütete der rechte Terror, dem 35 000 Menschen zum Opfer fielen. Der amtierende Staatspräsident Manuel Azaña erklärte den weiteren Widerstand gegen Francos Truppen für zwecklos. Er gab sein Amt auf und flüchtete nach Frankreich. Großbritannien und Frankreich erkannten Franco als spanischen Staatschef an. Am 28. März 1939 nahmen Francos Truppen Madrid ein.

Der Bürgerkrieg dauerte 32 Monate. Eine Viertelmillion Gebäude waren unbewohnbar geworden, 183 Stadtkerne, die Hälfte des Eisenbahnwesens und ein Drittel der Handelsflotte wurden zerstört. Ein Drittel des Viehbestandes wurde vernichtet. Die Zahl der Toten wird geschätzt, mindestens 150 000 in dem von Franco-Truppen besetzten Gebiet. Die Hälfte von ihnen waren Zivilisten. Gezielt ermordet wurden von den Franquisten Milizionäre, Soldaten, Gewerkschafter und Linke aller Couleur.

Auf republikanischer Seite richtete sich die Gewalt vor allem gegen Monarchisten, Nationalisten, Angehörige der faschistischen Falange und Kirchenvertreter. Die katholische Kirche gibt an, dass allein während des Bürgerkriegs 13 Bischöfe, 4184 Diözesanpriester, 2365 Geistliche und 283 Nonnen ermordet wurden. Die Gesamtzahl der Opfer auf republikanischer Seite wird mit 50 000 angegeben. Besonders tragisch waren die »Säuberungen« durch Stalins Geheimdienste in Spanien, denen vor allem Trotzkisten, Anarchisten und Kommunisten, die nicht der Linie der Sowjetunion folgten, zum Opfer fielen.

Dem Krieg folgt die Gewalt

Franco wird zum unumschränkten Herrscher Spaniens – Das halbe Land wird unter Generalverdacht gestellt – Frauen werden zu Freiwild erklärt – Massenhafter Raub von Kindern – Säuberungswelle in der Verwaltung – Selbst den Fußball trifft die Verfolgung – Freimaurer werden zu Hauptfeinden erklärt – Spanien wird mit einem Netz aus Konzentrationslagern überzogen

Am 19. Mai 1939 hielt Franco seine Siegesparade in Madrid ab. Die Soldaten marschierten auf dem Prachtboulevard, dem *Paseo de la Castellana*. Unter ihnen waren auch die Legionäre aus Deutschland und Italien. Fünf Stunden wurde alles aufgeboten, was sich bewegen konnte. Oben flogen die Flugzeuge über die Paradierenden hinweg. »In diesem schwergeprüften Madrid, das nun von der Tyrannei des Pöbels befreit ist, seid ihr heute Zeugen der Siegesparade von 120 000 Kämpfern«, sagte Franco in seiner Ansprache. Zur Feier des Tages verlieh er sich das *Gran Cruz Laureada de San Fernando,* den höchsten Orden für Tapferkeit, der ihm als 23-jährigem Major noch verwehrt worden war. Und immer wieder erhob er den rechten Arm zum Gruß.

Der kleine, schmächtige »Franquito« mit dem einst zarten Stimmchen war zum unumschränkten Herrscher Spaniens aufgestiegen, das er für die nächsten Jahrzehnte beherrschen sollte. Er war Staatschef, Oberbefehlshaber der Streitkräfte im Rang eines Generalkapitäns, der bis dahin den Königen vorbehalten gewesen war, und Chef der einzig verbliebenen politischen Bewegung. Damit hatte er eine Machtfülle, die zuletzt König Philipp II. (1527–1598) in einer Person vereinte.

Im Krieg in Marokko war er hart und mitleidlos geworden. Die Intrigen seiner Verbündeten hatten ihn gelehrt, selbst intrigant zu sein. Seine Konkurrenten waren entweder tot, des Landes verwiesen oder mussten damit leben, ihm zu dienen. 1936 war er noch ein militärischer Führer ohne zivile Gefolgschaft. Drei Jahre später hatte er die Massenbewegungen seiner Wettbewerber um die Macht vereint und unter seinen Einfluss gebracht. Aus der faschistischen *Falange* und den monarchistischen Bewegungen wurde die Nationale Bewegung *(Movimiento Nacional)* oder kurz dem Zeitgeist folgend Die Bewegung *(El Movimiento)* geformt und unter die operative Leitung seines Schwagers Ramón Serrano Suñer gestellt. Der hatte in Italien studiert und organisierte das ganze Land mit Blockwarten über Ortsleiter, Unterbezirksleiter, Bezirksleiter, Provinzleiter bis zur nationalen Führung. Man erfasste alle Spanier, und es entstand ein effektives Kontrollsystem mit Spitzeln überall.

Der Historiker Juan Pablo Fusi schrieb: »Francos unbestreitbare Geschicklichkeit, deren Entfaltung ihm der autokratische Charakter seiner Macht erst ermöglichte, wurde durch eine weitere wesentliche Eigenschaft ergänzt. Es war die kluge Berechnung, die Vorsicht, von der Franco sowohl zur Zeit der Republik als auch im Bürgerkrieg und während des Zweiten Weltkrieges zahllose Beweise geliefert hat.«

Wie als Truppenführer, der seine körperlichen Defizite mit Unterwerfung und der Verbreitung von Angst ausgeglichen hatte, verfuhr Franco mit dem ganzen Land. Jedem Spanier wurde vor Augen geführt, wie es denjenigen erging, die sich nicht seinem Willen unterwarfen. Versöhnung oder gar Amnestie waren ausgeschlossen. Strafen und Zwangsarbeit sollten die Feinde des neuen Spanien lehren, sich nicht zu widersetzen. Unverblümt hatte der 1937 ums Leben gekommene Putschgeneral Mola den Zweck beschrieben: »Es ist notwendig, Terror zu verbreiten. Wir haben den Eindruck völliger Überlegenheit zu schaffen, indem wir ohne Skrupel alle eliminieren, die nicht so denken wie wir.«

Im Februar 1939, als noch die letzten Kämpfe stattfanden, erließ Franco das Gesetz über die politischen Verantwortlichkeiten *(Ley de Responsabilidades Políticas),* das Grundlage für die Verfolgung der Kämpfer und Unterstützer der Republikaner werden und als legaler Mantel die nun einsetzende Repression überdecken sollte. In der Präambel wurde klar, was mit diesem Gesetz bezweckt wurde: alle zu verfolgen, »die durch Taten oder Unterlassungen beigetragen haben, die rote Subversion zu fördern und sie über zwei Jahre am Leben zu halten, um den Endsieg der Bewegung zu verhindern«. Damit wurde faktisch das halbe Land unter Generalverdacht gestellt.

Es blieb nicht bei der Verdächtigung. Mit der *Delegación del Estado para la Recuperación de Documentación* (DERD) schuf Franco eine Stelle, in der alle Dokumente der Republik zentral erfasst wurden. Suchtrupps schwärmten in den republikanischen Gebieten nach dem Sieg Francos aus, um alles zu sammeln, was bei der späteren Verfolgung der politischen Gegner hilfreich sein konnte. In Barcelona wurden in wenigen Monaten mehr als ein Dutzend Häuser mit Akten gefüllt. Alles wurde zur Sammelstelle der DERD nach Salamanca geschafft, wo 800 Tonnen lagerten.

Parallel hierzu wurde als staatliches Verfolgungsorgan der *Servicio de Información y Policía Militar* geschaffen, der in Zeitungsannoncen um Mitarbeiter warb. Es meldeten sich vor allem jene, die Opfer der Übergriffe durch Republikaner geworden waren. Sie standen Schlange vor den Anwerbungsbüros. Nach wenigen Monaten waren Zehntausende Meldungen von Denunzianten eingegangen, die ihre Nachbarn der republikanischen Gesinnung bezichtigten, persönliche Feinde ans Messer lieferten oder missliebige Personen aus dem Weg haben wollten.

Das neue Gesetz erklärte alle, die ab 1. Oktober 1934 Anhänger der Volksfront waren, pauschal der militärischen Rebellion für schuldig. Eingeschlossen waren sämtliche Regierungsmitarbeiter und Angehörigen der bewaffneten Kräfte der Republikaner. Die Strafen begannen mit Enteignung der gesamten Habe der Verdächtigten, Berufsverboten, der Einschränkung des Aufenthaltsortes und dem Verlust der staatsbürgerlichen Rechte. Sippenhaft war keine Ausnahme, sondern die Regel. Die Familienangehörigen wurden im Alltag gedemütigt, hatten kein Einkommen, und viele Frauen waren gezwungen, sich zu prostituieren, um das Überleben ihrer Kinder zu sichern. Das kam der franquistischen Propaganda recht, konnte sie diese Frauen doch als lebendigen Beweis für die moralische Verkommenheit der Roten vorführen.

Frauen wurden zu Freiwild erklärt. General Queipo de Llano, einer der Putschgeneräle, erklärte: »Unsere tapferen Legionäre und *Regulares* haben es den roten Feiglingen gezeigt, was es heißt, ein Mann zu sein. Und den Frauen der Roten natürlich auch. Die Frauen der Kommunisten und Anarchisten haben sich selbst für vogelfrei erklärt, als sie sich für die freie Liebe aussprachen. Nun haben sie die Bekanntschaft von richtigen Männern gemacht, die nicht solche Schwuchteln waren, wie deren Milizionäre.« In Sevilla setzten die Kolonialsoldaten dies in die Tat um, vergewaltigten viele Frauen und paradierten anschließend mit deren zerrissener Unterwäsche an ihren Gewehrläufen.

Der Psychiater António Vallejo-Nájera nahm an Gefangenen medizinische Experimente vor, um die »biopsychischen Wurzeln des Marxismus« herauszufinden. Ferner erklärte er, man sollte auch die Kinder vor den Gefahren des Marxismus bewahren, um das spanische Volk allmählich vom »marxistischen Gen« zu befreien. Den inhaftierten Frauen, von denen viele durch Vergewaltigungen schwanger geworden waren, wurden kurz nach der Geburt ihre Kinder weggenommen, die in franquistische Familien kamen.

1941 erließ Franco ein Gesetz, mit dem die Spuren der geraubten Kinder verwischt wurden. Sie erhielten neue Namen und wuchsen zumeist bei katholischen Familien auf. Bis zu einer Reform des Adoptionsrechts 1987 konnten Ärzte den Namen der Adoptivmutter als Gebärende eintragen. Es begann als politische Tat, um den Gegnern Francos den Nachwuchs zu entziehen, und es endete erst spät – sehr spät, in den 1990er Jahren – als einträgliches Geschäft.

Mit der Praxis des Kindesentzugs über Jahrzehnte vertraut, verschwanden noch lange nach Francos Tod Kinder, auffallend viele von ihnen in katholischen Krankenhäusern. Opfer waren zumeist alleinstehende Mütter, die damit für die katholische Kirche »in Sünde« lebten. Bis zu 300 000 Kinder sollen an Adoptiveltern weitervermittelt worden sein. Kam in jenen Jahren ein Zwillingspaar zur Welt, starb auffällig das kräftigere der beiden Neugeborenen. Wenn später eine Exhumierung veranlasst wurde, stellte sich heraus, dass der Sarg leer gewesen war.

Das liberale Scheidungsrecht wurde rückgängig gemacht, Homosexualität unter Strafe gestellt. Frauenrechte schaffte man wieder ab. Genossenschaften wurden verboten, alle politischen Parteien und Gewerkschaften ebenso, FKK-Anhänger, Rohköstler oder Esperantisten und alle Befürworter einer freien Gesellschaft verfolgt. Verdächtigt wurden Rotarier, Vegetarier, Homöopathen ebenso wie Montessori-Schulen. Jeder vierte Lehrer in Spanien verlor seine Arbeit. An ihrer Stelle erhielten Nationalisten die begehrten Arbeitsplätze.

Die halbmilitärische *Guardia Civil* bekämpfte den Widerstand gegen die Franco-Diktatur; hier beim Abführen von Gefangenen aus Asturien.

Eine riesige Säuberungswelle erfasste die öffentlichen Verwaltungen: In Katalonien blieben von 15 860 öffentlichen Bediensteten nur noch ganze 753 im Amt. Die Autonomie der Basken, Galizier und Katalanen wurde abgeschafft, alle autonomen Institutionen ebenso. Es wurde angewiesen, in der Öffentlichkeit ihre Sprachen nicht mehr zu sprechen. Ebenso traf das Verbot katalanische, baskische und galizische Bücher, ihre Musik und Symbole. Das Baskenland wurde offiziell zur »Verräterprovinz« erklärt. Überall tilgte man die Zeichen der Vergangenheit: Straßen wurden umbenannt, Denkmäler von Franco und seinen (toten) Generälen aufgestellt, neue Feiertage verkündet.

Mit allen Mitteln wurde versucht, das republikanische Gedächtnis auszulöschen. Selbst Vornamen, die verdächtig klangen, wurden für unzulässig erklärt: Libertad (Freiheit), Constitución (Verfassung) erhielten von Amts wegen neue Namen. Die rot-gelb-violette republikanische Fahne wurde verboten und durch die zweifarbige rot-gelb-rote Fahne ersetzt.

Die Nationalhymne wurde verändert. (Nach dem Ende der Diktatur versuchte man erneut, den Text anzupassen. Das scheiterte jedoch. Seitdem wird nur noch die Melodie gespielt.)

Todesschwadronen, bestehend aus *Guardia Civil,* Soldaten und Falangisten, durchkämmten noch die kleinsten Dörfer auf der Jagd nach den »Roten«. Die meisten wurden an Ort und Stelle liquidiert und in Straßengräben verscharrt. Tauchten ihre sterblichen Überreste bei Grabungsarbeiten auf, deklarierte die Polizei sie als »nichtidentifizierte Tote im Straßenverkehr«. Berüchtigt waren die Autos ohne Kennzeichen, die verdächtige Anhänger der Republikaner ihrerseits zu »Spaziergängen« *(paseos)* einluden, von denen sie nicht wiederkehrten. Bekannt war die Tortur, Verdächtigen Rizinuseinläufe zu verabreichen und sie später in ihrer Not öffentlich zur Schau zu stellen.

Selbst Sportclubs traf der lange Arm der Verfolgung. Der FC Barcelona galt den Franquisten als verdächtig. Bei einem Fußballspiel am 13. Juni 1943 gegen Real Madrid kam es zum Eklat. Die

Spieler aus Katalonien wurden am *Estadio de Chamartín* vom Publikum mit Trillerpfeifen empfangen und von den Ordnern vor dem Spiel bedroht. Vor Spielbeginn stattete der Chef der Staatssicherheit, José Finat y Escriva, den Spielern in der Umkleide einen Besuch ab und warnte sie davor, die Lieblingsmannschaft Francos alt aussehen zu lassen.

Die Ermahnung brauchte es nicht, denn der Schiedsrichter benachteiligte Barcelona, indem er jeden Angriff der Gäste wegen angeblicher Abseitsstellung abbrach. Barcelonas Torwart wurde gezielt durch Steine, Flaschen und Münzen von seinem Tor ferngehalten und musste die meiste Zeit außerhalb seines Strafraums verbringen. Zur Pause stand es 8 : 0 für Real Madrid.

Die Mannschaft aus Barcelona hatte genug von den Demütigungen und beschloss, zur zweiten Halbzeit nicht wieder aufzulaufen. Darauf bedrohte der Geheimdienstchef das gesamte Team mit umgehender Verhaftung, was zur Fortsetzung des ungleichen Spiels führte. Die Partie endete 11 : 1 für Real. Zehn Jahre später wollte Barcelona den Weltfußballer Alfredo di Stefano unter Vertrag nehmen – der Verband untersagte es und wies den Spieler an, stattdessen bei Real Madrid zu unterschreiben. Franco besuchte gern die Spiele des Vereins und nannte sich den größten Real-Fan überhaupt.

Ein besonderer Dorn im Auge waren den Franquisten die Freimaurer. Die erste Loge gründeten Engländer im frühen 18. Jahrhundert in Madrid. Politisch aktiv wurden die Freimaurer in ihrem Protest gegen den Militärdiktator Primo de Rivera, der dies mit der Verhaftung von 200 Logenbrüdern, unter ihnen der Großmeister der Großorient-Loge, wegen Umsturzversuchs beantwortete. Mit dem Beginn der Zweiten Republik beteiligten sich Freimaurer an der Ausgestaltung der neuen Verfassung, indem sie die Unverletzbarkeit der Menschenrechte, die Trennung von Kirche und Staat, Bildung für alle, die Zivilehe, das Recht zur Scheidung sowie das Verbot der Todesstrafe forderten. Damit hatten sie sich in gleich mehreren ihrer Forderungen diametral zu den Grundsätzen der mächtigen katholischen Kirche gestellt.

In der ersten Regierung der Republik von 1931 waren acht Freimaurer vertreten, ebenso die Bürgermeister von Madrid und Barcelona sowie der Sprecher des katalanischen Parlaments. Ein Jahr später wurde mit Manuel Azaña ein weiterer Logenbruder Staatspräsident, der die Einführung der Agrarreform sowie die Autonomiebestrebungen der Regionen unterstützte. Damit machte er sich zum Feind der Großgrundbesitzer und der Nationalisten. Als Azaña 1936 nach dem Sieg der Volksfront erneut Präsident wurde, waren die Fronten endgültig klar: Die Freimaurer wurden zu Hauptfeinden des traditionellen Spaniens erklärt.

In den von Putschisten eroberten Gebieten gehörten sie zu den Ersten, die vor die Erschießungskommandos gestellt wurden. Die Loge des Großen Orient rief zur Unterstützung für die legale Regierung auf: »Die spanischen Freimaurer stehen vollständig und ohne Einschränkung an der Seite der Volksfront, der rechtmäßigen Regierung und gegen den Faschismus.« Die Franquisten stellten schwarze Listen von vermeintlichen Freimaurern auf – bald waren darin 80 000 erfasst, obwohl es in Spanien nur 5000 registrierte Mitglieder gab.

Viele Gegner Francos verschwanden in Konzentrations- und Arbeitslagern. Das erste dieser Art hatte Franco schon zwei Tage nach dem Putsch in Ceuta in Spanisch-Marokko einrichten lassen. 1938 waren bereits 170 000 Insassen in Lagern gefangen. Es waren jene, die Standgerichte, Kriegstribunale und Überprüfungskommissionen überlebt hatten. Milizionäre, Soldaten und zivile Unterstützer vegetierten unter schrecklichsten Bedingungen, waren Hunger, Hitze und Kälte schutzlos ausgesetzt. Zehntausende starben. Epidemien forderten abermals Tausende Opfer.

Die Gefangenen wurden in fünf Klassen eingeteilt:

- Gruppe A: Gefangene, die sich zur Nationalen Bewegung bekennen oder sich ihr gegenüber zumindest neutral verhalten.

Wenn sie bei den Roten waren, muss der Nachweis erbracht sein, dass sie dazu gezwungen wurden;
- Gruppe Ad: Zweifelsfälle
- Gruppe B: Gefangene, die sich freiwillig dem Feind angeschlossen haben und dort in unterer Stellung Verantwortung in der Gesellschaft, Politik oder in den Gemeinden innehatten;
- Gruppe C: Verantwortliche und Offiziere des Gegners, Gefangene, die sich feindlicher Handlungen gegen die Nationale Bewegung und unsere Truppen schuldig gemacht haben; führende Mitglieder der politischen Parteien, Vaterlandsfeinde, Verräter, Anstifter zur Rebellion;
- Gruppe D: Gefangene, die Verbrechen gegen die Nationale Bewegung begangen haben.

Für die Organisation der Konzentrationslager schuf man eine eigene staatliche Verwaltung, die *Inspección General de los Campos de Concentración* (ICCP). Sie war auch für die Arbeitsbrigaden zuständig, die sich aus den Insassen der Lager rekrutierten. Leiter der ICCP wurde der Militärbefehlshaber von Cáceres, Oberst Luis Martín Pinillos. Die Zwangsarbeit forderte Tausende Opfer. Die Gefangenen wurden in Minen unter Tage geschickt, mussten im Straßenbau schuften, beim Aufbau der Infrastruktur arbeiten, z. B. Kanalanlagen ausheben oder die Stauwerke des Ebros erbauen. Die meisten großen Wasserprojekte dieser Zeit verbesserten die Ertragslage der Großgrundbesitzer, bei denen sich Franco für ihre Unterstützung bedankte. Zwangsarbeiter errichteten das berüchtigte Gefängnis Carabanchel in Madrid oder das spätere Mausoleum im Valle de los Caídos für den Diktator.

Stumme Zeugen der Zwangsarbeit sind bis heute Städte wie Brunete, Oviedo, Teruel, Toledo, Huesca, Lleida oder Guernica nach dem Wiederaufbau. Die Bahnverbindungen Madrid – Burgos, Zamora – Coruña oder Santander – Mediterráneo wurden von ihnen ebenso errichtet wie der Autobahnabschnitt Madrid – Valencia oder das Stadion von Valladolid. Vielfach wurden die

Gefangene in einem spanischen Konzentrationslager

Zwangsarbeiter an private Unternehmen vermietet, wo sie gegen ein geringes Entgelt arbeiteten, darunter für Babcock-Wilcox, Cementos Portland-Iberia, Metro de Madrid, Ferrocarríles y Minas oder Sociedad Marcor.

Im Zweiten Weltkrieg war es gang und gäbe, dass die Häftlinge in den Lagern gezwungen wurden, Blut zu spenden. Es wurde in Deutschland zur Versorgung der Kriegsverwundeten benutzt. Während die Lager nach außen hermetisch abgeriegelt waren, standen sie abends und nachts den Todesschwadronen von *Guardia Civil*, der faschistischen Falange oder privaten Todeskommandos offen. Damit wurden die Insassen psychisch terrorisiert, denn niemand wusste, wen es treffen würde, von seinen späteren Mördern zum »Spaziergang« mitgenommen zu werden. Die Lagerinsassen hörten die Schüsse. Insgesamt gibt der Journalist und Autor Miguel Carlos Hernández 400 000 Insassen von Konzentrationslagern in Spanien an.

Es war naheliegend, dass deutsche Faschisten ihre Erfahrungen bei der Einrichtung von Konzentrationslagern weitergegeben hatten. 1938 nahm der Reichsführer SS, Heinrich Himmler, Kontakt zum Minister für öffentliche Ordnung, General Martínez Anido, auf und vereinbarte eine enge Zusammenarbeit. Die Gestapo hatte ein starkes Interesse, insbesondere der deutschen Kommunisten, Interbrigadisten und Juden habhaft zu werden. Bei einem Spanien-Besuch Himmlers 1940 wurde vereinbart, dass Agenten der Gestapo in Spanien diplomatische Immunität erhielten. Der Gestapo-Chef in Spanien, SS-Sturmbannführer Paul Winzer, richtete in Miranda de Ebro ein Muster-KZ ein, dessen Leitung er persönlich übernahm. Es wurde 1947 als Letztes geschlossen.

Wer aus den Arbeitslagern entlassen werden wollte, musste einen Bürgen *(fiador)* vorweisen. Der hatte ihn zu begleiten und für seine Staatstreue einzustehen. Diejenigen, die entlassen wurden, mussten sich ständig bei der *Guardia Civil* melden, die diese »gefährlichen Subjekte« ständig im Auge behielt. Sie bekamen die niedrigste Arbeit, wurden willkürlich geschlagen und häufig verhaftet, wenn die Vorgesetzten einen Schuldigen für eine nicht aufgeklärte Straftat verlangten. Sie hatten keinen Anspruch auf staatliche Hilfen, erhielten keine Rente und mussten sich als letzte Möglichkeit als Verkäufer von Lotterielosen durchs Leben schlagen.

Nachdem die Wehrmacht Frankreich 1940 besiegt hatte, bekam Franco die Gelegenheit, sich an denen zu rächen, die es durch Flucht ins Nachbarland geschafft hatten. Die deutschen Besatzer schafften 15 000 spanische Republikaner in deutsche Konzentrationslager, nach Buchenwald, Auschwitz, Bergen-Belsen, Sachsenhausen. Die Hälfte der Deportierten kam nach Mauthausen.

Das KZ Mauthausen / Gusen war ab 1938 in Österreich errichtet worden. Die Insassen mussten gemäß der Strategie »Vernichtung durch Arbeit« in den nahegelegenen Steinbrüchen arbeiten. Innerhalb des faschistischen Lagersystems hatte Maut-

Die »Todesstiege« im KZ Mauthausen, in dem 5000 Spanier den Tod fanden

hausen 1941 als einziges KZ die »Lagerstufe III«. Wörtlich heißt es in dem Erlass vom Chef der Sicherheitspolizei und des SD, SS-Obergruppenführer Reinhard Heydrich, die Lagerstufe III sei »für schwerbelastete, unverbesserliche und auch gleichzeitig kriminell vorbestrafte und asoziale, das heißt kaum noch erziehbare Schutzhäftlinge«. Das äußerte sich in den schlechtesten Lebensbedingungen.

Die Sterblichkeitsrate in Mauthausen war eine der höchsten unter allen Konzentrationslagern. Hier kamen 100 000 Häftlinge ums Leben. Von den hier eingelieferten 7500 Spaniern – die durch ein blaues Dreieck mit weißem S auf der Anstaltskleidung gekennzeichnet wurden – starben 5000. Überlebende spanische Häftlinge berichteten nach Kriegsende, dass sie vom Kommandanten mit den Worten begrüßt wurden: »Hier gibt es nur einen Ausgang, nämlich den«, und er zeigte auf den Schornstein. In Mauthausen wurden Häftlinge auch mit Zyklon B vergast und im Krematorium verbrannt.

Der Alltag bestand in schier unerschöpflichen Quälereien durch die Wachmannschaften der SS. Zu den besonders schweren Grausamkeiten gehörte die sogenannte Todesstiege, eine Steintreppe, die den Steinbruch mit dem Konzentrationslager verband. Eine Inschrift am Fuß der Todesstiege erinnert heute an die Qualen: »Ihre heute gleichmäßigen und normal hohen Stufen waren zur Zeit des Konzentrationslagers willkürlich aneinandergereihte, ungleich große Felsbrocken der verschiedensten Formen. Die bis zu einem halben Meter hohen Felsbrocken erforderten beim Steigen größte Kraftanstrengung. Die SS vergnügte sich unter anderem damit, die letzten Reihen einer abwärts gehenden Kolonne durch Fußtritte und Kolbenhiebe zum Ausgleiten zu bringen, sodass sie im Sturze, ihre Vordermänner mitreißend, in einem wüsten Haufen die Stufen hinunterkollerten. Am Ende eines Arbeitstages, wenn der Aufmarsch ins Lager mit einem Stein auf der Schulter begann, trieben die den Abschluss bildenden SS-Leute Nachzügler mit Schlägen und Tritten an. Wer nicht mitkonnte, endete auf dieser Todesstiege.«

Einer der überlebenden Spanier war Francisco Boix. Er wurde vom französischen Ankläger im Nürnberger Prozess gegen die Hauptkriegsverbrecher als Zeuge aufgerufen. Er erläuterte Fotos der SS und war später auch Zeuge im Mauthausen-Hauptprozess. Er starb im Juli 1951 an den Folgen der Lagerhaft. 2017 wurde sein Leichnam umgebettet und in einem Ehrenbegräbnis auf dem Pariser Friedhof Père Lachaise beigesetzt. Sein Sarg war mit der republikanischen Fahne bedeckt, Hunderte Gäste waren gekommen, ehemalige Deportierte, unter ihnen Anna Hidalgo, die Bürgermeisterin von Paris. Der spanische Ministerpräsident Rajoy von der rechtskonservativen *Partido Popular* war auch eingeladen wie ebenfalls zu einem Regierungsbesuch in Paris. Er kam nicht.

Bis 1966 war das Gesetz über die politischen Verantwortlichkeiten in Kraft. Allein bis 1945 wurden 500 000 Spanier Opfer der Rachejustiz. Im ganzen Land machten sich in der Folge Apathie und Lähmung breit. Nachbarn denunzierten, Behörden schikanierten, und es gab kaum ein Entrinnen. Einige wenige wehrten sich.

Der Preis des Sieges

Admiral Canaris präsentiert die Rechnung – Hitler verzweifelt am Widerstand Francos gegen die Einnahme Gibraltars – Die División Azul zieht in den Krieg gegen die Sowjetunion

In einer Rede vor dem Reichstag machte Adolf Hitler am 30. Januar 1939 die bislang unter strikter Geheimhaltung durchgeführte Mission zur Unterstützung Francos öffentlich. Knapp einen Monat später paradierte die Legion Condor erstmalig in Uniform zur Einnahme Kataloniens in Barcelona mit. Das wiederholte sich im Mai in Madrid bei der großen Siegesfeier Francos. Die deutschen Soldaten wurden in León offiziell verabschiedet und kehrten mit fünf Schiffen zurück. Am 6. Juni 1939 zogen alle Teilnehmer am Spanien-Einsatz in Berlin öffentlich an Hitler vorbei.

Ohne Deutschland und Italien hätte Franco nicht gesiegt. Das war allen Beteiligten des spanischen Bürgerkrieges klar. Würde Hitler im Gegenzug spanisches Gebiet erhalten? Ein republikanischer Minister mutmaßte im September 1936, die Deutschen würden nach einem Sieg Francos die Kanarischen Inseln bekommen und die Italiener die Balearen. Auch hieß es, Hitler solle mit den portugiesischen Azoren entschädigt werden, wofür Portugal als Kompensation einen Teil Galiziens erhalten werde.

Real war das strategische Interesse Deutschlands, das keiner so engagiert verfolgte wie Admiral Wilhelm Canaris, der geheimnisumwitterte Chef des deutschen Militärgeheimdienstes, der Abwehr. Als junger Leutnant hatte er bei seinem ersten Kommando auf dem Kleinen Kreuzer »Bremen« bei einer Tour 1908 nach Lateinamerika Spanisch gelernt. Das kam ihm zugute, als sein Schiff eingesetzt wurde, um als Teil einer internationalen Mission gegen die Nationalisierungspolitik Venezuelas zu protestieren. Schnell wurde er als Partner vom venezolanischen Militär geschätzt, das ihm 1909 seinen ersten Orden verlieh.

In Mittel- und Südamerika begann Canaris ein Netz von V-Leuten aufzubauen, die ihm nach Ausbruch des Ersten Weltkrieges gute Dienste leisteten. Nach der Selbstversenkung seines Schiffes wurde der Leutnant 1915 in Chile interniert, floh, überquerte die Anden zu Pferde und tarnte sich als chilenischer Staatsbürger Reed Rosas. Nach einem halben Jahr erreichte er Deutschland und berichtete dem Admiralsstab von seiner abenteuerlichen Reise. Die Admiralität erkannte seine Talente und kommandierte ihn nach Spanien, damit er dort ein Agentennetz für die operierenden deutschen U-Boote aufbaue.

Canaris blieb in der Zeit der Weimarer Republik mit Spanien verbunden. Der Versailler Vertrag hatte Deutschland explizit den Bau und Unterhalt von eigenen U-Booten untersagt. Die Reichsmarine suchte nach Auswegen und fand sie in Spanien. 1925 reiste Canaris zu Verhandlungen über den Bau von U-Booten nach deutschen Plänen dorthin. Er blieb als eine Art getarnter Marineattaché, reaktivierte sein Agentennetz und knüpfte Kontakte bis in die höchsten Kreise. Er wurde König Alfonso XIII. vorgestellt und lernte die politischen Akteure Spaniens kennen. Besonderen Wert legte er auf die Kontakte ins Innenministerium und zum Geheimdienst. Er schloss ein Abkommen zur »Bekämpfung der kommunistischen Gefahr«, dessen Text er gemeinsam mit dem Chef des Geheimdienstes ausgearbeitet hatte.

Canaris wurde unentbehrlich. Die Verantwortlichen in Spanien wollten nur mit einem Gesprächspartner verhandeln – dem kleinen Mann mit dem großen Herzen für seine spanischen Freunde. Je mehr er sich exponierte, desto klarer sichtbar wurden seine Geheimdienstaktivitäten. In der deutschen Presse erschienen mehrere Artikel, die Canaris als Meisterspion darstellten. Der neue Marinechef Admiral Raeder beendete die politischen Missionen des Aufsteigers.

Die Nationalsozialisten kamen 1933 an die Macht, und Canaris wurde zwei Jahre später Chef der Abwehr. Im selben Jahr beförderte man ihn zum Konteradmiral. Ein Jahr später putschten in Spanien die Generäle gegen die Republik. Er kannte nahezu jeden Einzelnen der Akteure, mit einigen verband ihn eine jahrelange Freundschaft. Er verpflichtete sofort seinen alten Einflussagenten, den Leiter der NSDAP-AO in Spanisch-Marokko Adolf Langenheim, ihn fortan auf dem Laufenden zu halten. Der informierte ihn über seine Reise nach Berlin. Canaris reiste nach Bayreuth, als Hitler Francos Emissäre empfing, und sprach sich vehement für ein militärisches Eingreifen Deutschlands aus.

Canaris weitete sein altes Agentennetz massiv aus, hatte seine Leute in den Stäben der Putschisten ebenso wie in der republikanischen Zone. Und er mischte in der großen Politik mit. Er traf sich am 4. August 1936 mit dem italienischen Geheimdienstchef Roatta in Bozen, um Mussolini zu einem militärischen Engagement in Spanien zu bewegen. Drei Wochen später handelten beide das Abkommen aus. Es wurde zum Fundament für die am 1. November 1936 von Mussolini verkündete »Achse Berlin – Rom«. Kernpunkte dieses Bündnisses: Deutschland bekommt nach dem Sieg Osteuropa, Italien das Mittelmeer als Einflusszone.

Canaris besuchte im Oktober 1936 Franco in seinem Hauptquartier in Salamanca, wo ihn der gerade zum neuen Staatschef ernannte Generalissimus auf das Herzlichste empfing. Ein Foto von diesem Treffen war fortan der einzig erkennbar persönliche Gegenstand im Büro des Abwehrchefs in Berlin. Canaris war der einflussreichste Deutsche in Spanien. Als ihm Franco gestand, dass ihm der Kommandeur der Legion Condor, General Sperrle, mit seinem herrischen Gehabe auf die Nerven falle, sorgte er für dessen Ablösung. Ebenso ließ Canaris den Botschafter auswechseln, der Franco missfiel.

Dieser Mann, dem Franco so viel verdankte, kam im Juli 1940 nach Madrid, um Deutschlands Preis für die Unterstützung zu übermitteln. Er kam incognito, reiste mit einem argentinischen Pass auf den Namen Juan Guillermo und hatte einen Plan: die Eroberung der Festung Gibraltar, mit der die Briten den Eingang zum Mittelmeer kontrollierten. Käme dieser strategische Punkt in deutsche Hände, wäre der englischen Flotte der Weg versperrt und ihre Ölversorgung unterbrochen und damit Großbritannien für einen Friedensschluss bereit. Es ging um viel.

Die deutsche Marine hatte in einem Memorandum ausgeführt: »Vom deutschen militärischen Standpunkt aus muss Folgendes herausgestellt werden: Bei jeder Auseinandersetzung zwischen starken Mächtegruppierungen in Europa, bei der auf der einen oder anderen Seite England, Frankreich und Italien beteiligt sind, spielt die Beherrschung der Schlüsselstellung Spaniens eine besondere Rolle. Ein starkes Spanien ist in der Lage, sowohl das Mittelmeer vom Atlantik völlig abzuschließen und damit auch die englische Riegelstellung bei Gibraltar auszuschalten wie auch die französischen Seeverbindungen zwischen der Mittelmeerküste und der atlantischen Küste zu unterbrechen und schließlich alle atlantischen Seeverbindungen Frankreichs nach Afrika und einen großen Teil der englischen Verbindungen nach Afrika zu flankieren. Schließlich kann Spanien mit dem Besitz Spanisch-Marokko eine Brücke nach Afrika bilden, über die auch einmal strategische Operationen gegen Nordafrika möglich sein werden. Die Haltung Spaniens zu Auseinandersetzungen europäischer Mächtegruppierungen wird deshalb von besonderer Bedeutung sein. Deutschland hat jedes Interesse daran, dass die spanische Haltung mit den deutschen Interessen übereinstimmt.«

Canaris besuchte während seines Spanien-Aufenthalts Franco und unterbreitete ihm das Vorhaben. Er wurde äußerst zuvorkommend empfangen. Das galt dem Mann, nicht seinem Plan. Sein Gastgeber eröffnete ihm, dass er sich vor einem Konflikt fürchte, weil Spanien zu einem Krieg weder jetzt noch auf absehbare Zeit in der Lage sei.

Es war nicht das erste Mal, dass sich der spanische Generalissimus sperrig gegenüber deutschen Wünschen zeigte. Bei dem umfangreichen Erwerb spanischer Minenrechte durch die deutsche HISMA hatte er seine Bündnispartner in Berlin damit überrascht, dass er am 9. Oktober 1937 ein Gesetz im »Staatsanzei-

Treffen von Franco und Hitler am 23. Oktober 1940 im spanisch-französischen Grenzbahnhof Hendaye

ger« veröffentlichen ließ, das alle seit dem Putsch ausgefertigten Minenrechte für nichtig erklärte. Es bedurfte erheblichen Drucks aus Berlin, um die Maßnahme in einem neuen Gesetz so anzupassen, dass sie deutschen Interessen nicht zuwiderliefen. Um die Stimmung aufzuhellen, schickte Deutschland 62 Tonnen mit Kirchenschmuck nach Spanien, den es 1939 in Polen geraubt hatte. Damit sollte das Land die im Bürgerkrieg verwüsteten Kirchen ausstatten.

Hitler wollte Franco im persönlichen Treffen stellen und ihm die Zusage für das »Unternehmen Felix« zur Eroberung Gibraltars abpressen. Am 23. Oktober 1940 trafen sich beide im spanisch-französischen Grenzbahnhof Hendaye. Hitler eröffnete das Gespräch sofort mit massiven Forderungen: Spanien solle bis Januar 1941 an Deutschlands Seite in den Krieg eintreten, beginnend mit dem Angriff auf Gibraltar.

Franco wich Hitler aus, lavierte und begann ausdauernd die Schwierigkeiten seines Landes in allen Bereichen und mit allen Details zu schildern. Und er machte eine endlos lange Liste auf, was sein Land von Deutschland erwarte: mehrere Schwadronen Wasserflugzeuge, 180 Lokomotiven, 16 000 Eisenbahnwaggons, 8000 Traktoren, 50 000 Lastwagen, Torpedos, Waffen und Munition, Arzneimittel und, und, und. Nach neun Stunden machte er klar: Wenn Gibraltar erobert werde, dann nur von Spaniern. Das sei eine Frage der Ehre. Hitler erklärte danach gegenüber Vertrauten, er werde nie wieder mit dem Caudillo zusammentreffen, lieber wolle er sich mehrere Zähne auf einmal ziehen lassen. Das »Unternehmen Felix« sagte er ab.

Franco war glühender Nationalist und hasste alle, die seinem Land nicht den nötigen Respekt erwiesen. Der Historiker Hans-Henning Abendroth schrieb: »Hier kündigte sich bereits ein Charakterzug an, der für das politische Handeln des Caudillos kennzeichnend wurde. Im Gegensatz zu Hitler entpuppte sich Franco – der Galizier und Sohn eines Zahlmeisters der spanischen Kriegsmarine – als Realpolitiker, der, jeglichem politischen Mystizismus abhold, frei von parteipolitischen Bindungen und Fanatismus seine Entscheidungen aufgrund vorsichtiger, nüchterner und rein sachlicher Erwägungen trifft, deren Ziel die Erhaltung sowohl der eigenen Macht als auch eines traditionsgebundenen, nationalen Spanien ist.«

Nach dem Überfall Deutschlands auf die Sowjetunion im Juni 1941 bildeten sich in Spanien mehr oder weniger spontan Freiwilligeneinheiten aus Anhängern der faschistischen Falange, die sich dem »Kampf gegen den Bolschewismus« anschließen wollten. Franco nutzte den Enthusiasmus und bot Hitler an, eine ganze Division zu entsenden. Es handelte sich nicht nur um Freiwillige, sondern mehrheitlich um Angehörige der spanischen Streitkräfte, die mit Karrieresprüngen und materiellen Vergünstigungen geworben wurden. Auch Gefangene der Republikaner traten den Dienst an, um ihre Familien vor Verfolgungen zu schützen.

Insgesamt wurden fünf Regimenter in Marsch gesetzt: vier Infanterieeinheiten und ein Artillerieregiment. Drei Tage nach

Erkennungsmarke der Spanischen Division 250, der »División Azul«, die in deutschen Wehrmachtsuniformen in der Sowjetunion kämpfte

Kriegsbeginn in der UdSSR wurde am 24. Juni 1941 die Blaue Division – benannt nach den blauen Hemden der Falange – zur Grundausbildung nach Deutschland entsandt. Die knapp 18 000 Mann bildeten fortan die 250. Division der Wehrmacht, bestehend aus 640 Offizieren, 2272 Unteroffizieren und 14 780 Soldaten. Das Kommando bekam Agustín Muñoz Grande, der in den Rang eines Generalleutnants der Wehrmacht befördert wurde. (Er wurde später Kriegsminister und stellvertretender spanischer Ministerpräsident.)

Die spanischen Soldaten erhielten deutsche Uniformen und waren nur am Ärmelabzeichen mit den spanischen Farben und der Aufschrift »España« zu erkennen. Sie kämpften an verschiedenen Abschnitten der Ostfront. In der Regel wurden sie nach einem Vierteljahr abgelöst. Während ihres zweieinhalbjährigen Einsatzes nahmen insgesamt 47 000 Spanier an Kriegshandlungen in der Sowjetunion teil. Jeder Zehnte von ihnen wurde getötet, jeder Fünfte verwundet.

Im Oktober 1943 gab Franco den Befehl zur Rückholung der Blauen Division. Nach der deutschen Niederlage vor Stalingrad war klar geworden, dass Hitler mit seinem Krieg gescheitert war. Franco zog daraus die Konsequenz und setzte sich behutsam von seinem Retter ab. 3000 Soldaten der *División Azul* verweigerten seinen Befehl und blieben an der Front, die Mehrheit von ihnen waren Angehörige der Falange. Sie schlossen sich mehrheitlich der Waffen-SS an, wo sie in der »Spanischen Legion« zusammengefasst und vor allem im besetzten Frankreich eingesetzt wurden. Die Bundesregierung beschloss 1965, den Hinterbliebenen der für Deutschland gefallenen Spanier Versorgungsleistungen von jährlich 1,7 Millionen DM zu zahlen.

Bewaffneter Widerstand gegen die Diktatur

Der Verfolgungsdruck steigt – Die Guerrilla organisiert sich in den Bergen und Wäldern – Hauptgegner wird die *Guardia Civil* – Stalin stellt abrupt die Hilfe ein – Ein anarchistischer Unternehmer wird zum Helden des Widerstands

Der Bürgerkrieg war 1939 beendet. Spanien befand sich weiter im Kriegszustand, der erst neun Jahre später offiziell aufgehoben wurde. Der spanische Historiker Jorge Marco, der an der University of Bath lehrt, unterteilt diese Zeit in drei Phasen. Der Bürgerkrieg von Juli 1936 bis Februar 1937 wurde mit zwei Streitkräften in gleich schlechter Verfassung, ohne schwere Waffen und mit geringer Erfahrung geführt. In der nächsten Phase von Ende 1936 bis zum 1. Juli 1939 fand der Bürgerkrieg zwischen zwei gut ausgerüsteten Streitkräften statt. Eine dritte Etappe, die nie zum Bürgerkrieg hinzugerechnet und untersucht wurde, umfasste den Guerrillakampf, der bis 1952 dauerte.

Nach dem militärischen Sieg Francos war seine Herrschaft gesichert. Doch noch waren nicht alle Feinde erschossen, in Lagern festgehalten oder unter vollständige Kontrolle gebracht worden. Im ganzen Land – und insbesondere in den zuvor von den Republikanern gehaltenen Gebieten – suchte man nach möglichen Gegnern. Das Netz war engmaschig geknüpft: Zu Zehntausenden gingen die Hinweise der Denunzianten bei der *Guardia Civil,* den Blockwarten der neuen »Bewegung«, der Polizei und der Armee ein. Penibel wurden sie erfasst und abgearbeitet. Dabei wurden bis in die kleinen Dörfer Spitzel angeworben, die in Zukunft frühzeitig auf Verdächtige hinweisen sollten.

Eine halbe Million Republikaner, die sich in Nordspanien aufgehalten hatten, konnten ins benachbarte Frankreich fliehen. Die meisten von ihnen kamen in Internierungslager. Andere flohen nach Süden an die Küste. 50 000 Regierungsmitglieder, Offiziere und Intellektuelle versuchten, am anderen Ufer des Mittelmeeres Schutz vor der sicheren Verfolgung zu finden. Die republikanische Flotte hatte sich in einen französischen Kriegshafen in Tunesien gerettet. Die gecharterten Schiffe blieben aus, weil die Rechnungen nicht vorab bezahlt worden waren. Die übrigen Schiffe dampften angesichts der Menschenmassen sofort ins offene Meer, weil sie ein Chaos befürchteten.

In Alicante harrten noch 15 000 Flüchtlinge aus, als die Franco-Truppen einmarschierten. Angesichts der aussichtslosen Lage setzten viele freiwillig ihrem Leben ein Ende. Sie schossen sich in die Schläfe, schnitten sich selbst die Kehle durch, sprangen ins Meer oder ließen sich aus großer Höhe aufs Pflaster fallen. Der Chefredakteur der in Madrid erscheinenden Tageszeitung »Castilla Libre«, Eduardo de Guzmán, schilderte folgende Szene: »Vier Schritte von uns entfernt heben Mariano Viñuales, Kommissar der 28. Division, und Máximo Franco, Kommandeur der 12. Brigade, ihre Pistolen an die rechte Schläfe, während sie sich mit der Linken die Hand reichen. Die Schüsse fallen gleichzeitig. Einen Augenblick bleiben die Körper noch stehen, dann sinken sie lotrecht zusammen, die Hände noch immer verklammert. Neben mir sagt jemand: ›Bald werden wir die Toten beneiden.‹«

Einige wenige Republikaner gingen in die unwegsamen Berge, operierten fortan in den Wäldern und nahmen den Widerstand gegen die Diktatur auf. Frühzeitig hatte die republikanische Regierung die Möglichkeit des Partisanenkampfes nach einem Sieg der Franco-Putschisten in ihre Überlegungen einbezogen. So wurde im Oktober 1937 das 14. Guerrillakorps der Armee gegründet. (Für die spanischen Partisanen werden in der Literatur verschiedene Begriffe verwandt, hier werden sie als Guerrilleros oder Widerstandskämpfer bezeichnet.)

Ein stummes Zeugnis dieses Kampfes sind noch immer einige »verlassene Dörfer«, wie der Ort Acebuchal in der Sierra Almijara in den Bergen der Axarquia. Das Dorf lag an der Route durch die Berge zwischen Granada und Málaga, diente als wichtige Station für die Maultierkarawanen. Hier kämpften früher berühmte Bandoleros (spanisch für gesetzlose Straßenräuber) wie »El Tempranillo«, »El Barbudo« oder »Pasos Largos« gegen die Ausbeutung durch die Großgrundbesitzer. Der bekannteste unter ihnen, »El Tempranillo«, sagte von sich: »In Spanien herrscht der König, doch das Gebirge regiere ich.«

Sicher war die Reiseroute nie, immer neue Räuberbanden bildeten sich, die Reisende überfielen und beraubten. In dieser Gegend spielt die Oper »Carmen« von Georges Bizet. Die Protagonistin verliebte sich in den Sergeanten Don José, der mit ihr in die Berge geht, um bei einer Schmugglerbande zu leben. Sie überfielen Kaufleute und Reisende. Ihr Operationsgebiet reichte bis an die Stadtränder großer Städte wie Málaga oder Granada.

Ihr wichtigster Gegner war die älteste Polizeiformation in Spanien, die 1844 gegründete *Guardia Civil*. Als paramilitärische Einheit unterstand die Gendarmerie sowohl dem Ministerium des Innern wie auch dem Kriegsministerium. Das Operationsgebiet der Gendarmen war vor allem der ländliche Raum. Ihre Kasernen waren an strategisch wichtigen Orten gelegen und beherbergten sowohl die Wohnungen der Familien als auch die Polizeistation. Sie waren überwiegend so angelegt, dass sie nach außen leicht zu verteidigen waren. Seit 1855 trugen sie ihr Markenzeichen: Dreispitzhüte aus schwarzem Lackleder.

Ihre erste große Aufgabe war die Bekämpfung der Räuberbanden. Später wurde die *Guardia Civil* eingesetzt, um illegale Landbesetzungen und Bauernaufstände zu bekämpfen. Hierfür wurden die Gendarmen militärisch ausgebildet und in die Lage versetzt, große Gebiete zu bestreifen und zu kontrollieren. Die Minimalgröße der Streife besteht bis heute aus zwei Gendarmen, wobei der zweite den ersten absichert.

In der Nähe des verlassenen Dorfes Acebuchal liegt Frigiliana, ein Ort, der bei den Franquisten gleich zu Beginn des Bürgerkriegs als »rotes Dorf« galt. Im Februar 1937 nahmen sie den Ort ein und rächten sich an allen, die sie für verdächtig hielten. Sie wurden reihenweise erschossen und verscharrt. Der Terror führte zur Gründung der ersten Guerrillaorganisation in der Gegend, angeführt von José Muñoz Lozano, der sich »Roberto« nannte.

Nach dem Ende des Bürgerkrieges kamen weitere Widerstandskämpfer hinzu und nahmen den Kampf gegen die *Guardia Civil* auf. Im Sommer 1948 mussten die rund 200 Bewohner von Acebuchal binnen weniger Stunden ihre Sachen packen und ihre Häuser verlassen. Der Ort war als eine Versorgungsbasis der Guerrilleros ausgemacht worden. Sie suchten Zuflucht in umliegenden Dörfern, viele davon im sechs Kilometer entfernten Cómpeta oder im zehn Kilometer entfernten Küstenort Nerja.

Die Widerstandsgruppe »Roberto«, die mittlerweile rund 200 Mitglieder zählte, kämpfte weiter. 1952 starb der letzte von ihnen, Antonio Sánchez Martín, genannt »El Loma«. Ein Jahr später durften die Bewohner das verlassene Dorf noch einmal besuchen. Ihre Häuser waren schwer in Mitleidenschaft gezogen, von Unkraut überwuchert, voller Ratten, Schlangen und Fledermäuse. Es wurde ein »Geisterdorf«.

* * *

Wie in Andalusien bildeten sich in weiteren Teilen Spaniens Guerrillagruppen, unter denen die *Federación de Guerrillas de León-Galicia* besonders aktiv war. Diese Organisation wurde im Frühjahr 1942 gegründet. Nach den Erfahrungen des Bürgerkriegs waren ideologische Auseinandersetzungen dort strikt verboten. Jeder, der gegen die Diktatur kämpfen wollte, war willkommen. Ab 1943 erschien eine eigene Zeitung, »El Guerrillero«. In Asturien entstand das *Comité de Milicias Antifascistas de Asturias*.

Ab 1944 veränderte sich die Lage: Tausende spanische Emigranten kehrten illegal in ihre Heimat zurück, um Widerstand gegen die Franco-Diktatur zu leisten. In Frankreich hatten sich zwei Divisionen aus republikanischen Spaniern – rund 9000 Mann –gegen die deutschen Besatzer aufgelehnt. Sie waren

Angehörige der *Guardia Civil* im Einsatz gegen die Guerrilla in den Bergen

erfahren, mit modernen Waffen ausgerüstet und bildeten den Kern starker Guerrillaeinheiten im Norden Spaniens mit Schwerpunkt in den Bergen Asturiens, im Zentrum mit der Extremadura und im Süden Andalusiens mit den Zentren Cádiz sowie entlang der Berge zwischen Granada und Málaga. Die Kämpfer in den Bergen legten einen Schwur ab: »Ich schwöre bei meiner Ehre als patriotischer Guerrillero, alle Anstrengungen zu unternehmen und Opfer zu erbringen, die der Kampf für die Wiederherstellung Spaniens, meines Vaterlandes, in Unabhängigkeit und Freiheit erfordert.«

In der offiziellen Darstellung der spanischen Medien wurden die Aktionen der Widerstandskämpfer totgeschwiegen. In lokalen Nachrichten tauchten sie vereinzelt auf, wo sie als Banditen disqualifiziert wurden. Das Regime verstärkte seine Anstrengungen, den Widerstand zu brechen. Die Grundlage für die Verfolgung legte das Gesetz gegen Banditentum und Terrorismus, das 1947 in Kraft trat. In seiner Präambel hieß es, man müsse gegen die verbrecherischen Kräfte im Nachkriegsspanien »spezielle Unterdrückungsmaßnahmen« ergreifen.

Die Leitung der Aufstandsbekämpfung übernahm der persönliche Vertraute Francos General Camilo Alonso Vega, der zunächst die Konzentrationslager organisiert hatte. Er wurde 1943 zum Generaldirektor der *Guardia Civil* berufen. In dieser Funktion reorganisierte er die Niederschlagung der Guerrilla mit harter Hand. Immer stärker wurde der Verfolgungsdruck. Die *Guardia Civil* ging zunehmend zu der Praxis über, keine Gefangenen zu machen. Die Todesursache lautete in zahllosen Fällen »auf der Flucht erschossen«.

Ab 1947 schickte Alonso Vega speziell ausgebildete Aufstandsbekämpfungstruppen ins Gefecht. Sie traten in Gruppen zu 20 Mann als Guerrilleros auf und waren wie sie gekleidet. Sie baten die Dorfbewohner um Hilfe und meldeten sie dann als Unterstützer. Später begingen sie in den Dörfern des Kampfgebiets wahllos Verbrechen, um den moralischen Rückhalt bei der Bevölkerung zu ruinieren. Auch infiltrierten sie Widerstandsgruppen und lieferten deren Mitglieder der Verfolgung durch die *Guardia Civil* aus.

Der entscheidende Schlag kam von unerwarteter Seite: Mitten hinein in die aktivste Phase des Widerstandes entschied Stalin 1948, die sowjetische Unterstützung für den bewaffneten Kampf in Spanien zu beenden. Der Schwerpunkt solle künftig in der Gewerkschaftsarbeit liegen. Im Oktober folgte das Politbüro der KP Spaniens dieser Entscheidung und zog seine Mitglieder aus den bewaffneten Einheiten ab. Verantwortlich dafür war der spätere KP-Generalsekretär Santiago Carrillo. Da sich die Kommunistische Partei zu den organisatorischen Aktivposten zählte, bedeutete diese Maßnahme auch ein Ende des Nachschubs.

Derart geschwächt, brach der Widerstand zusammen. Die einen flohen wieder nach Frankreich, andere setzten sich nach Gibraltar oder Nordafrika ab. Viele wurden Opfer der Erschießungskommandos, andere zum Tode durch Strangulierung (Garotte) oder zu langen Gefängnisstrafen verurteilt. Die Statistik der *Guardia Civil* listete zwischen 1944 und 1947 exakt 1826 bewaffnete Zwischenfälle auf. In den Jahren des bewaffneten Widerstandes wurden mehr als 20 000 Personen wegen Unterstützung der Guerrilla festgenommen.

* * *

Einer der erfolgreichsten Widerstandskämpfer suchte den Sieg nicht im Gefecht. Der Unternehmer Laureano Cerrado Santos war eine herausragende Figur des Widerstands im Nachkriegsspanien. Wie viele Hunderttausende war er nach dem Bürgerkrieg zu Fuß über die Pyrenäen ins benachbarte Frankreich geflohen. Dort wurde er im Internierungslager Argelès sur Mer festgehalten. Danach schloss er sich dem Widerstand gegen die deutschen Besatzer an.

Nach dem Tod Mussolinis erinnerte sich Cerrado, dass Franco einen Teil der spanischen Banknoten in Italien drucken ließ. Er fuhr im Frühjahr 1945 nach Mailand. Dort gelang es ihm, im Durcheinander der Kriegswirren die Druckplatten für spanische 50- und 100-Peseta-Scheine, die Maschinen sowie das notwendige Spezialpapier zu stehlen und nach Toulouse zu schaffen. Dort begann er, für den Widerstand das notwendige Geld zu drucken. Es wurde zunächst illegal nach San Sebastián geschafft und von dort mit einem Lastwagen nach Valencia. Von dort aus wurden die Gelder an den Widerstand verteilt.

Das »echte« Falschgeld überschwemmte Spanien und richtete erheblichen wirtschaftlichen Schaden an. Für anderthalb Millionen Pesetas kaufte Cerrado ein Flugzeug, das Franco am 12. September 1948 mit Bomben töten sollte. Die Maschine startete vom französischen Dax und gelangte bis in die Nähe des Diktators. Ein anderes Flugzeug drängte sie ab, bevor die Bomben abgeworfen werden konnten.

Der Unternehmer kaufte für den Widerstand ein Hotel und ein Kloster in den Pyrenäen, um den Schmuggel von Geld und Waffen zu erleichtern. Es folgte der Kauf von Druckereien, Im- und Exportfirmen und immer wieder riesigen Mengen an Waffen. Sie wurden vor allem in Italien gekauft und mit Schnellbooten an die spanische Küste geschafft. In seinen Druckereien produzierte man nicht nur Geld, sondern auch falsche Papiere jeder Art: Reisepässe, Ausweise, Passierscheine und was sonst noch im Kampf gegen Franco benötigt wurde. Gefälschte Lotteriescheine wurden ebenso kostenlos verteilt wie Eintrittskarten für Stierkämpfe. Das löste regelmäßig ein riesiges Chaos aus. Zehntausende Lebensmittelkarten versorgten die Angehörigen der Widerstandskämpfer.

Es war die französische Polizei, die 1951 den Fälschern auf die Spur kam und die Finanzierung des Widerstands in Spanien zum Erliegen brachte. 1970 wurde Cerrado erneut wegen Passfälscherei verhaftet und zu vier Jahren Gefängnis verurteilt. 1976 verließ der mittlerweile 74-Jährige eine Bar am Boulevard Belleville in Paris, als er von dem spanischen Polizeispitzel Ramón Benicho erschossen wurde, dem es gelungen war, die Widerstandsbewegung zu unterwandern.

Die verlorene Heimat

Republikaner flüchten nach Frankreich – Interbrigadisten und Soldaten werden interniert – Hunderttausende gehen ins Exil – »Maulwürfe« vergraben sich in Spanien – Hunderttausende Gastarbeiter kommen nach Westeuropa

Mit dem Abzug der Internationalen Brigaden begann ein stetiger Flüchtlingsstrom über die Pyrenäen ins benachbarte Frankreich. Zunächst war die Grenze dicht. Erst in der Nacht zum 28. Januar 1939 öffneten die Franzosen endlich die Grenzübergänge. Zunächst durften Frauen und Kinder passieren, dann die entwaffneten ehemaligen Kämpfer der republikanischen Seite. Als die Franquisten die nördlichste Ecke Spaniens erreichten, wurde die Grenze wieder geschlossen.

Vom 31. Januar bis zum 9. Februar 1939 kamen 453 000 Flüchtlinge über die Grenze. Mehr als die Hälfte von ihnen waren Soldaten der republikanischen Armee. Auch in Frankreich hatte sich die Lage geändert. Die Volksfront hatte die Wahlen verloren, und eine neue rechtsgerichtete Regierung erklärte die Flüchtenden zu »indésirables« – zu Unerwünschten. Der rechtsradikale Kolumnist Yves Dautun rief angesichts der Flüchtlingswelle aus: »Frankreich sieht sich einer regelrechten Invasion durch das geschlagene marxistische Heer gegenüber. Der Herr möge uns vor dieser Pest beschützen!«

Die Mobilgarden, paramilitärische Verbände, eskortierten die Ankommenden zu den »Empfangslagern«. Die hatte man in aller Eile am Mittelmeer für jeweils 100 000 Insassen errichtet. Das Erste, was die französischen Garden dort aufbauten, waren Wachtürme mit MG-Stellungen. Stacheldraht begrenzte kahle Erde ohne Sanitäreinrichtungen, die Flüchtlinge gruben sich zum Schutz vor dem kalten Wind ein Erdloch. »Die Situation war unfassbar«, schrieb der französische Historiker Denis

Spanische Flüchtlinge 1939 im französischen Auffanglager von Argelès

Peschanski. »Sie hatten gegen den Faschismus gekämpft im Geist von Freiheit, Gleichheit, Brüderlichkeit.« Die furchtbaren Bedingungen unterschieden sich wenig von den Lagern, die die Franquisten in Spanien für ihre Gegner errichteten. Tausende starben in jenen ersten Monaten vor Hunger, an Krankheiten oder aus Verzweiflung. Zehntausende blieben in Frankreich. (1962 lebten 450 000 Spanier dort, weitere 180 000 hatten die französische Staatsbürgerschaft angenommen.)

Ehemalige Soldaten und Interbrigadisten internierte man im Lager Camp de Gurs. Hier hausten jeweils 160 Mann in den Hunderten 20 Meter langen Baracken auf einem schlammigen Areal von 24 Hektar. Dennoch blieb die Moral bei den Interbrigadisten intakt. Sie stellten sich weiterhin unter das Kommando ihrer Offiziere und traten gegenüber ihren Bewachern als geschlossene Einheiten auf. Bei den Feierlichkeiten zum französischen Nationalfeiertag am 14. Juli 1939 standen sie in Formation in Hab-Acht-Stellung und sangen die Marseillaise. Dann marschierten sie in ihre Behausungen zurück. Wurden Strafmaßnahmen gegen Einzelne verhängt – etwa das zwangsweise Scheren durch die Mobilgarde –, ließen sich Tausende die Haare abrasieren.

Diejenigen, die aus Überzeugung gegen die Faschisten gekämpft hatten, wurden in dieser Zeit auf eine besonders harte Probe gestellt. Ihre Genossen in Moskau hatte man reihenweise wegen falscher Anschuldigungen erschossen. 1939 schloss Stalin mit Hitler einen Pakt ab, den niemand verstand. Drei Wochen nach dem Überfall der Wehrmacht auf Polen war die Rote Armee in den Osten des Landes eingefallen. Auf einer Parade reichten sich am 22. September 1939 der deutsche Panzergeneral Heinz Guderian und der sowjetische General Semjon Kriwoschein, der die sowjetischen Panzer in Spanien kommandiert hatte, die Hände. Anschließend holten Soldaten die Hakenkreuzflagge ein und hissten die sowjetische Fahne. Polen wurde zwischen beiden Aggressoren aufgeteilt. Die Kommunisten versuchten in eiserner Disziplin, diese Politik zu verteidigen. Jene, die sich die eigene Meinung bewahrt hatten, protestierten jedoch laut.

Einer der führenden antistalinistischen Kommunisten war Willi Münzenberg, der im französischen Exil den Kampf gegen Hitler-Deutschland besonders effektiv organisierte. Als Vorsitzender der Kommunistischen Jugendinternationale war er von Lenin mit dem Aufbau einer Internationalen Arbeiterhilfe (IAH) zur Unterstützung der jungen Sowjetunion beauftragt worden. Die Nazis bürgerten ihn als einen der ersten Deutschen aus. Münzenberg organisierte parteiübergreifend eine antifaschistische Front. Dafür wurde er in Deutschland in Abwesenheit zum Tode verurteilt.

Sein Widerstand gegen die Politik der Kommunistischen Internationale und sein Bemühen, ein breites Bündnis im Kampf gegen den Faschismus zu knüpfen, stießen in Moskau auf Misstrauen. Er wurde von Walter Ulbricht des »Trotzkismus« bezichtigt und 1938 aus der KPD ausgeschlossen. Da dies kein Beschluss des Zentralkomitees war, blieb der Ausschluss statutenwidrig. Im März 1939 verließ Münzenberg selbst die Partei. Das sorgte im Exil, zumal in Frankreich, für große Auseinandersetzungen. Auch in den Lagern der internierten Interbrigadisten.

In einem Protestschreiben gegen die »Methoden des KPD-Apparates«, dem sich Dutzende Spanienkämpfer aus Gurs anschlossen, beklagten sie, dass »an die Stelle sachlicher und kritischer Auseinandersetzungen Verdächtigungen, Beschimpfungen, Lügen und Verleumdungen« getreten seien. »Leere Redensarten über Einheitsfront und Einheitspartei, über geistige Sauberkeit, Menschenrechte, ehrliche Demokratie klingen hohl und falsch und sind wirkungslos, solange in den eigenen Reihen alle diese Postulate zynisch verlacht und mit Füßen getreten werden.«

Der Sozialwissenschaftler Dieter Nelles untersuchte in seiner Arbeit »Die Unabhängige Antifaschistische Gruppe 9. Kompanie im Lager Gurs« die Wirkungen dieser Auseinandersetzungen. »In Gurs war es im Mai 1939 zu einer offenen Spaltung im Lager der deutschen Spanienkämpfer gekommen. Über 100 der insgesamt rund 700 deutschen Spanienkämpfer hatten sich in Abgrenzung zur kommunistisch dominierten deutschen Lagerleitung separat organisiert und nannten sich nach dem Namen ihres Quartiers 9. Kompanie. Deren Sprecher Werner Schmidt, ein ehemaliger Zollbeamter, wurde daraufhin von der Lagerleitung als Gestapo-Agent diffamiert, und die 9. Kompanie wurde wider besseres Wissen beschuldigt, die Heimfahrt der Spanienkämpfer in das nationalsozialistische Deutschland zu organisieren.« Bald gehörten der 9. Kompanie zwischen 500 und 600 Spanienkämpfer aus zehn verschiedenen Nationen an.

Der Österreicher Hubert Mayr schrieb an Münzenberg: »Von Seiten der KPD wird Dir zum Vorwurf gemacht, trotzkistische Ideen zu verfechten. Wir wissen aus eigener Erfahrung in Spanien, wie schnell man in den Augen der KPD ein Trotzkist ist, und wissen daher, wie wir solche Anschuldigungen aufzunehmen haben.«

Eduard Koch schrieb: »In jeder Baracke sitzt die Opposition, die sich zu Dir bekennt und eine entsprechende Diskussion führt, je nach Lager versteckter oder offener. Verschiedene Kameraden wollen den Trennungsstrich ziehen und ebenfalls zur 9. Kompanie kommen. Andere halten es für notwendig, noch länger dort zu bleiben, um den Klärungsprozess fortzutreiben.«

Das Sekretariat der KPD in Paris fürchtete um deren Hegemonie im Lager Gurs und verstärkte die Angriffe auf Münzenberg. Ihr zentraler Vorwurf: Er sei dabei, die Spanienkämpfer politisch zu spalten. Das illegale Parteikomitee in Gurs erklärte, die Auseinandersetzung sei »zu einem Sammelbecken aller volksfrontfeindlichen, trotzkistischen Gruppen und Elemente geworden«. Wie der Kampf gegen die »trotzkistisch-faschistischen Agenten« praktisch aussah, berichtete Eduard Koch: »Wo ein Münzenbergmann in einer Baracke entdeckt wurde, wurde sofort Redeverbot für alle Linienleute [KPD-Mitglieder] erlassen.« Willi Münzenberg starb 1940 in Frankreich unter bis heute ungeklärten Umständen.

Die französischen Behörden stellten die Internierten vor die Wahl, entweder in die Fremdenlegion oder in die Arbeitskompanien der Armee einzutreten. 56 500 spanische Flüchtlinge dienten in den Arbeitskompanien. 12 000 von ihnen wurden bei den Festungsanlagen der Maginot-Linie eingesetzt. 6000 Spanienkämpfer traten in die Fremdenlegion ein und kämpften gezwungenermaßen in den Kolonialkriegen in Tschad und Kamerun.

Als im Sommer 1943 in Afrika Soldaten für die Rückeroberung Frankreichs rekrutiert wurden, meldeten sich Tausende spanische Freiwillige. Andere gingen in den Untergrund, um gemeinsam mit dem französischen Widerstand gegen die deutschen Besatzer zu kämpfen. Einer von ihnen war Otto Kühne, der von Mai 1937 bis August 1938 in Spanien als Brigadekommissar der XI. Internationalen Brigade gekämpft hatte. In Frankreich kommandierte er eine Gruppe von 2700 Kämpfern. Er wurde nach der Befreiung von der deutschen Besatzung erster Stadtkommandant von Nimes.

Die 50 000 spanischen Widerstandskämpfer nahmen in den Jahren des Widerstands gegen die Nazis in Frankreich über 10 000 Wehrmachtsangehörige gefangen und töteten 3000 Gegner. Es waren auch Spanier, die bei den Kämpfen zur Befreiung von Paris 1944 die Kommandantur der Wehrmacht eroberten. Der französische Präsident, General Charles de Gaulle, würdigte dies bei der Auszeichnung eines spanischen Widerstandskämpfers: »Spanischer Partisan, mit dir zeichnen wir zugleich deine heldenhaften Landsleute aus, die für ihre Werte, für die Freiheit und für Frankreich ihr Blut vergossen haben.«

* * *

Die genauen Zahlen über die Mitglieder des spanischen Exils sind schwankend, fest steht aber, dass es die größte Gruppe dieser Art in der Geschichte der Neuzeit des Landes war. Entscheidender als die schiere Anzahl war die Zusammensetzung der Vertriebenen. Eine ganze Generation von Dichtern, Schriftstellern, Filmemachern, Journalisten, Wissenschaftlern, Philosophen und Hochschullehrern musste außer Landes gehen. Die meisten Forschungseinrichtungen Spaniens blieben nach dem Bürgerkrieg zunächst verwaist. Viele Emigranten machten im Ausland Karriere, bekamen in Lateinamerika und in den USA Lehrstühle, wurden renommierte Wissenschaftler und Hochschullehrer. Sie prägten das geistig-kulturelle Leben ihrer Gastländer. Unter ihnen waren Nobelpreisträger wie der 1956 ausgezeichnete Dichter Juan Ramón Jiménez.

Besonders stark war das spanische Exil in Mexiko. Hier hatte der linke Präsident Lázaro Cárdenas den Flüchtlingen des Bürgerkriegs uneingeschränktes Gastrecht in seinem Land gewährt. 30 000 Flüchtlinge nahm Mexiko auf. Sie blieben Jahrzehnte und bereicherten ihr Gastland mit hervorragenden wissenschaftlichen Leistungen. Sie wurden Hochschullehrer, zu Ministern ernannt, waren ausgezeichnete Fußballspieler, gründeten Unternehmen und beeinflussten maßgeblich den mexikanischen Film und die mexikanische Literatur. Heute leben rund 100 000 Nachfahren der spanischen Republikaner in Mexiko.

Die ersten Spanier, die im Bürgerkrieg in die Sowjetunion kamen, waren 3000 Kinder, die in den Jahren 1937 und 1938

Spanische Kinder, die 1938 und 1939 in die UdSSR verschickt wurden

evakuiert wurden. Nach Kriegsende folgten vor allem die Führungskader der KP in die UdSSR. Ende der 1950er Jahre wies die Parteiführung ihre Funktionäre an, aus dem sowjetischen Exil in ihre Heimat zurückzukehren und dort den politischen Kampf zu organisieren. Mittlerweile hatte die UdSSR begonnen, auf Umwegen über London und Paris den Handel mit Spanien wiederaufzunehmen und inoffizielle politische Gespräche mit dem Franco-Regime zu führen.

Im September 1950 wurde die Kommunistische Partei Spaniens in Frankreich verboten. Anlass war die Entdeckung eines Waffenlagers im Departement Haute-Garonne. In einer groß angelegten Polizeiaktion wurden am 7. September 1950 über 160 spanische Kommunisten verhaftet. Man stellte sie vor die Wahl, entweder nach Osteuropa zu exilieren oder nach Nordafrika deportiert zu werden.

Die KP-Mitglieder verteilten sich auf die sozialistischen Länder. In Prag entstand die neue Zentrale der Partei. Ein wichtiger Exilort war auch die DDR. In der sowjetischen Besatzungszone waren nach Kriegsende spanische Zwangsarbeiter und Insassen von Konzentrationslagern geblieben, weil ihnen die Rückkehr in die Heimat verwehrt war. 1947 organisierte José Quevedo in Leipzig die *Emigración Republicana Española* (ERE). Sein Gesuch, sich der Vereinigung der Verfolgten des Naziregimes (VVN) anzuschließen, wurde abgelehnt. Maßgeblich war die Einschätzung der Generalsekretärin der KP Spaniens, Dolores Ibárruri *(»La Pasionaria«).* Sie schrieb aus Moskau an den späteren DDR-Präsidenten Wilhelm Pieck, dass die KP dieser Gruppe nicht traue. Die ERE wurde 1949 aufgelöst. Ihren Mitgliedern verweigerte man sowohl die Anerkennung als Opfer des Faschismus als auch eine Mitgliedschaft in der KP.

Mit den Jahren bildeten sich mehrere Zentren von Exilspaniern in der DDR heraus: Leipzig beherbergte die Studenten und Dozenten der Karl-Marx-Universität, in Dresden war eine große Gruppe, und auch der relativ unbekannte Ort Malchow in Mecklenburg spielte eine Rolle. Hier war das Aufnahmelager für einreisende Spanier. Die Führung der KP residierte in Ost-Berlin, wo sie engen Kontakt zur regierenden SED hielt. In den 1960er Jahren wurde in Teupitz bei Berlin ein Schulungszentrum der KP Spaniens eingerichtet, in dem vor allem Mitglieder der illegalen Gewerkschaften *Comisiones Obreras* (CC.OO) ausgebildet wurden. Hier fand auch der V. Parteitag der KP Spaniens vom 29. bis zum 31. Oktober 1963 statt.

Das Leben im Exil in der DDR war schwierig. Diejenigen, die Reisen nach Westdeutschland und West-Berlin unternahmen, verstärkten das Misstrauen der DDR-Behörden, dass es sich bei ihnen womöglich um Agenten Francos handele. Sie wurden nach solchen Reisen manchmal verhaftet und verhört. Übersiedlungen gestattete die DDR in der Regel nicht. Erschwerend wirkte der Bruch zwischen der KP Spaniens mit den dogmatischen Bruderparteien unter Führung der KPdSU. Anlass war der Einmarsch der Warschauer-Pakt-Staaten am 21. August 1968 in die Tschechoslowakei, um die liberale Öffnungspolitik der dortigen Partei gewaltsam zu beenden.

Wie schlecht die Beziehungen zur KP geworden waren, konnte man daran ablesen, dass die SED einen Antrag der Brigade eines Betriebes abwies, den Namen der Parteivorsitzenden Dolores Ibárruri zu tragen. Begründet wurde die Ablehnung damit, dass »die KP Spaniens gegenwärtig eine Haltung zur SED und zu den sozialistischen Ländern einnimmt, die nicht den Normen des proletarischen Internationalismus entspricht«. 1970 spaltete sich die KP Spaniens durch den Auszug des Bürgerkriegsgenerals Enrique Líster und seiner Anhänger, die weiterhin der Linie der Sowjetunion folgten. Diese Spaltung setzte sich auch bei den Exilanten in der DDR fort und führte zu noch schwierigeren Verhältnissen.

Während sich die Beziehungen zur Kommunistischen Partei rapide verschlechterten, knüpfte die DDR Ende der 1960er Jahre Beziehungen zum Franco-System. Man verhandelte um den Ausbau der seit 1954 bestehenden Handelsbeziehungen, die mit einem Handelsabkommen formalisiert worden waren.

Der Schriftsteller Sergi Pàmies ist das Kind einer Exilfamilie. Sein Vater, Gregorio López Raimundo, war Politkommissar in der republikanischen Armee und Mitglied der Sozialistischen Einheitspartei Kataloniens. Er ging 1939 nach Frankreich und exilierte später nach Kolumbien und Mexiko. 1947 kehrte er illegal nach Spanien zurück, kam ins Gefängnis, wurde gefoltert und zum Tode verurteilt. Eine internationale Protestkampagne erreichte, dass ihn Spanien 1954 auswies. Er kehrte illegal zurück und wurde mit der Führung seiner Partei im Untergrund beauftragt. 1965 wählte man ihn zum Generalsekretär.

Die Mutter, Teresa Pàmies, war im Bürgerkrieg Funktionärin der Sozialistischen Jugend Kataloniens gewesen. Sie ging ins Exil, kam in Frankreich ins Flüchtlingslager Magnac-Laval, konnte fliehen und lebte zunächst illegal in Paris, bis die Deutschen einmarschierten. Dann flüchtete sie in die Dominikanische Republik, von dort nach Kuba und schließlich nach Mexiko. 1947 ging sie nach Jugoslawien, arbeitete für Radio Belgrad und später in der Tschechoslowakei. Dort betreute sie die Sendungen von Radio Prag in spanischer und katalanischer Sprache. Sie wurde eine bekannte Schriftstellerin.

Ihre vier Kinder gebar sie in Mexiko, in Prag und in Paris. Die beiden ältesten studierten in einem sowjetischen Internat, die beiden Kleinen gingen in Frankreich zur Schule. Dort durften sie nichts über den Vater erzählen, der in Spanien im Untergrund kämpfte. Klingelten Unbekannte an der Tür, versteckten sie sich zu Hause im Schrank. Sergi Pàmies: »Als wir alle an einem Tisch saßen, sprachen meine Mutter und meine Großmutter katalanisch, meine größeren Brüder sprachen russisch miteinander, und ich und mein Bruder redeten französisch. Alle zusammen sprachen wir spanisch.«

»Das Schlimmste ist nicht, dass man uns im Krieg besiegt hat«, resümierte der Schriftsteller Carlos Sampelayo, der 25 Jahre in der Emigration verbracht hatte, »sondern dass man uns unsere Geschichte genommen hat … Spanien, die spanische Geschichte, begann nun erst 1939. Wir, die wir vorher waren, sind nichts.«

* * *

Die Autoren Manu Leguineche und Jesús Torbado erforschten die Geschichte der inneren Emigration und veröffentlichten ihr Buch unter dem Titel »Los Topos«. Seither kennt man diese Gruppe der »Maulwürfe«. Sie waren weder prominent, noch hatten sie sich besonderer Verbrechen schuldig gemacht. Sie versteckten sich einfach vor dem Terror der Sieger. Es waren Hunderte, die sich aus Angst vor der Repression vergruben.

Manuel Cortés Quero, Bürgermeister von Mijas, einem Ort in der Provinz Málaga, versteckte sich von 1937 bis 1969. Seine Behausung unterm Dach maß am höchsten Punkt 63 Zentimeter, zwei Meter in der Breite und vier Meter in der Länge. Nur wenig geschützt war er der Witterung ausgesetzt: Im Sommer war es brüllend heiß, und im Winter gab es Nächte mit 25 Grad minus. Kontakt zur Außenwelt hielt er mit einem Radio.

Eigentlich hatte sich Manuel Cortés Quero den Behörden stellen wollen. Seine Frau berichtete ihm, dass viele Bürgermeister aus der Umgebung bereits umgebracht worden waren. Auch viele

Freunde von ihm lebten nicht mehr. So beschloss er, sich eine Zeitlang zu verstecken, bis Gras über die Sache gewachsen war. Daraus wurde ein halbes Leben. Er musste klaglos alle Krankheiten ohne Arzt überstehen, zog sich selbst neun Zähne. Das Schlimmste war, die Schmerzensschreie zu unterdrücken.

Ihm widmete der britische Historiker sein Buch »In Hiding – The Life of Manuel Cortes.« Er war 1957 nach Andalusien gereist und hatte in Mijas seinen Wohnsitz genommen. So kam er auch der Geschichte des letzten Bürgermeisters der Republik auf die Spur. Arthur Miller schrieb in der »New York Times« über das Buch: »Im riesigen Berg der Bücher über den Krieg findet man kein anderes, das, obwohl kurz, so vollständig, obwohl so eindeutig gleichzeitig von großer Subtilität, so menschlich erschütternd ist.«

Eulogio de Vega, sozialistischer Bürgermeister von Rueda in der Provinz Valladolid, blieb bis 1964 verborgen. Der Landwirt war schon als Jugendlicher in die Gewerkschaft eingetreten und 1933 zum Sekretär für die ganze Provinz Valladolid gewählt worden. Zwischen 1931 und 1934 hatte er das Amt des Bürgermeisters von Rueda inne. Nach dem Wahlsieg der Rechten wurde er verhaftet, nach dem Sieg der Volksfront zwei Jahre später freigelassen und in sein Bürgermeisteramt wiedereingesetzt. Nach dem Militärputsch gegen die Republik versteckte er sich zunächst in einem Maisfeld, später in einem Brunnen, und als der Winter kam, baute er sich im Haus ein Versteck, das er nicht mehr verließ. Seine Frau, die 1944 schwanger wurde, musste den Ort verlassen, um das Leben ihres Mannes nicht zu gefährden. Das Kind kam bei der Familie in Úbeda unter.

Der sozialistische Bürgermeister von Cercedilla, Protasio Montalvo, blieb volle 38 Jahre bis 1977 in seinem Versteck. Er war der letzte »Maulwurf«. Die Franco-Behörden suchten nach ihm mit Fahndungsplakaten. 1974 erlitt er einen Schlaganfall. Die Familie brachte ihn heimlich zu einem Arzt. Er verließ sein Versteck nur unter der Voraussetzung, dass ihm der PSOE-Vorsitzende Felipe González persönlich seine Mitgliedskarte brachte und für seine Sicherheit bürgte.

Eufemiano Días González aus der Provinz León lebte jahrelang in einem Brunnenschacht. Den verschloss die Familie im Morgengrauen mit einem Deckel, über den tagsüber ein Misthaufen gelegt wurde, um die Suchhunde abzulenken. González konnte nur nach Mitternacht wenige Stunden ins Freie, um sich die Beine zu vertreten.

Die Brüder Juan und Manuel Hidalgo España versteckten sich 28 Jahre. Obwohl nicht weit voneinander entfernt, trauten sie sich all die Jahre nicht, einander zu treffen. Sie hatten Málaga gegen die Franco-Truppen verteidigt, waren aktive Gewerkschafter und flohen nach dem Sieg der Putschisten wie Tausende andere nach Almería und von dort nach Alicante, wo sie sich dem republikanischen Heer anschlossen. Einzig ihre Ehefrauen überbrachten Nachrichten der Brüder.

Jesús Montero versteckte sich 20 Jahre lang im Speiseschrank im Haus einer Bekannten. Dann befreiten ihn Mitglieder der illegalen Kommunistischen Partei und brachten ihn außer Landes nach Prag, wo sich die Zentrale der KP im Exil befand. Er wurde zunächst ins Krankenhaus gebracht. Seine Geschichte machte in Emigrantenkreisen die Runde, und ein Journalist machte sich auf, um ein Buch über ihn zu schreiben. Er ließ schnell von diesem Vorhaben ab.

Juan Jiménez Sánchez, der letzte Widerstandskämpfer aus den Bergen um Málaga, versteckte sich in einem Loch im Haus seiner Verlobten. »Wenn ein Mensch sich versteckt und er gesucht wird, dann hat er Angst«, berichtete er in einem Interview. »Man sorgt sich auch um die mögliche Schwäche derjenigen, die einen versteckten. Mich rettete meine Verlobte, der ein Hauptmann eine Million Pesetas und die Ausreise in jedes beliebige Land der Welt geboten hatte, wenn sie mich verkaufte.«

Manuel Rosado Piosa aus Moguera versteckte sich 32 Jahre in seinem Haus, dicht am Stall. Sobald Fremde vor der Tür standen, verkroch er sich in seinem Grab, nur zwei Meter lang, 70 Zentimeter breit und nur 60 Zentimeter tief. »Ich habe immer gedacht, der Tod ist das Letzte. Deshalb habe ich mich versteckt, bevor sie mich umbringen konnten, hab den Gestank nach Esels- und Schweinescheiße in meinem Versteck ertragen.« Er wusste, dass sie ihn ermorden würden. Deshalb ertrug er eine der längsten selbstauferlegten Gefangenschaften unter den »Maulwürfen«.

»Ich habe es auch gemacht, weil mich mein Vater und meine Mutter inständig baten, mich nicht zu ergeben. Ich habe es auch für sie auf mich genommen«, berichtete Manuel. »In 32 Jahren, das kann ich beim Andenken an meinen Vater beschwören, den ich mehr als jeden anderen auf der Welt geliebt habe, habe ich mich nicht einen Tag, nicht eine Stunde, nicht eine Minute aus meinem Versteck herausbegeben.« Er hatte seine Jagdwaffe stets dabei, für den Fall, dass die *Guardia Civil* das Haus durchsuchen würde. »Eines war klar für mich: Bevor sie mich töten, bringe ich sie um.« Der Bewegungsmangel hatte ihn dick werden lassen, die Augen waren geschädigt, und er hatte Angst, als alles vorbei war: »Ich weinte wie ein Baby.« Als die »Maulwürfe« in ihr freiwilliges Gefängnis gingen, waren sie jung. Als sie aus ihren Verstecken heraustraten, waren sie alt und grau. Das Leben hatte sich fundamental verändert. Es war, als wären sie eingefroren und nach Jahrzehnten wieder aufgetaut worden.

* * *

Zum politischen Exil kam in den 1950er Jahren die Wirtschaftsmigration. Zur Koordinierung gründete die spanische Regierung 1956 das *Instituto Español de Emigración*. Ziel war es, die Auswanderung nicht wie bisher auf Lateinamerika auszurichten, sondern in die westeuropäischen Länder zu lenken. Die Wirtschaftsmigranten stammten vor allem aus Andalusien, der Extremadura sowie aus Galizien und Asturien. Fast die Hälfte von ihnen ging nach Frankreich, jeder Fünfte nach Westdeutschland, gefolgt von Belgien, den Niederlanden und Großbritannien.

Rund 600 000 Spanier kamen nach 1960 nach Westdeutschland. 400 000 im Zuge eines Anwerbeabkommens und 200 000 auf eigene Faust. 1966 waren Spanier bereits die zweitgrößte Migrantengruppe – nach den Italienern und neben den Griechen. Die Bundesrepublik brauchte dringend Arbeitskräfte zum weiteren Ausbau der Wirtschaft. Spanien profitierte von den erheblichen Geldtransfers der spanischen Arbeiter aus Deutschland an ihre Familien zuhause und von der Ausbildung seiner Arbeitskräfte.

Die potenziellen Gastarbeiter wurden von Spanien streng kontrolliert. Stellenangebote von der deutschen Seite waren an das Auswanderungsinstitut (*Instituto Español de Emigración,* IEE) in Madrid zu richten. Das leitete sie an seine regionalen Büros weiter. Die Bewerber wurden dort auf ihre Tauglichkeit ärztlich untersucht und an die deutsche Kommission weitergeleitet, die die Endauswahl vornahm. Dieser ganze Prozess konnte bis zu einem halben Jahr dauern. Die Kandidaten wurden eingehend geprüft. Eine republikanische Vergangenheit oder Zweifel an der politischen Zuverlässigkeit führten zum sofortigen Ausschluss.

Spanien hatte ein großes Interesse daran, seine Landsleute von unerwünschten politischen Einflüssen fernzuhalten. Vor allem vor den deutschen Gewerkschaften wurde gewarnt. Deshalb heuerte die spanische Botschaft in Bonn sogenannte Arbeitsberater an, die ihre Landsleute in allen Fragen »betreuen« sollten. Das hinderte viele Spanier nicht, Kontakt zu politischen Organisationen und Gewerkschaften aufzunehmen. Bald waren sie unter den Gastarbeitern die politisch aktivsten.

Hatte in der DDR die Kommunistische Partei ein Quasimonopol, so waren es in Westdeutschland linksextreme und anarchistische Gruppen aus Spanien, die politisch aktiv wurden. Sie hatten vor allem zu den deutschen K-Gruppen einen engeren Kontakt. Dazu zählten die anarchistisch geprägte Gewerkschaft CNT, die baskische Separatistenorganisation ETA, die kommunistische Jugend JCL/ML, der Arbeiterkampf LO, die Revolutionäre antifaschistische patriotische Front FRAP, die auf eine Initiative der Splitterorganisation der KP, der PCE/ML, zurückging.

Auch in der Schweiz wurde der Einwanderungsstrom spürbar. 1970 registrierte man 100 000 Spanier. Zentren der spanischen Migranten waren Genf, Zürich und Bern. Politisch traten die ehemaligen Schweizer Spanienkämpfer in Erscheinung. Die Hinrichtung des Kommunisten Julián Grimau 1963 in Spanien sorgte für eine große Welle des Protestes in der Schweiz.

Die zahlreichen Exilorganisationen wurden in der 1969 gegründeten Dachorganisation ATEES gebündelt. Ihr Ziel war es, der offiziellen spanischen Vertretung in der Schweiz den Einfluss auf die Gastarbeiter streitig zu machen. Der KP Spaniens gelang es, ihr Gewicht in dieser Organisation deutlich zu erweitern. Das führte zu einer stärkeren Überwachung durch die Bundespolizei, aber auch durch die spanische *Dirección General de Seguridad* (DGS).

Österreich schloss 1962 ein Abkommen zur Anwerbung spanischer Gastarbeiter. Ihre Zahl blieb aber gering, da das Lohnniveau im Vergleich zu Deutschland und der Schweiz wenig attraktiv war. Nach dem Krieg gründeten Überlebende des KZ Mauthausen 1947 die Spanisch-republikanische Organisation in Österreich.

Franco-Spanien (fast) allein

Die UNO isoliert Franco – Eine Dürre verschärft das Leben der Spanier – Der Diktator erhebt sich zum Regenten – Die USA nutzen Spanien im »Kampf gegen den Kommunismus« – Mit dem Konkordat erhält die katholische Kirche umfassende Privilegien

1945 hatte sich für Franco die Welt fundamental geändert: Mussolini und Hitler waren tot. Niemand in Europa hob mehr den Arm zum faschistischen Gruß – außer in Spanien und im benachbarten Portugal. Beide Länder wurden von Diktatoren regiert. Franco war ein Militär durch und durch, der die Macht und ihre Insignien liebte. Er war in den Pardo-Palast vor Madrid gezogen, die Residenz der spanischen Könige. Im Sommer hielt sich Franco in seinem Refugium Meirás auf, das ihm die Stadtverwaltung von La Coruña »geschenkt« hatte. Stets umgab er sich mit seiner exotischen Leibwache von den *Regulares,* der gefürchteten *Guardia Mora.*

In Portugal herrschte António de Oliveira Salazar. Er war das Gegenstück zum spanischen Herrscher. Der Sohn eines armen Landarbeiters sollte Priester werden, doch die katholische Kirche finanzierte ihm ein Wirtschaftsstudium. Er glänzte durch ausgezeichnete Leistungen und lehrte bald Nationalökonomie an der traditionsreichen Universität Coimbra. Er lebte zeit seines Lebens bescheiden in einer Drei-Zimmer-Wohnung, hasste jeden Prunk und mied die Öffentlichkeit. Dreimal nur ging er in seiner jahrzehntelangen Amtszeit auf Reisen: einmal als Pilger nach Lourdes und zweimal zum Staatsbesuch zu Franco.

Die Monarchie war 1910 in Portugal gestürzt worden. König Manuel II. ging ins britische Exil. Es folgten 44 Regierungen, zehn Präsidenten und 22 Staatsstreiche, dann stand das Land vor dem Ruin. Die Republik wurde 1926 durch eine Militärdiktatur abgelöst und Salazar zum Finanzminister berufen. Seine Bedingung: vollständige Handlungsfreiheit. Geschützt durch das Militär setzte er ein hartes Sparprogramm durch, löste alle Auslandsschulden des Landes ab und konnte einen ausgeglichenen Haushalt präsentieren. Das wurde 1932 mit dem Amt des Premierministers belohnt.

Salazar etablierte eine Diktatur, die auf einem Fundament wirtschaftlicher und innenpolitischer Stabilität durch Streikverbot, Einschränkung der Meinungs- und Versammlungsfreiheit sowie einem Parteienverbot ruhte. Wer sich dagegen erhob, wurde durch die Geheimpolizei PIDE (Polícia Internacional e de Defesa do Estado) verfolgt, ins Exil getrieben oder im Land ins Gefängnis geworfen.

Nach dem Vorbild des italienischen Faschismus entstanden eine Einheitspartei, eine paramilitärische Miliz und eine regimetreue Jugendorganisation. Das ganze politische System nannte Salazar *Estado Novo* – der Neue Staat. Die Miliz diente der Aufstandsbekämpfung, war mit Panzern ausgerüstet und verfügte neben der Marine auch über Seestreitkräfte sowie einen eigenen Geheimdienst. In Friedenszeiten war sie dem Innenministerium unterstellt, im Kriegsfall dem Verteidigungsressort.

Es war kaum verwunderlich, dass sich Portugal nach dem Putsch in Spanien 1936 an die Seite Francos stellte und ihn von Anbeginn unterstützte. Das war nicht selbstverständlich, denn zwischen Spanien und Portugal gab es seit Jahrhunderten Konflikte: Zwischen 1580 und 1668 wurde Portugal von Spanien regiert, was ein dauerhaftes Trauma nach sich zog. Unglücklicherweise hatte Franco an der Kriegsakademie seine Abschlussarbeit unter das Thema gestellt: »Wie Portugal in 28 Tagen einzunehmen ist«. Andererseits war genau dies die ausschlaggebende Überlegung des portugiesischen Diktators: Solange Franco Portugals Hilfe brauchte, konnte er kein »Großspanien« durchsetzen.

Deshalb hatte Salazar auch zugestimmt, dass der Anführer der Putschisten, General Sanjurjo, von seinem Exil in Estoril bei

Lissabon die Fäden zum Sturz der Volksfrontregierung ziehen konnte. Portugal ermöglichte die Lieferung von Kriegsmaterial über seine Häfen und etablierte neben der republikanischen diplomatischen Vertretung eine »schwarze« Botschaft im Lissaboner Hotel »Avis«, die von Francos Bruder Nicolás geleitet wurde. Sein portugiesischer Ansprechpartner war der spätere Innenminister Portugals, Arnaldo Schulz.

Tausende portugiesische Freiwillige meldeten sich zum Kampf in Spanien, überall entstanden Rekrutierungszentren. Spanische Flüchtlinge hingegen wurden an die Franquisten ausgeliefert, die sie in Lager brachten oder gleich erschossen. Der Sender Radio Clube Portugues sorgte für die ideologische Propaganda des gemeinsamen »Kampfes gegen den Kommunismus«. Durch das 1940 abgeschlossene Konkordat mit dem Vatikan sicherte der strenggläubige Katholik Salazar den Einfluss der Kirche in Portugal. An den staatlichen Schulen führte man den Religionsunterricht wieder ein, und die Kirche wurde zur wichtigsten Stütze des Regimes.

Nach dem Sieg Francos verständigten sich beide auf die Bildung eines »Iberischen Blocks«. Während Spanien weiter die Achsenmächte Deutschland, Italien und Japan unterstützte, suchte Salazar gleichzeitig die Nähe der Alliierten. Die USA erreichten durch Verhandlungen, dass ihnen eine Militärbasis auf den portugiesischen Azoren und auf Madeira überlassen wurde. Das sollte sich auszahlen. Nach dem Sieg der Alliierten hatte Portugal bessere Ausgangsbedingungen.

Salazar ließ einen Präsidenten wählen, der nichts zu sagen und nur rein zeremonielle Funktionen zu übernehmen hatte. Das Wahlrecht sicherte, dass die Ergebnisse wunschgemäß ausfielen: Männer durften nur wählen, wenn sie lesen und schreiben konnten (40 Prozent der Portugiesen konnten es nicht), und sie mussten eine ordnungsgemäße Steuererklärung vorlegen, die nur eine Minderheit besaß. Frauen hatten das Abschlusszeugnis eines Gymnasiums oder einer Berufsschule vorzuweisen. Salazar gelang es, Portugal zum Gründungsmitglied der NATO zu machen.

Ganz anders Spanien. Auf der Konferenz der Vereinten Nationen zur Ausarbeitung der Charta, die vom 35. April bis zum 26. Juni 1945 in San Francisco stattfand, brachte Mexiko den Vorschlag ein, keine Regierung als legitim anzuerkennen, die mithilfe eines Militärputsches an die Macht gekommen war. Spanien selbst nahm an dem Treffen nicht teil.

Auf der UN-Vollversammlung wurde auf Antrag Polens die Lage in Spanien erörtert, wobei die Mehrheit der Delegierten zur Schlussfolgerung kam, dass die Franco-Herrschaft ein faschistisches Regime sei, das mithilfe der Nazis und des faschistischen Italiens an die Macht gekommen war. Am 12. Dezember 1946 wurde die Resolution 39 verabschiedet, die Spanien von allen internationalen Organisationen ausschloss. Ferner empfahl die UN-Vollversammlung den Regierungen seiner Mitgliedsstaaten, ihre Botschafter aus Madrid abzuziehen. Nur sehr wenige folgten diesem Aufruf nicht: der Vatikan, das tiefkatholische Irland, die Schweiz, Argentinien und Portugal.

Zur außenpolitischen Isolation kam eine mehrjährige schwere Dürrekatastrophe, die das kriegszerstörte Land heimsuchte. Die Landwirtschaft, Spaniens Hauptwirtschaftszweig, litt unter schwersten Ernteausfällen. Talsperren trockneten aus, was die Stromerzeugung ins Stocken brachte und die Industrie nachhaltig beeinträchtigte. Jetzt hätte der Marshall-Plan helfen können, mit dem die USA mit Milliardensummen den wirtschaftlichen Wiederaufbau Westeuropas finanzierten. Doch davon wurde Spanien explizit ausgeschlossen.

Im Land wurde gehungert, man kochte Gras, das so lange mit Hunde- oder Katzenpfoten serviert wurde, bis die Vierbeiner aus dem Straßenbild verschwunden waren. Einziger Luxus: Man rauchte getrocknete Kartoffelscheiben und trank Kaffee aus geschroteten Eicheln. Francos heiliges Versprechen nach dem Ende des Bürgerkriegs »kein Heim ohne Brot« hatte sich in Luft aufgelöst. Den Caudillo plagte ein anderes Problem: Er bekam seine Fettleibigkeit nicht in den Griff.

Die Hoffnung im Ausland, dass sich das spanische Volk angesichts der Not gegen den Diktator erheben würde, erfüllte sich nicht. Die Streitkräfte und Sicherheitsbehörden wurden gesondert versorgt und hielten das Land weiter in Angst und Schrecken. In dieser unruhigen Zeit war es für Franco das Nächstliegende, sich der Unterstützung seiner Armee zu versichern, denn das Militär war die einzige Kraft, die ihn hätte aus dem Amt jagen können.

Deshalb galt seine Fürsorge dem Wohlergehen seiner Kameraden. Fast 60 Prozent der Staatseinnahmen gingen an sie. Während die Armee zwei Milliarden Pesetas zugewiesen bekam und die Polizei noch einmal 1,3 Milliarden, blieben nur bescheidene 100 Millionen Pesetas für die Landwirtschaft übrig – damals wie heute ein wichtiger Wirtschaftszweig Spaniens.

Die Streitkräfte befanden sich immer noch auf dem Niveau der Bürgerkriegszeit: eine dreiviertel Million Mann unter Waffen – das war nach der Sowjetunion das größte Heer in Europa. Die Offiziere litten keine Not, hatten privilegierten Zugang zu den knappen Lebensmitteln und eigene Versorgungseinrichtungen. Die Lebenshaltungskosten vervielfachten sich, doch das Militär saß an den Schalthebeln der Institutionen, die für die Verteilung der Lebensmittel zuständig waren.

Am meisten litten die Arbeitslosen, von denen das Gros Anhänger der Republik gewesen waren und die man nun mit Einkommensentzug bestrafte. Die Elendssiedlungen und die Arbeitslager entwickelten sich zu Brutstätten gefährlicher Krankheiten und Seuchen wie Typhus, Malaria, Diphterie, Ruhr und Hirnhautentzündung. Selbst die Lehrer übertrugen sie: Jeder Zehnte litt an offener Tuberkulose. Jedes fünfte Neugeborene überlebte das Kindesalter nicht, ein weltweiter Spitzenwert.

Die durch den Bürgerkrieg und das nachfolgende Exil ohnehin schon dezimierte Bevölkerung sollte nach dem Willen Francos wieder wachsen. Im Gesetz zum Schutz kinderreicher Familien hieß es: »Nur die Völker mit fruchtbaren Familien können ihre Rasse über die Welt verbreiten und Imperien schaffen und bewahren (…) Die demografische Vitalität stärkt das internationale Ansehen eines Volkes und damit sein militärisches Potenzial.« Die bestehenden Strafen für Abtreibung wurden deutlich verschärft und der Handel mit Empfängnisverhütungsmitteln untersagt.

* * *

Außen- und innenpolitisch unter Druck, zeigte sich der Diktator plötzlich anpassungsfähig. Um die Beziehungen mit Großbritannien zu verbessern, nahm Franco Kontakt zum spanischen Thronanwärter Don Juan de Borbón y Battenberg auf, einem Urenkel von Queen Victoria. Don Juan war ins Schweizer Exil und von dort nach Estoril nahe Lissabon gegangen. Unterstützt durch Salazar, forderte der Thronanwärter die Wiedereinführung der Monarchie in Spanien. In geheimen Gesprächen, zu denen der portugiesische Diktator zur Hintertür in die spanische Botschaft hinzukam, verhandelte er mit Francos Bruder die Bedingungen für die Umsetzung des Plans, der dem Franco-Regime eine neue Legitimation verschaffen sollte.

Zwar ließ Franco 1947 per Referendum tatsächlich die Monarchie wiedereinführen und bestätigte damit den Anspruch des spanischen Königshauses. Gleichzeitig behielt er sich das Recht vor, den König selbst zu bestimmen. Damit wurde er zum Herrscher des Landes auf Lebenszeit und verschaffte sich die Stellung eines Regenten, eines regierenden Monarchen. Doch das Ziel wurde erreicht, die Fassade einer »normalen« europäischen Monarchie war errichtet.

Franco einigte sich mit Don Juan, dass sein Sohn, der 1938 in Rom geborene Juan Carlos de Borbón y Borbón, Spaniens künftiger König werden solle. Der Zehnjährige kam nach Madrid und besuchte dort die Schule, nacheinander die Militärakademien von Heer, Marine und Luftwaffe und studierte anschließend Verfassungsrecht.

Die Nachricht vom neuen König in spe wurde sofort nach der Einigung 1948 nach Washington telegrafiert, womit klar war, dass mit diesem Schritt das Verhältnis zu den USA verbessert werden sollte. Für Präsident Harry S. Truman war Franco der Antichrist schlechthin, vergleichbar mit Hitler und Mussolini. Doch seine engsten Berater drängten ihn im Zuge der Verschlechterung des Verhältnisses zur UdSSR zur Aufweichung der harten Haltung gegenüber Spanien. Truman entsandte wieder einen Botschafter nach Madrid und gab ab 1950 Kredite an Franco frei.

Die Annäherung fand ihren vorläufigen Höhepunkt im Pakt von Madrid, der 1953 unterzeichnet wurde. Spanien erhielt verstärkt militärische und wirtschaftliche Unterstützung. Im Gegenzug räume Franco den USA das Recht ein, auf spanischem Territorium Militärbasen zu errichten. Bis 1961 erhielt Spanien Militärhilfe von einer halben Milliarde Dollar. Die USA bauten vier Militärstützpunkte in Spanien.

Die Marinebasis Rota wurde in der Provinz Cádiz errichtet. Es ist bis heute die größte US-Militäreinrichtung in Spanien. Hier sind Navy und Marines ebenso vertreten wie Army und Air

US-Präsident Eisenhower und Diktator Franco am 21. Dezember 1959 auf der US-Militärbasis Torrejón

Force. Insgesamt stationierten die USA dort zu Zeiten des Kalten Krieges 16 000 US-Militärangehörige und Zivilisten. Hauptaufgabe war es, die Schiffsbewegungen sowjetischer Über- und Unterwasserschiffe im Atlantik und im Mittelmeer zu kontrollieren. Durch seine geostrategisch günstige Lage nahe der Straße von Gibraltar sowie die Versorgung der 6. US-Flotte ist Rota bis heute von großer Bedeutung für die US-Streitkräfte.

Der Luftwaffenstützpunkt Morón nahe Sevilla wurde kurz nach Ende des Bürgerkriegs errichtet und für die Ausbildung spanischer Kampfpiloten genutzt. Nach dem Abkommen von Madrid begann der Ausbau, der 1956 beendet wurde. Die Basis kam unter den Befehl des Strategischen Luftwaffenkommandos (SAC) der US-Luftwaffe. Die NASA nutzte Morón als eine Ausweichlandepiste für das Space-Shuttle-Programm.

Nahe der Hauptstadt Madrid befindet sich der Luftwaffenstützpunkt Torrejón Air Base. Er wurde zum größten Bomberstützpunkt des Strategischen US-Luftwaffenkommandos ausgebaut und besitzt die längste Start- und Landebahn in ganz Westeuropa. 1988 ging der Stützpunkt an Spanien zurück. Vier Jahre später wurde auch der dritte Luftwaffenstützpunkt Zaragoza geschlossen. Hier waren 10 000 US-Militärs und Zivilisten stationiert.

Die starke US-Militärpräsenz führte 1966 zu einem der schwersten Unglücke in der US-Luftfahrt nach dem Krieg. Beim Auftanken in der Luft stieß eine B-52 mit dem Tankflugzeug zusammen. Beide Flugzeuge befanden sich über dem Mittelmeer bei Almería. Das Tankflugzeug explodierte, die B-52 brach auseinander. Sie hatte vier Wasserstoffbomben an Bord. Zwei explodierten an Land nahe dem Fischerdorf Palomares und setzten Plutonium frei, eine war mit dem Fallschirm unversehrt zu Boden gegangen, und die letzte wurde nach wochenlanger Suche aus dem Mittelmeer geborgen.

Dank der guten Beziehungen zu Washington ersuchte 1954 der Kriegsminister Francos, der frühere Chef der *División Azul* und Ritterkreuzträger General Agustín Muñoz-Grandes, informell um die Aufnahme in die NATO. Bis dahin hatte Portugal den Nachbarn stets mit den Dokumenten und Einsatztaktiken des Verteidigungsbündnisses versorgt – mit Zustimmung und auch auf Veranlassung der USA. Doch der neue Vorstoß scheiterte, wie andere bereits zuvor und auch danach. (Spanien wurde erst 1992 Mitglied des Verteidigungsbündnisses.) US-Außenminister John Foster Dulles sorgte bei einem Treffen mit Franco 1955 dafür, dass mit der Anerkennung der britischen Kolonie Gibraltar durch Spanien der letzte Stein auf dem Weg zur UNO-Mitgliedschaft aus dem Weg geräumt wurde.

Neben dem *Pacto de Madrid* schloss Franco 1953 noch ein weiteres bedeutendes Abkommen ab: den Staatskirchenvertrag zwischen Spanien und dem Vatikan. Nach einem Verhandlungsmarathon von 558 Sitzungen unterschrieben beide Seiten das Abkommen in Castel Gandolfo, dem Sommersitz der Päpste. Für den spanischen Außenminister war dies die »Weihe« des Franco-Regimes. Dem Diktator wurden durch das Konkordat die gleichen Ehren eingeräumt, wie sie früher die bourbonischen Könige erhielten. Franco durfte die Bischöfe vorschlagen und bekam das Recht, für sich selbst in allen spanischen Kirchen Gebete zur Fürbitte abhalten zu lassen.

Papst Pius XI. war ein eifriger Befürworter der Putschisten. Er hatte den Sturz der republikanischen Regierung geradezu gefordert, als er zum »heiligen Kreuzzug« gegen das »rotspanische Mordregime« aufrief. Franco bedankte sich artig und hisste während des Krieges vor seinem Hauptquartier stets auch die gelbweiße Fahne des Vatikans. Sich selbst betrachtete er als »Werkzeug der Vorsehung«. Auch der nächste Papst Pius XII. folgte der Linie seines Vorgängers und begrüßte 1939 Francos Sieg in einer Botschaft, die über Radio Vatikan ausgestrahlt wurde, »mit größter Freude«.

Mit dem Konkordat von 1953 war die katholische Kirche in Spanien nahezu allmächtig. Nur sie durfte – neben der faschistischen Bewegung – öffentliche Versammlungen abhalten. Kirchliche Würdenträger erhielten Staatsämter. In 36 Artikeln wurden der katholischen Kirche Sonderrechte zugesprochen wie in keinem anderen Lande der Welt. Der Katholizismus wurde wieder zur Staatsreligion.

Das staatliche Erziehungswesen kam unter die Oberaufsicht der Kirche. Der Klerus erhielt die Funktion eines Zensors über Presse, Film und Theater. Die Zivilehe wurde abgeschafft und der Kirche unterstellt. Der Staat verpflichtete sich, die Kirche in Spanien zu finanzieren. Fortan durfte kein Gesetz erlassen werden, das die Interessen der Kirche berührte. Geistliche und Novizen waren grundsätzlich vom Militärdienst befreit und durften nur im Einverständnis mit dem Klerus strafrechtlich verfolgt werden.

Die Folgen des Konkordats reichen bis in die Gegenwart: 2007 wurden in Rom im Rahmen der größten Seligsprechung in der Geschichte der katholischen Kirche 498 »Märtyrer der religiösen Verfolgung« während des spanischen Bürgerkriegs seliggesprochen. Sechs Jahre später erhielten noch einmal 522 spanische Kleriker diese Ehrung, die wegen ihres Glaubens umgebracht worden waren. Von den Verteidigern der Republik gegen die Putschisten war niemand dabei.

* * *

So hatte der Diktator nur acht Jahre nach dem Ende des Faschismus in Deutschland und Italien zuvor kaum Vorstellbares erreicht: Er war zum Regenten Spaniens aufgestiegen, vom Vatikan anerkannt und hatte den Ring der außenpolitischen Isolierung durchbrochen. Spanien war wieder Mitglied der Weltgemeinschaft und geschätzter Partner im Kampf des Westens gegen den Kommunismus. Und wie stand es um die Stabilität im Inneren?

Der Diktator folgte einem streng geregelten Tagesablauf: Morgens ritt er aus, spielte Tennis oder Golf. Vor zehn erschien er nicht in seinem Amtssitz. Audienzen fanden stets dienstags und mittwochs statt, und die Minister wurden einzeln von Montag bis Donnerstag empfangen. Die Regierung kam nur an Feiertagen

Franco verfasste unter dem Pseudonym Jaime de Andrade das Buch »Rasse«.

zusammen. Das entsprach Francos Machtverständnis: Die Minister waren seine leitenden Angestellten – mehr nicht. 19 Mal bildete er seine Regierungen um und verbrauchte dabei 120 Minister. Die Entlassungsurkunden wurden ihnen per Motorradboten überbracht. Sie blieben durchschnittlich nur zwei Jahre im Amt. Der Diktator hingegen sah sich lebenslang in der Verantwortung.

Die Wochenenden waren der Jagd und dem Fischen vorbehalten. Seine Hochseeyacht »Azor« stand stets zum Auslaufen bereit. Erfahrene Fischer suchten nach günstigen Fanggebieten für den Diktator. Wenn die Yacht auslief, wurde sie von einer kleinen Armada eskortiert. Als Jäger war Franco ein »schlimmer Schießer«: An manchen Tagen verschoss er mehr als 600 Patronen und prahlte, er habe einmal bei einer Jagd 5000 Wachteln erlegt. Abends sah er sich regelmäßig in seinem Privatkino Filme an.

Auch sein Buch »Raza«, das er unter dem Pseudonym Jaime de Andrade veröffentlichte, wurde verfilmt. In der Eingangssequenz erklärte ein Sprecher die Absicht: »Die Geschichte, die ihr sehen werdet, ist nicht Ergebnis der Fantasie. Sie ist echte Geschichte, wahrheitsgetreu und fast universell. Jedes Volk kann sie erleben, das sich nicht damit abfindet, in den Katastrophen unterzugehen, die der Kommunismus hervorruft.« Dann folgt der Beleg, dass der »Geist der Rasse« alle Feinde des spanischen Volkes – Kommunisten, Freimaurer und Juden – besiegt und ein »reines Reich« errichtet.

In der Person des Protagonisten, des Generalissimus José, sah sich Franco selbst. Lange Zeit schaute er sich den patriotischen Schinken immer wieder an und musste nach Aussagen von Beteiligten fast jedes Mal vor Rührung weinen. Franco übte sich in der Malerei. Seine Bilder stellten zumeist Jagdszenen nach. Sein heimliches Laster war das Fußball-Toto, das er regelmäßig spielte und manchmal auch gewann.

Die Unternehmensberater Gottes

Der Siegeszug des Opus Dei – IWF und Weltbank finanzieren die wirtschaftliche Entwicklung Spaniens – Der Wirtschaftsliberalismus verändert das Land – Der »Metasa«-Skandal: Export von Steinen statt Maschinen

Barbastro nordwestlich von Lérida, ist ein kleiner, mittelalterlich geprägter Ort im Norden Spaniens, an einem Nebenfluss des Ebros gelegen. Die Landwirtschaft bestimmte den Alltag der armen Landarbeiter wie der reichen Großgrundbesitzer. Das Gebiet war geschichtsträchtig: Das Stadtwappen zeigt den abgeschlagenen Kopf eines bärtigen Mauren, umgeben von fünf Schilden unter der Krone Aragoniens. Barbastro war Bischofsitz und zählte insgesamt 11 Konvente.

Am 25. Juli 1936 rückte die Kolonne Francisco Ascaso mit zweieinhalbtausend Anarchisten – mehrheitlich Arbeiter aus Barcelona – in die Stadt ein. Es war die Zeit der Rache an der mächtigen katholischen Kirche, und der Ort war zur Zielscheibe anarchistischer Agitation unter dem Schlachtruf »Tod den Schwarzdrosseln« geworden. Das Benediktinerkloster, das Missionarskolleg, die Piaristenschule, das Priesterseminar und das Domkapitel wurden zu Zielen der Übergriffe.

Die Angreifer trugen aus den Kirchen Statuen und andere Insignien und verbrannten sie auf der Straße. In der Kathedrale rissen sie den Hochaltar nieder. Die Kirchen San Bartolomé und San Hipólito blieben völlig zerstört zurück. Wahllos stellten sie Menschen an der Friedhofsmauer auf und erschossen sie – jeden zehnten Einwohner von Barbastro. Der Bischof wurde von einem Tribunal zum Tode verurteilt, kastriert und erschossen. 90 Prozent aller Priester kamen mit ihm ums Leben.

In diesem Ort kam am 9. Januar 1902 José Maria Escrivá zur Welt. Er spürte frühzeitig in sich eine göttliche Berufung, stu-

Von Anarchisten im Juli 1936 geplünderte Kirche in Barbastro

dierte Philosophie, Theologie und Jura und empfing 1925 die Priesterweihe. Danach arbeitete er als Aushilfspfarrer, erhielt einen Lehrauftrag für römisches und kanonisches Recht an der Universität von Madrid und gründete 1928 mit Zustimmung des Erzbischofs einen Laienorden, der später den Namen Opus Dei (Werk Gottes) erhielt. 1943 wurde ein eigenes Priesterseminar gegründet, und im Jahr darauf weihte man die ersten Priester. Escrivá siedelte 1946 nach Rom über, wo der Papst dem Opus Dei den Status eines Bistums mit vergleichbaren Hierarchien, aber ohne eigenes Territorium verlieh.

Die Kleriker machten einen Bruchteil der Mitgliedschaft aus, der vorwiegend Laien angehörten, unter ihnen auch Frauen. Bevorzugt wurden Unternehmer, Anwälte, Professoren, Diplomaten, Politiker und Journalisten aufgenommen, denn »die Welt muss von oben verändert werden«, wie es einer der Oberen formulierte. 1939 veröffentlichte der Gründer des Opus Dei sein Buch »Der Weg«, das mittlerweile in knapp 300 Auflagen und 41 Sprachen eine Verbreitung von vier Millionen Exemplaren gefunden hat. Es offenbart ein streng hierarchisches Führungsverständnis und lehrte zum Zeitpunkt eines der blutigsten Bürgerkriege des 20. Jahrhunderts: »Der Krieg ist das größte Hindernis für einen bequemen Weg. Aber schließlich werden wir ihn lieben müssen wie der Mönch seine Bußgeißeln.«

Escrivá stand als Präsident auf Lebenszeit an der Spitze und ließ sich als »Vater« anreden. Oben rangierten die »Numerarios«, die ein weltliches und theologisches Studium absolviert hatten und unverheiratet blieben. Ebenfalls unverheiratet waren die »Oblatos«, Gefolgsleute ohne besonderen gesellschaftlichen Einfluss. Dann folgten die »Supernumerarios«, die entweder verheiratet oder für höhere Aufgaben nicht geeignet waren.

Die Kandidaten wurden gezielt ausgewählt, lange Zeit einer Prüfung auf ihre politischen und religiösen Anschauungen unterzogen und dann angesprochen. Über ihre Aufnahme entschied der Präsident. Wer aufgenommen worden war, hatte strengstes Stillschweigen über alle Vorgänge innerhalb des Opus zu wahren. »Geschwiegen zu haben, wirst du nie bereuen; gesprochen zu haben oft«, riet der »Vater« in der Maxime 639. Nach kurzer Zeit war das Opus Dei nach Meinung von Insidern »eine der mächtigsten Geheimgesellschaften der Welt auf finanziellem und politischem Sektor«. Was war geschehen?

Der Siegeszug des Opus Dei vollzog sich im Gleichschritt mit der Franco-Diktatur. In Spanien wurden zunächst die meisten Mitglieder rekrutiert. Viele fanden in den 1950er Jahren wichtige Posten in Staat und Gesellschaft. Sie wurden Minister, besetzten die freigewordenen Lehrstühle der republikanischen Dozenten an den Universitäten und organisierten die Nachkriegswirtschaft. In Barcelona gründete Opus Dei das Institut für höhere Betriebswirtschaftslehre (IESE), das zur Urzelle einer neuen Entwicklungspolitik in Spanien wurde.

Der Gründer des katholischen Laienordens Opus Dei, José María Escrivá

Mit der Überwindung der außenpolitischen Isolation durch die Abkommen mit den USA und das Konkordat mit dem Vatikan leitete Franco eine Neuausrichtung der Wirtschaft des Landes ein. Verantwortlich dafür machte er seinen engsten Vertrauten, Luis Carrero Blanco. Er hatte unter Franco Karriere gemacht, nachdem der sich mit seinem Schwager, dem Führer der faschistischen Falange, Ramón Serrano Suñer, 1942 überworfen hatte. Der war ein Mann der Nazis und hatte die Innen- und Außenpolitik Spaniens unter seine Kontrolle gebracht. Damit war er für den Geschmack des Generalissimus schon viel zu mächtig geworden. Als er dann noch eine Affäre mit einer prominenten Aristokratin begann, wurde er im Hause Franco zur Unperson, und seine politische Karriere war ruiniert.

Der Marineoffizier Carrero Blanco hingegen bewegte sich im Hintergrund, vertrat während des Zweiten Weltkriegs die Position, dass sich Spanien besser aus dem Krieg der Großmächte heraushalten sollte, und befürwortete den Abzug der *División Azul* aus Hitlers Krieg gegen die Sowjetunion. Dennoch war er den Nazis nicht unsympathisch, denn er galt als ein ausgesprochener

Judenhasser. »Es ist der Kampf des Christentums gegen das Judentum. Ein Krieg auf Leben und Tod, wie es unvermeidlich ist in dem Kampf des Guten gegen das Böse, der Wahrheit gegen die Lüge, des Lichtes gegen die Dunkelheit. In diesem jahrhundertealten Kampf hat das Judentum es verstanden, auf Mittel aller Art zurückzugreifen«, schrieb er in seinem 1941 veröffentlichten Buch »España y el mar«. »Das Ziel (der Juden) ist immer dasselbe: alles zerstören, vernichten, herabwürdigen, was die christliche Zivilisation repräsentiert, um auf ihren Ruinen das utopische zionistische Reich des auserwählten Volkes zu errichten.«

Er wurde 1951 Präsidentschaftsminister und koordinierte aus dieser Position heraus die gesamte Regierungsarbeit. Soviel Erfolg er im Beruf hatte, so viele Schwierigkeiten hatte er mit seiner Ehe. Das stellte in dem erzkatholischen Land ein Dilemma dar, denn nur die Kirche konnte eine Scheidung genehmigen. Carrero Blanco suchte juristischen Rat, um die Chancen einer gesetzlichen Trennung von seiner Frau auszuloten. Dabei lernte er den Verwaltungsrechtler Laureano López Rodó kennen. Am Ende wurde die Ehe gekittet, der Minister war dankbar und holte den Professor als Generalsekretär in sein Ministerium.

López Rodó machte rasch Karriere und wurde beauftragt, als Kommissar für Planung einen neuen Entwicklungsplan für Spanien auszuarbeiten. Er gehörte dem Opus Dei an, der nun zur Schaltstelle für die weitere Entwicklung Franco-Spaniens wurde. Entscheidungs- und Lenkungsmechanismen wurden so verändert, dass fortan die wichtigsten Posten mit den eigenen Leuten besetzt wurden.

Die wirtschaftliche Autarkie konnte angesichts der Annäherung Spaniens an den Westen Schritt für Schritt aufgegeben werden. Zunächst halfen die Kredite aus den USA, gefolgt von Handelsbeziehungen mit Italien, Frankreich und England. Die erste Etappe des Entwicklungsplanes wurde 1959 mit dem *Plan de Estabilización* eingeleitet. Der Schwede Per Jacobsson, Generaldirektor des Internationalen Währungsfonds (IWF), begleitet von

Vertretern der Weltbank, kam als externer Berater nach Madrid. Gemeinsam prüften sie die Lage, legten die Ziele fest und nannten ihre Bedingungen, um mit Krediten bei der Umsetzung zu helfen.

Die Grundlage dieses Plans war das Modell des Wirtschaftsliberalismus: Der Kapitalverkehr wurde freigegeben und der Freihandel gefördert. Die Folgen für Spanien waren tiefgreifend und veränderten das Land. Entscheidenden Einfluss übten die Kader aus, die am *Instituto de Estudios superiores de la Empresa* des Opus Dei nach dem Vorbild der Harvard Business School ausgebildet wurden. Bis Mitte der 1960er Jahre kamen so die Finanzen, die Industrie, die Planung und der Außenhandel unter Kontrolle des katholischen Laienordens.

1959 trat Spanien der Organisation für wirtschaftliche Zusammenarbeit und Entwicklung (OECD) bei, was zu einer weiteren Öffnung für das Auslandskapital führte. Ziel des Entwicklungsplans war es, das Wirtschaftsniveau an das Westeuropas anzugleichen. Hierfür wurde Kapital von mehr als 20 Milliarden D-Mark benötigt, das Spanien nicht hatte, denn der Staat musste auch in die soziale Infrastruktur investieren. Dazu gehörten der Bau von 15 000 Schulen, von 720 000 Wohnungen und die massive Verbesserung der technischen Infrastruktur.

Der Plan ging auf: In nur 15 Jahren rückte Spanien von einem rückständigen Agrarland bis 1974 zur zehntgrößten Industrienation der Welt auf. Doch die sozialen Verwerfungen, die diesen Prozess begleiteten, waren enorm. Die Arbeitslosigkeit wurde zu einem immer gravierenderen Problem – aber durch die Entsendung von Millionen Gastarbeitern nach Frankreich und Deutschland stark abgemildert. Zusätzlich konnten durch die Geldüberweisungen der Arbeitsmigranten Handelsbilanzdefizite ausgeglichen werden. Die weiterhin rückständige Landwirtschaft verursachte eine Landflucht, was zu einer Herausforderung für die großen Städte führte.

In den 1960er Jahren war Opus Dei mit zehn Ministern in Francos Regierung vertreten. Sie kontrollierten u. a. die gesamte

Planung des Staates, die Außenpolitik, die Erziehung und den Tourismus. Der Präsident des Wissenschaftsrates des Ordens war nun gleichzeitig auch Spaniens Erziehungsminister. Der Wissenschaftsrat verfügte über ein staatliches Budget und war keiner öffentlichen Kontrolle unterworfen. Zwischen 1945 und 1950 erhielt der *Consejo Superior de Investigaciones Cientificas* des Opus Dei 259 Millionen Pesetas aus staatlichen Mitteln – das war mehr als das Dreifache des Betrages, der für den Wiederaufbau der im Krieg zerstörten Schulen ausgegeben wurde. Die Universität von Pamplona, die erste, die Opus Dei gegründet hatte, erhielt sage und schreibe zwei Drittel aller Hochschulsubventionen des Landes.

1962 setzte Finanzminister und Opus-Dei-Mitglied Mariano Navarro Rubio eine Bankreform durch, die das gesamte Kreditwesen des Landes der Bank von Spanien unterstellte. Er wurde drei Jahre später selbst Gouverneur der Bank und sorgte dafür, dass Opus Dei stets frisches Geld in Form von Krediten erhielt. Damit stieg der Orden in kürzester Zeit zum einflussreichsten Faktor in Spanien auf. Er kontrollierte Banken, Industrieunternehmen, Tageszeitungen, Verlage, Rundfunksender, Filmgesellschaften, Agenturen, Universitäten und Schulen.

In welchem Umfang das Geld vergeben wurde, zeigte sich beim »MATESA-Skandal«. Juan Vilá Reyes hatte mit seinem Bruder Fernando und seinem Schwager 1956 in Pamplona die Produktion schiffchenloser Webstühle aufgenommen. Seine Textilmaschinenfirma Maquinaria Textil del Norte S.A. (MATESA) erhielt in den 1960er Jahren umgerechnet Hunderte von Millionen D-Mark an Exportförderungen.

Dem Unternehmen wurden für den Export von Industrieprodukten Darlehen und Steuernachlässe in Höhe von 94 Prozent des Warenwerts gewährt. Den Preis seiner Webstühle bestimmte das Unternehmen frei Hand. Die Industrie-Kreditbank in Madrid zahlte, sobald die Frachtpapiere vorlagen. Eine Kontrolle darüber, was mit den Maschinen später geschah, gab es nicht. Bald exportierte die MATESA nur noch zum Schein. Manche Kiste enthielt nach Berichten von Beteiligten gar keine Maschinenteile mehr, sondern Steine.

Diese Praxis flog auf, als der Industrieminister Argentiniens Elbio Baldinelli während eines Spanien-Besuchs von Handelsminister López Bravo gelobt wurde, dass sein Land 2000 Webstühle gekauft hatte. Ob er zufrieden sei mit der ultramodernen Technologie, die die MATESA in sein Land geliefert habe. Der Gast aus Südamerika hatte keine Ahnung, wovon die Rede war. Das war nur logisch, denn das Kerngeschäft der MATESA war ja nicht der Export von Waren, sondern die Exporthilfen der *Banco de Crédito Industrial* auf die Privatkonten des Eigentümers Juan Vilá Reyes zu lenken. Er war einer der ersten Absolventen des IESE, der renommierten Wirtschaftsakademie des Opus Dei in Barcelona.

In 424 Anklagepunkten forderte der Staatsanwalt 1969 für Vilá Reyes wegen Kreditbetruges, Bestechung und Steuerhinterziehung 1000 Jahre Haft. Das Gericht reduzierte die Strafe auf vier Jahre. Der größte Wirtschaftsskandal der Franco-Diktatur hatte innen- wie außenpolitische Dimensionen. Unternehmer Vilá Reyes unterhielt gute Beziehungen zu Frankreichs Staatschef Giscard d'Estaing. Dessen Cousin, Jean de Broglie, hatte die METASA-Niederlassung in Luxemburg gegründet.

Während der gerichtlichen Untersuchungen kam heraus, dass sowohl der Entwicklungsminister als auch der Zentralbankchef, der Finanzminister, der Industrieminister und der Handelsminister in die Betrügereien verstrickt waren, alles Mitglieder im »Werk Gottes«. Zwei Minister des Opus Dei und der Chef der Nationalbank mussten zurücktreten. Franco bildete die Regierung um – und holte noch mehr Opus-Dei-Minister ins Kabinett.

Der Bikini verändert das Land

Strände und Sonne sollen neue Märkte erschließen – Westliche Freizügigkeit trifft auf erzkatholische Vorbehalte – Der Massentourismus macht Spanien reich und bringt seine Ressourcen an die Grenzen ihrer Möglichkeiten

Der Entwicklungsplan war erfolgreich angelaufen, und die Auslandsinvestitionen stabilisierten diese Phase. Es war gelungen, die negativen Begleiterscheinungen in Form hoher Arbeitslosigkeit und Landflucht durch die Gastarbeiterverträge unter Kontrolle zu bringen. Dennoch fehlten dem spanischen Staat Mittel, um die Lage im Inland durch Investitionen im Sozialbereich zu beruhigen. Franco hatte einen Plan, und der führte nach Moskau.

Noch 1960 griff der Diktator in den Spielplan des erstmals ausgetragenen UEFA Cups ein. Beim Viertelfinale sollte es zu einer Begegnung der Nationalmannschaften Spaniens und der Sowjetunion kommen. Zunächst forderte Franco, dass die Spiele auf neutralem Boden stattfinden müssten. Zur Begründung führte er an, dass spanische Wehrmachtsangehörige der *División Azul* noch immer in der UdSSR gefangen gehalten wurden. Die eigentliche Furcht war, dass die sowjetische Mannschaft auf spanischem Boden mit Sympathie und Demonstrationen begrüßt werden könnten. So hatten es die Geheimdienste vorausgesagt. Die Partien wurden ersatzlos abgesagt, die sowjetische Mannschaft erreichte kampflos das Halbfinale.

Drei Jahre später nahm Außenminister Fernando María Castiella y Maíz am Rande der UNO-Vollversammlung in New York Kontakt zu seinem sowjetischen Amtskollegen Andrej Gromyko auf. Es ging um den spanischen Goldschatz. Die sowjetische Empfangsbescheinigung über seine Auslieferung konnte Franco belegen. Der letzte republikanische Ministerpräsident Juan Negrín hatte sie nach seinem Tod im Pariser Exil nach Madrid überbringen lassen. Doch die sowjetische Regierung erklärte, dass die Republikaner für das Gold im Bürgerkrieg sowjetische Waffen bekommen hätten. Es sei nichts mehr übrig. Im Gegenteil: Die UdSSR habe Außenstände, die von Spanien zu begleichen seien.

Es kam die Frage auf, welchen Schatz Spanien für seine Entwicklung noch heben sollte. Die Lösung lag in der Vermarktung seiner zahllosen Strände und der überreichlich scheinenden Sonne. Die Reiselust der Westeuropäer begann nach Kriegsende langsam zu wachsen, und die ersten Abenteurer machten sich auf, Spanien zu erkunden.

Wer ins Land wollte, musste umständliche Vorbereitungen treffen. Bis auf US-Bürger und Schweizer brauchten alle Einreisenden ein Touristenvisum. Voraussetzung dafür waren eine vorgebuchte Unterkunft und das Testat der spanischen Behörden, dass keine Bedenken gegen die Einreise bestanden. Am Ende der Reise musste bei der Polizei auch noch eine Ausreisegenehmigung eingeholt werden. Das weckte keine große Lust auf Wiederholung und hinterließ bei den Reisenden einen negativen Gesamteindruck.

Die Kontrollen an den Grenzübergängen von Frankreich nach Spanien waren penibel. Das Personal war nur auf sicherheitsrelevante Angelegenheiten geschult worden. Entsprechend abweisend traten die Beamten auf. Wer kam, reihte sich in eine endlose kilometerlange Blechlawine ein und brachte Stunde um Stunde in der prallen Sonne zu. 1953 wurde die Visapflicht für Westeuropäer aufgehoben, und die Lage an den Grenzen entspannte sich.

Innerhalb der Diktatur Francos war man sich nicht einig: Sollte man für den Ausbau des Tourismus die scharfen Einreisekontrollen aufgeben, mit denen die Rückkehr von politischen Gegnern aus dem Exil verhindert werden sollten? Auf der Seite der Tourismusbefürworter stand eine prominente Person: Juan Bolín, der Franco am 18. Juli 1936 von den Kanaren mit seinem Flugzeug zu den aufständischen Truppen nach Tetuán gebracht hatte.

Der Journalist war im Bürgerkrieg Pressechef der Putschisten der *Unión Militar Española* gewesen. Anfang 1937 ließ er Arthur Koestler in Málaga verhaften und drohte, ihn »wie einen tollen Hund zu erschießen«. Seit 1938 war Bolín Direktor des staatlichen spanischen Fremdenverkehrsamtes und Chef der Hotelvereinigung. Dass er auch noch andere Aufgaben übernommen hatte, wurde deutlich, als er 1942 bei der Landung in Bristol vom britischen Geheimdienst verhaftet wurde. Beim Verhör gab er zu, Agent von Admiral Canaris und der deutschen Abwehr zu sein. Er wurde umgedreht und Doppelagent. Bis Kriegsende schickte er gefälschte Berichte des britischen Geheimdienstes nach Deutschland.

Juan Bolín nutzte die spanische Tourismusbehörde als ein Instrument der Propaganda, um den Reisenden ein positiveres Bild von der Diktatur zu vermitteln. Gleichzeitig begann er in den USA und Westeuropa, aufwändig für den Tourismus in Spanien zu werben. Zwei Regionen wurden als besonders aussichtsreich identifiziert: die Costa Brava von Barcelona bis zur französischen Grenze und die Costa del Sol in Andalusien.

Strand und Meer offenbarten aber das nächste Problem: Spanien war ein erzkatholisches Land. Schon das Küssen in der Öffentlichkeit war verboten. Bis in die frühen 1960er Jahre schritt die Polizei ein und unterband dieses unmoralische Treiben. Es galten strenge Regeln für die Bekleidung, Arme und Beine durfte man in der Öffentlichkeit nur bedeckt zeigen. Was hingegen die westlichen Touristen am Strand boten, ging weit über die Toleranz der spanischen Öffentlichkeit hinaus. Der britische »Guardian« titelte »Wie Spanien seine Touristen verliert« und schrieb: »Glauben die ernsthaft, dass wir in der Bademode von 1900 ins Wasser gehen?«

Erwogen wurde 1955 bei den spanischen Behörden, die Touristenstrände vor den Einheimischen abzuschirmen. Umgesetzt wurde diese Idee nicht. Das Innenministerium in Madrid verpflichtete die Bürgermeister der touristischen Gemeinden, dafür zu sorgen, dass die Ausländer angemessen in der Öffentlichkeit auftraten.

Ein Kleidungsstück erregte die besondere Aufmerksamkeit an spanischen Stränden: der Bikini. Ein gelernter Automechaniker und späterer Modeschöpfer hatte sich das gewagte Textilstück in Paris patentieren lassen. Sein Bikini bestand aus vier Dreiecken – zwei für das Höschen, zwei für das Oberteil. Zunächst war er ein Flop, denn er galt als extrem schamlos und wurde von Frankreich, Italien, Portugal und Spanien verboten. Dann setzte er sich durch, und die Touristen brachten ihn nach Spanien.

Die Kirche wollte den Kampf um den Erhalt der »guten Sitten« nicht aufgeben und drohte dem Bürgermeister von Benidorm, der das Tragen von Bikinis ausdrücklich gestattet hatte, sogar mit der Exkommunizierung. Der wandte sich hilfesuchend an Franco, der seine Ehefrau und den Präsidentschaftsminister nach Benidorm entsandte, wo sie sich demonstrativ mit dem Bürgermeister zeigten.

In Spanien begann die Zeit der wirtschaftlichen Modernisierung unter dem Kommando des Opus Dei. Man war zwar katholisch, erkannte aber das Potenzial, das der Tourismus für die Einnahmen des Landes darstellte. Die Zahl der Touristen hatte sich von 120 000 im Jahr 1950 binnen zehn Jahren auf 4,33 Millionen vervielfacht. Die Urlauber waren zur größten Einnahme des Staates geworden. In den 15 Jahren bis zum Tod Francos 1975 kamen 200 Millionen Touristen nach Spanien, eine wahre Völkerwanderung.

Der Erfolg rief auch Neider auf den Plan. In Frankreich erschienen Zeitungsberichte, die vor Krankheitserregern in Spanien warnten und vor Reiseantritt eine Schutzimpfung empfahlen. Die Angelegenheit weitete sich zu einer Staatsaffäre aus und beschäftigte die Regierungen beider Länder, denn Spanien nahm an, dass dies eine böswillige Aktion darstellte, um dem aufkommenden Konkurrenten zu schaden. In Italien nahmen ab 1962 Linke den wachsenden Tourismus in der Franco-Diktatur zum

Anlass, auf die prekären politischen Verhältnisse in Spanien hinzuweisen. Auch die staatlichen Tourismus-Behörden Italiens begannen, gegen den zunehmend erfolgreicheren Konkurrenten zu stänkern. Spanien war deutlich preiswerter und galt als exotisch. Italien hatte die große Welle der Neugier-Touristen in den 1950er Jahren schon hinter sich.

Der Einzug des Charterflugverkehrs in Westeuropa führte schließlich dazu, dass der Tourismus in Spanien einen Rekord nach dem anderen brach: Kamen 1960 4,33 Millionen, so waren es fünf Jahre später bereits elf Millionen, 1970 schon gut 20 Millionen, und 1975 besuchten 27 Millionen ein Land, das 35 Millionen Einwohner hatte. Mit den Direktflügen konnte die lange Distanz nach Spanien spielend überwunden werden. Das nutzten insbesondere Skandinavier, die so der grauen Jahreszeit entfliehen konnten. In Málaga, Valencia und Mallorca entstanden große Flughäfen, um den Ansturm der Touristen bewältigen zu können. Der Flughafen von Palma de Mallorca hatte Anfang der 1970er Jahre in der Hochsaison ein Start- und Landeaufkommen wie der John F. Kennedy Airport in New York.

Ausländische Touristen an Spaniens Sonnenküste in den 1980er Jahren

Entwicklung des Tourismus in Spanien

	1901	1930	1940	1950	1955	1960	1965	1970	1975
Bevölkerung (Millionen)	18,66	23,44	25,76	27,87	29,06	30,30	32,08	33,88	35,69
Touristen	0,12	0,28	0,02	0,46	1,38	4,33	11,08	21,27	27,36
Touristen / Bevölkerung (%)	0,6	1,2	0,1	1,6	4,8	14,3	34,5	62,8	76,7

(Quelle: Rafael Vallejo Pousada: ?Bendición del Cielo o plaga?, in: Cuadernos de História Contemporánea, 2015, Bd. 37, S. 92)

Der Boom befeuerte die in- und ausländischen Investitionen in die touristische Infrastruktur. Mallorca war das erste Ziel, gefolgt von der spanischen Mittelmeerküste und schließlich den Kanarischen Inseln. Die wirtschaftliche Bedeutung der touristischen Zentren veränderte die bisherige Verteilung von Wohlstand und Arbeitskräften und führte auch zu Asymmetrien. Barcelona und die Costa Blanca bekamen einen ebenso großen Wachstumsschub wie Málaga und die Costa del Sol. Die Gebiete im Landesinneren wurden hingegen immer weiter abgehängt.

1962 übernahm Manuel Fraga Iribarne das Ministerium für Tourismus und Information. Er kam von der faschistischen Falange und war Generalsekretär des *Instituto de Cultura Hispánica*, das die internationale Zusammenarbeit der spanischsprachigen Welt unter ideologischer Führung Spaniens organisierte. Die Doppelfunktion als Verantwortlicher für den Tourismus und die Propaganda und Zensur war problematisch. Abwechselnd musste er die Öffnung der Diktatur gegenüber dem Ausland wie auch die Fortsetzung der drakonischen Politik nach innen verkünden.

Der Tourismusboom finanzierte den wirtschaftlichen Aufstieg Spaniens, doch angesichts der Riesensprünge überlastete der Ansturm der Touristen die natürlichen Ressourcen und eine Infrastruktur, die noch nicht einmal für alle Einheimischen ausgelegt war. Trinkwasser wurde knapp, Tankschiffe der spanischen Kriegsmarine mussten die Wasserversorgung übernehmen, die

Stromversorgung brach immer wieder unter der Last zusammen. Die Müllberge wurden immer größer und die sanitären Probleme auch.

Ein besonders heikles Thema war die fehlende Abwasserreinigung. Üblich waren Leitungen, die direkt ins Meer führten oder aber im Hinterland versickerten. In Spanien war zu dieser Zeit der Typhus noch immer nicht ausgerottet. Die einheimische Bevölkerung war gegen den Erreger mittlerweile weitgehend immun, nicht aber die Touristen. 1965 beschloss das Innenministerium einen Notfallplan zur Verbesserung der sanitären Verhältnisse in den touristischen Zentren.

Der Tourismus machte Spanien reich. Bis 1974 erreichte das Land jährliche Wachstumsraten um die zehn Prozent. Der Minister für Information und Tourismus, Alfredo Sánchez Bella, konstatierte 1971, »er hat uns mit Zins und Zinseszins eingebracht, was uns der Marshallplan verweigert hat«. Doch gleichzeitig veränderte er das Leben im Land in rasantem Tempo. Die Spanier sahen im Verhalten der Touristen jenes Selbstbewusstsein gegenüber der Ordnungsmacht, das sie selbst nicht hatten. Sie lernten neue Lebensweisen kennen und nahmen mit der Zeit ähnliche Werte und Anschauungen auf. Das Gleiche geschah mit den Gastarbeitern, die sich mit den Jahren an die neuen Lebensverhältnisse in Westeuropa gewöhnt hatten.

Die Industrialisierung des Landes führte zu einem hohen Organisierungsgrad der Arbeiterschaft, deren Gewerkschaften immer stärker wurden. Angesichts immer noch vorhandener Repression verstärkte sich bei ihnen ein Prozess der Radikalisierung. Mit der ungleichen Entwicklung der Regionen verstärkten sich die Autonomiebestrebungen, besonders im Baskenland. An den Universitäten gärte es, und die Studentenrevolte in Westeuropa im Jahr 1968 fand dort ihren Widerhall.

Widerstand und Terror

Die neuen Gewerkschaften werden zur stärksten politischen Kraft – Spaltung in der KP Spaniens – Die ETA als Katalysator des Endes der Diktatur – Die größte Bombe Spaniens durchkreuzt Francos Nachfolge

1968 begannen nach dem Vorbild Paris auch die Studenten in Spanien aufzubegehren. Zentrum der Proteste gegen die Diktatur waren die Universitäten von Madrid und Barcelona. Die Behörden schlossen die Fakultäten für Wirtschaftswissenschaften und Philosophie in Madrid. Parallel kam es zu spontanen Streiks und gemeinsamen Aktionen von Studenten und Gewerkschaftern.

Nach dem Sieg über die Republikaner 1939 hatte die Diktatur zunächst alle Gewerkschaften in Spanien verboten, ihren Besitz konfisziert und die Arbeiterschaft unter die Kontrolle einer staatsgelenkten »vertikalen Gewerkschaft« gestellt. Die »Anleitung« dieser Vertretung übernahm die faschistische Falange. Die Zwangsgewerkschaft *(Organización sindical)* vereinte auch die Unternehmer, was ihren Einfluss in der Arbeiterschaft gering bleiben ließ.

Am 1. Mai 1947 kam es zum ersten illegalen Generalstreik im Baskenland, der von den Vertretungen der illegalen Gewerkschaften mit Unterstützung der baskischen Exilregierung ausgerufen wurde. Es beteiligten sich 20 000 Arbeiter in 400 Betrieben. Es war die vorläufig letzte Aktion der »historischen« Gewerkschaften, die schon vor dem Krieg bestanden hatten. Ihre Anführer wurden verhaftet, ermordet oder außer Landes gezwungen.

Ein Jahr später schwenkte Stalin in seiner Politik gegenüber Spanien um. Er ließ die Kommunistische Partei den Untergrundkampf beenden und rief sie auf, sich in Gewerkschaften zu organisieren, um die Diktatur auf diese Weise zu bekämpfen. Das schwächte den bewaffneten Widerstand nachhaltig, und es dauerte Jahre, bis sich die Erfolge der neuen Strategie zeigten. In den 1950er Jahren bildeten sich im ganzen Land *comisiones* in Betrieben, die lokal mit den Unternehmen verhandelten. Kader der illegalen Kommunistischen Partei Spaniens gründeten 1959 die *Oposición Sindical Obrera* (OSO). 1966 ging diese Organisation in den mittlerweile gegründeten *Comisiones Obreras* (CC.OO) auf, deren Kader in den sozialistischen Ländern – wie in der Parteischule der KP Spaniens in Teupitz bei Ost-Berlin – ausgebildet wurden.

1962 kam es in Asturien zu einem großen Streik der Minenarbeiter, der auf 27 Provinzen (von insgesamt 50) übergriff. Die Diktatur verhängte den Ausnahmezustand und ließ zahlreiche Streikende verhaften. Ende 1963 wurden nach der Hinrichtung des KP-Funktionärs Julián Grimau Sondertribunale für politische Straftaten eingerichtet, die Delikte wie Subversion, Rebellion, Störung der öffentlichen Ordnung, illegale Propaganda oder Geheimnisverrat ahnden sollten.

Intensiv verfolgte das *Tribunal de Orden Público* (TOP) die stärker werdenden Gewerkschaften. 1972 wurde die gesamte Führung der *Comisiones Obreras* (CC.OO) bei einer Tagung im Untergrund in Madrid verhaftet. Zehn Gewerkschafter erhielten Gefängnisstrafen zwischen vier und 20 Jahren und wurden weltweit als »die 10 von Carabanchel« bekannt. Insgesamt verhängten die Sondertribunale bis zu ihrer Auflösung 1977 fast 3000 Gefängnisstrafen.

1964 wurde die erste Provinzorganisation der CC.OO in Madrid und Barcelona gegründet. Die *Comisión Obrera Central de Barcelona* war die Vorläuferin der sich 1967 gegründeten *Comisión Obrera Nacional de Cataluña* (CONC). Die neuen Strukturen schafften die Möglichkeit, sich international zu vernetzen, vor allem mit der französischen CGT, der FGTB in Belgien und der TUC in Großbritannien. Die *Comisiones Juveniles* organisierten die Lehrlinge und ungelernten Jugendlichen in den Betrieben.

Anfang 1967 kam es zur größten Protestdemonstration seit Ende des Bürgerkriegs: Die CC.OO hatten zum »Marsch auf

Madrid« aufgerufen. Der Nahverkehr in der Hauptstadt war lahmgelegt, und die Demonstranten riefen »Freiheit!« Darauf erklärte das Oberste Gericht Spaniens die *Comisiones Obreras* für illegal. 1969 demonstrierten Studenten und Gewerkschafter gemeinsam. Für drei Monate wurde über ganz Spanien der Ausnahmezustand verhängt. Die CC.OO hatten sich zur größten und einflussreichsten Massenorganisation gegen die Franco-Diktatur entwickelt. Das war in hohem Maße ein Erfolg der Kommunistischen Partei Spaniens.

In den Moment ihres größten Einflusses fiel die Spaltung. Am 21. August 1968 waren die Truppen des Warschauer Vertrages unter Führung der Sowjetarmee der Sowjetunion in die ČSSR einmarschiert, um den Prozess der Liberalisierung hin zu einem demokratischen Sozialismus brutal abzubrechen. Die Invasion rief weltweit einen Sturm der Entrüstung hervor. Unter denen, die sich dem Protest anschlossen, waren führende Vertreter der Kommunistischen Parteien Italiens, Frankreichs und Spaniens. Die Invasion vom 21. August 1968 wurde zur Geburtsstunde des »Eurokommunismus«.

In der Führung der KP Spaniens war es schon zuvor zu Auseinandersetzungen über die Strategie der Partei gekommen. Generalsekretär Santiago Carrillo und die Mehrheit der Führung strebten nach einer demokratischen Revolution zur Überwindung der Franco-Diktatur. ZK-Sekretär Fernando Claudín warb hingegen für eine sozialistische Revolution. Durch den wirtschaftlichen Aufschwung hätten sich die Bedingungen verändert. Es seien die Voraussetzungen für eine proletarische Revolution unter Einbeziehung neuer Schichten gegeben. Claudín wurde ebenso aus der Partei ausgeschlossen wie das Mitglied des Politbüros des ZK Jorge Semprún.

Semprún ist einer der interessantesten Vertreter der Opposition gegen Franco. Für einen Kommunisten hatte er eine ungewöhnliche Herkunft: Seinen Großvater ernannte König Alfons XIII. fünfmal zum Ministerpräsidenten und machte ihn anschließend zum Herzog. Sein Onkel war der erste Innenminister der Zweiten Spanischen Republik. Nach dem Putsch 1936 verließ er mit seiner Familie Spanien. Der Vater wurde von der republikanischen Regierung als Geschäftsträger in die Niederlande entsandt.

Mit dem Ende der Republik 1939 wechselte die Familie nach Paris. Der Vater verdingte sich als Spanischlehrer, der damals 16-jährige Jorge besuchte ein Elitegymnasium. Dort erlebten sie die Niederlage gegen die deutsche Wehrmacht mit. Er trat der Kommunistischen Partei bei und schloss sich dem französischen Widerstand gegen die deutschen Besatzer an. Von der Gestapo verhaftet und gefoltert, kam er im Januar 1944 ins Konzentrationslager Buchenwald.

Semprún wurde von der US-Armee befreit, kehrte nach Paris zurück, nahm Kontakt zur Kommunistischen Partei auf und ging ab 1953 als Illegaler in den Untergrund. Er reiste zu den Widerstandsgruppen in Spanien und koordinierte deren Arbeit. Die Welt der Funktionäre in Paris ödete ihn an: »Die triumphalen, nostalgischen Redensarten der Emigration, das behagliche Geschnurre auf Versammlungen, die von jeder sozialen Wirklichkeit abgehoben waren, die formalmarxistische Sprache, die wir gebrauchten, als ginge es nur darum, eine Gebetsmühle in Gang zu halten.«

Sein Bruder Carlos trennte sich von der KP nach der Veröffentlichung des Geheimberichts über die Verbrechen Stalins auf dem XX. Parteitag der KPdSU 1956 in Moskau. Jorge Semprún geriet immer stärker in den Konflikt mit den Altstalinisten in seiner Partei um die legendäre Dolores Ibárruri, die als *»La Pasionaria«* in die Geschichte einging. Da er weiter als Illegaler in Spanien aktiv war, blieb der Streit zunächst folgenlos. Dann wurde er 1963 aus Spanien abgezogen.

Zum Verhängnis wurde ihm sein Auftritt auf einem Parteitag 1964 in Prag. Semprún erinnerte an das Schicksal seines tschechischen Buchenwald-Kameraden Josef Frank, der als stellvertretender Generalsekretär der Kommunistischen Partei der ČSSR 1951 verhaftet und in einem Schauprozess zum Tode verurteilt und hingerichtet worden war. Noch während des Kongresses enthob die KP-Führung Semprún seiner Parteiämter und schloss ihn ein Jahr später aus der Partei aus.

Fortan widmete er sich ausschließlich seiner Arbeit als Schriftsteller. Er hatte bei seiner Befreiung 1945 zunächst versucht, seine Erlebnisse im Konzentrationslager zu verarbeiten, war aber daran gescheitert. »Es ist noch zu früh, von dieser Reise zu erzählen, ich muss sie völlig vergessen.« 1963 erschien sein Roman »Die große Reise«. Semprún wurde weltweit verlegt und erhielt zahlreise Preise und Auszeichnungen, darunter 1994 den Friedenspreis des Deutschen Buchhandels. Er starb 2011 in Paris.

* * *

Am 2. August 1968 tötete ein dreiköpfiges Kommando der baskischen Untergrundorganisation ETA den Chefinspektor der politischen Polizei in San Sebastián, Kommissar Melitón Manzanas, in seinem Haus in Irún mit sieben Schüssen. Es war eine Vergeltungsaktion für den Tod des ETA-Führers Txabi Etxebarrieta, der zwei Monate zuvor bei einem Feuergefecht mit der *Guardia Civil* getötet worden war. Er war populär, und in vielen Kirchen wurden trotz eines erlassenen Verbots Gedenkgottesdienste für Etxebarrieta abgehalten. Die Regierung reagierte auf den Mord mit der Wiederinkraftsetzung des seit 1963 suspendierten »Gesetzes zur Unterdrückung von Banditentum und Terrorismus«. Damit wurden Verdächtige fortan unter die Militärgerichtsbarkeit gestellt.

Der Mord an dem Polizeiführer war der erste in der Geschichte der ETA (Abkürzung für *Euskadi ta Askatasuna,* »Baskenland und Freiheit«). Melitón Manzanas war nicht zufällig ausgewählt worden; er war Spaniens bekanntester Folterer und unbarmherziger Verfolger der Opposition. Seine Kenntnisse verdankte er seinem Lehrmeister, dem Gestapo-Chef in Spanien, SS-Obersturmbannführer Paul Winzer, der die politische Geheimpolizei Francos, die

Brigada Político Social (BPS), vier Jahre lang trainiert hatte. 1944 war Manzanas zum Zwangsarbeiterlager bei der Firma Babcock & Wilcox abkommandiert worden, wo er die Zwangsarbeiter malträtierte. Seine Spezialität waren die Elektrofolter und das Ausdrücken brennender Zigaretten auf den Körpern der von ihm Gequälten. 1964 wurde er zum Chef der BPS in San Sebastián ernannt und setzte seine Folterpraktiken vor allem unter den Mitgliedern der ETA fort.

Der Ursprung der ETA datiert auf das Jahr 1953, als sich die Jugendorganisation *Ekin* von der Baskisch-Nationalistischen Partei (PNV) abspaltete, weil die ihrer Meinung nach nicht entschieden genug gegen die Diktatur kämpfte. Im Juli 1959 gründeten Studenten von der Jesuitenuniversität Bilbao mit der ETA eine neue Organisation. Die Traditionalisten propagierten die alte Kultur und den Mythos der reinen baskischen Rasse. Die ETA definierte sich hingegen als Freiheitsbewegung gegen die Diktatur von Franco, der den Basken die Autonomie genommen, ihre Sprache verboten und sie als »Verräterregion« abqualifiziert hatte. Von den 1,4 Millionen Basken wurden mehr als 15 000 während des Bürgerkrieges ermordet und nach dem Krieg 30 000 von ihnen interniert. Mehr als 150 000 flüchteten nach Frankreich.

Zwei Jahre nach Gründung verübte die ETA den ersten Anschlag: Sie wollte den Zug, mit dem Franco nach San Sebastián fuhr, zum Entgleisen bringen. Der Anschlag scheiterte. 1962 gründete sie eine bewaffnete Unterorganisation mit dem Ziel, für die Befreiung des Baskenlandes zu kämpfen. Die Guerrilla begann mit Entführungen, Anschlägen und Bombendrohungen. Das führte 1967 zur ersten Spaltung: Eine Fraktion wollte die Ziele nicht mit Gewalt erreichen. Von dieser Gruppe wurde der politische Arm der ETA, die Partei *Herri Batasuna*, gegründet.

Die Organisation bestand nun aus drei Teilen: Den bewaffneten Kampf führten drei- bis fünfköpfige Kommandos, die von einer illegalen Militärführung organisiert wurden. Sie operierten in ihren zugewiesenen Sektoren und konnten auf die Hilfe des zweiten Teils, der Logistikeinheit, zurückgreifen, die für Unterkünfte in der Stadt und auf dem Land sorgte und geheime Gefängnisse für Entführte sowie Waffenlager anlegte. Der dritte Teil bestand aus den Legalen, die ohne Eintrag im Polizeiregister die politische Arbeit organisierten.

Zwei Monate nach Verkündung des Ausnahmezustands setzte die sich radikalisierende ETA ihren bewaffneten Kampf fort und zündete im März 1969 mehr als ein Dutzend Bomben. Die Diktatur konzentrierte ihre Sicherheitskräfte in der Region und erreichte binnen weniger Monate die Zerschlagung fast der gesamten Führungsstruktur. Die meisten wurden verhaftet, andere flohen ins Exil. Tausende Mitglieder kamen ins Gefängnis, wo sie gefoltert wurden.

16 Mitglieder der ETA wurden 1970 im Basken-Prozess in Burgos vor Gericht gestellt: Josu Abrisketa Korta, Chemiker, 21 Jahre alt; Itciar Aizpurua Egaña, Klavierlehrerin, 27 Jahre alt; Bittor Arana Bilbao, Monteur, 27 Jahre alt; Arantxa Arruti Odiozola, Lehrerin, 24 Jahre alt; Julen Calzada Ugalde, Priester, 35 Jahre alt; Antton Karrera Agirrebarrena, Landwirt, 27 Jahre alt; Unai Dorronsoro Ceberio, Lehrer, 29 Jahre alt; Ione Dorronsoro Ceberio, Musiklehrerin, 31 Jahre alt; Jon Etxabe Garitacelaya, Priester, 37 Jahre alt; Jokin Gorostidi Artola, Mechaniker, 26 Jahre alt, Enrique V. Guesalaga Larreta, Techniker, 27 Jahre alt; Xabier Izko de la Iglesia, Drucker, 29 Jahre alt; Xabier Larena Martínez, Student, 25 Jahre alt; Gregorio Vicente López Irasuegui, Student, 24 Jahre alt; Mario Onaindia Natxiondo, Bankangestellter, 29 Jahre alt, und Eduardo Uriarte Romero, Student, 25 Jahre alt. Einzig Izko de la Iglesia wurde eine unmittelbare Täterschaft bei der Ermordung Manzanas' zur Last gelegt.

Über die Basken saßen zu Gericht: ein Kavallerieoberst, der ein Panzerregiment kommandierte, als Präsident des Tribunals, ein Infanteriehauptmann, ein Kavallerie-Hauptmann und ein Artilleriehauptmann als Beisitzer. Die Anklage führte ein Major. Da keiner der Offiziere juristische Kenntnisse hatte, wurden sie von einem Militärrichter im Hauptmannsrang beraten. Für den Hauptanklagepunkt, die Ermordung des Folterpolizisten, wurde kein Schuldbeweis gefunden, ungeachtet dessen die Todesstrafe gefordert. Die Verteidiger durften keine Plädoyers halten, und Zeugen waren nicht geladen worden. Das Tribunal geriet zum Schauprozess.

Die ETA reagierte und entführte den deutschen Honorarkonsul in San Sebastián, Eugen Biehl. Der lebte seit 1936 in der Stadt, war mit einer Baskin verheiratet und wurde – anders als die bundesdeutschen Diplomaten nach der Ermordung des deutschen Botschafters in Guatemala Graf von Spreti im selben Jahr – nicht beschützt. Spaniens Außenminister befand sich am Tag der Entführung zu einem Besuch in Bonn und konnte mit seinem Amtskollegen Walter Scheel die Angelegenheit gleich von Angesicht zu Angesicht verhandeln. Die Entführer seien einem »enormen Irrtum« erlegen, wenn sie glaubten, ihre Genossen auf diese Weise zu befreien und vor dem Tod zu bewahren, verkündete Außenminister López Bravo nach seiner Rückkehr. Tausende von Polizisten durchkämmten die Baskenprovinzen. Die *Guardia Civil* sperrte die Straßen. Reguläre Soldaten rückten in das Baskenland ein, wo mittlerweile 85 000 Arbeiter aus Protest gegen den Burgos-Prozess in den Streik getreten waren. Die Regierung verhängte den Ausnahmezustand.

Plötzlich waren die alten Bilder der Blutjustiz der Franquisten wieder lebendig, zeigte sich die Diktatur als unbarmherzig wie eh und je. Der Prozess von Burgos wurde zum Katalysator des Widerstands. Auf den Protestmärschen tauchten rote Fahnen auf, wurden die Fäuste wie vor 30 Jahren zum letzten Mal in der Öffentlichkeit in die Höhe gereckt. In Barcelona forderten Tausende Demonstranten »Libertad y Amnistía«. Autobusse wurden angezündet und Barrikaden errichtet. 500 Frauen mit Transparenten »Hoch leben die jungen baskischen Patrioten« blockierten in Madrid eine Straße. Rechtsanwälte besetzten den Justizpalast in der Hauptstadt.

Die Studenten an fast allen Universitäten des Landes bestreikten die Vorlesungen, auch Hunderte Professoren schlossen sich ihnen an. Mehrere Universitäten wurden geschlossen. Der Militärmachthaber von Katalonien sah einen neuen Bürgerkrieg am Horizont heraufziehen und eine Rückkehr der »roten Horden«. Die faschistische Falange versammelte Hunderttausende regimetreue Demonstranten, die den rechten Arm in die Höhe streckten. Wieder hallte der Ruf aus Bürgerkriegstagen »Viva la muerte!«

Am 27. Dezember 1970 verkündete das Kriegsgericht die Urteile: Der Student Eduardo Uriarte Romero wurde zwei Mal zum Tode und zusätzlich zu 30 Jahren Haft, der Mechaniker Jokin Gorostidi Artola zwei Mal zum Tode und zusätzlich zu 30 Jahren Haft, der Drucker Xabier Izko de la Iglesia zwei Mal zum Tode, zu 27 Jahren, sechs Monaten und einem Tag Haft zuzüglich Schmerzensgeld, der Bankangestellte Mario Onaindia Natxiondo zum Tode und zu 51 Jahren Haft, der Student Xabier Larena Martínez zum Tode und zu 30 Jahren Haft und der Lehrer Unai Dorronsoro Ceberio einmal zum Tode verurteilt. Eine Angeklagte wurde freigesprochen. Die anderen verurteilte man zu Haftstrafen zwischen 62 und 12 Jahren – insgesamt 754 Jahre Gefängnis.

Am letzten Verhandlungstag erhoben sich die Angeklagten: Mario Onaindia Natxiondo stimmte das baskische Kampflied an: »Eusko gudariak, gara Euskadi askatzeko …« (Wir sind baskische Soldaten, die das Baskenland verteidigen). Zwei Militärs zogen den Säbel, einer der Polizisten zückte die Pistole, und der Saal wurde geräumt. Gegen das Urteil des Standgerichts war keine Berufung möglich.

Papst Pius VI. rief Franco an und mahnte zur Milde. Anders als die Päpste vor ihm hatte dieser ein distanziertes Verhältnis zum Caudillo in Madrid. Das wusste auch Franco, der mehr als alles andere fürchtete, exkommuniziert zu werden. Viele Regierungschefs äußerten sich öffentlich mit der Forderung, die Todesstrafen nicht zu vollstrecken. In vielen Ländern versammelten sich Demonstranten vor den spanischen Botschaften und Konsulaten. Einzig der Generalissimus hatte das Recht zur Begnadigung, und er ließ sich Zeit. Unter dem Eindruck internationalen Drucks, den Franco so nur kurz nach dem Zweiten Weltkrieg gespürt hatte, verzichtete er schließlich auf den Vollzug der Todesstrafe. Die regierungsnahe Tageszeitung »ABC« kommentierte: »Das Regime ist stark, und nur der Starke weiß zu vergeben.«

Die deutsche Geisel wurde am Heiligabend von der ETA freigelassen. Später erklärte Biehl, er könne seine Entführer nicht hassen. Sie seien Fanatiker, die nicht wüssten, was sie tun. Er habe versucht, mit ihnen zu diskutieren und ihnen die Absurdität ihrer Idee eines selbständigen baskischen Staates zu beweisen, sei aber nur noch als »schmutziger Kapitalist« behandelt worden. Die ETA hatte es geschafft, die Franco-Diktatur vor den Augen der Welt zu demaskieren. Das hatte vor ihr noch niemand erreicht. Wie in der Kommunistischen Partei Spaniens, ging auch in der ETA der Spaltpilz weiter um. Kurz nach dem Prozess von Burgos trennte sich eine Fraktion von der ETA ab, drei Jahre später eine andere, die ein Bekenntnis zu Lenin und Stalin ablegte.

Der spanische Staat rüstete auf und schuf einen weiteren Geheimdienst, die *Organización Contrasubversiva Nacional* (OCN), den ersten, dessen Ursprung nicht auf den Bürgerkrieg zurückging. Sein neuer Ansatz war es, die Widerstandsgruppen unter den Studenten, in den *Comisiones Obreras* oder der ETA zu infiltrieren. 1972 berief Vizepräsident Carrero Blanco den OCN-Chef zum Geheimdienstkoordinator im Präsidialamt.

Drei Jahre nach dem Prozess gelang es der ETA ein weiteres Mal, die Diktatur nachhaltig ins Wanken zu bringen. Am 20. Dezember 1973 sollte wieder ein spektakulärer Prozess stattfinden. Diesmal waren zehn Mitglieder der *Comisiones Obreras* (CC.OO) vor einem Sondergericht in Madrid angeklagt. Eingedenk der Erfahrungen mit den Protesten während des Burgos-Prozesses war die Hauptstadt in eine regelrechte Festung verwandelt worden. Auf den Straßen patrouillierten schwerbewaffnete Polizisten, Hubschrauber kreisten über der Stadt, die strategisch wichtigen

Punkte waren durch Sicherheitskräfte bewacht und die Universitäten als Zentrum des Widerstands geschlossen worden.

Der 81-jährige Diktator hatte sechs Monate zuvor seinen engsten Vertrauten, Vizepräsident Luis Carrero Blanco, zum Regierungschef vereidigen lassen und damit sein politisches Erbe sicher geglaubt. Er wollte vor allem dem künftigen König Juan Carlos mit dem neuen Regierungschef feste Korsettstangen einziehen lassen. Der Admiral war der Treueste der Treuen, hatte für Franco die Regierungsarbeit organisiert, sein Büro geführt und darüber gewacht, dass im Land Ruhe herrschte. »Ich bin ein Mann, der sich völlig mit dem Werk Francos identifiziert«, gab er nach seiner Ernennung zum Regierungschef zu Protokoll.

An diesem Morgen detonierte um 9.27 Uhr auf der Calle de Claudio Coello eine Bombe. Sie schleuderte den gepanzerten Dienstwagen, einen amerikanischen Dodge 3700 GT, über das Dach eines fünfstöckigen Hauses neben der Kirche San Francisco de Borja, bevor er auf einer Terrasse im 2. Stock landete. Der Bombenkrater war acht Meter breit und vier Meter tief. Die Explosion verletzte zahlreiche Passanten. Der Regierungschef, sein Fahrer und ein Sicherheitsbeamter waren sofort tot. Mit Luis Carrero Blanco war die sicher geglaubte Nachfolge Francos ausgelöscht durch die größte Bombe, die je in Spanien explodiert war.

In wochenlanger Arbeit hatte das ETA-Kommando aus einem Keller einen Tunnel bis unter die Straße gegraben und in der Mitte 100 Kilogramm Dynamit platziert. Ein roter Peilstrich markierte die Stelle, an der die unterirdische Bombe gezündet werden sollte. Zwei Mitglieder des Kommandos warteten an einer Ecke, beide als Handwerker verkleidet. Einer stand auf einer Leiter und arbeitete zum Schein an einem Verteilerkasten, der andere hatte den Fernzünder in der Tasche. Als die Bombe explodiert war, rannten sie zum Krater und schrien »Gas, Gas«, um die Spur auf eine explodierte Gasleitung zu richten. Tatsächlich war ein Rohr geplatzt und hatte den Krater schnell mit Wasser gefüllt. Weithin sichtbar war eine riesige Staubwolke.

Im Baskenland wurde das Attentat bejubelt. Dort wurde ein Spottlied populär:

»Era Carrero ministro del mar	Es war einmal Carrero, Minister der Meere
y su ilusión aprender a volar,	Der dachte, er könnte fliegen lernen,
hasta que un día ETA militar	Bis die ETA *militar*
su ilusión convirtió en realidad.	Seinen Traum erfüllte.
Voló, voló, Carrero voló	Er flog, flog, Carrero flog
y hasta el alero llegó.«	bis zum Dach hinauf.

Der Admiral wurde in einem Staatsbegräbnis beerdigt. Hinter seinem Sarg, der auf einer Lafette ruhte, ging Prinz Juan Carlos in der Uniform eines Generalkapitäns, dem höchsten Rang, der nur Franco und den elf Oberbefehlshabern der Militärbezirke vorbehalten war. Es war der Vorgriff auf seine Ernennung zum König und damit zum Oberbefehlshaber der Streitkräfte. Und lange würde es nicht mehr dauern.

Das Land stand unter Schock. Die erwartete Rache blieb aus. Plötzlich war klar geworden, dass ein Ende der Diktatur möglich war, ja sogar unmittelbar bevorstehen könnte. Es änderten sich die Verhältnisse im Inneren der Macht. Die Sicherheitsbehörden reagierten ungewohnt: Anstatt wahllos Gefangene zu nehmen, änderten sie die Taktik. Sie rekrutierten mit Mikel Lejarza einen Verräter, der in der Führung der ETA platziert wurde. Der 27-jährige Innendekorateur war pleite und ließ sich vom Geheimdienst anwerben. Er wurde zunächst in den französischen Untergrund eingeschleust und bekam dort den Kampfnamen »Gorka«.

Er lieferte 200 Kämpfer und die gerade erst wieder komplettierte ETA-Führung dem Geheimdienst aus. Im Sommer 1975 enttarnte »el lobo« (Der Wolf), wie sein Deckname beim Geheimdienst lautete, auch »Wilson«, den Verantwortlichen für den Anschlag auf Carrero Blanco. Der 25-jährige Iñaki Pérez Beotegui

Eine Bombe der ETA tötet Francos Vertrauten, Vizepräsident Carrero Blanco, am 20. Dezember 1973.

hatte ursprünglich einen anderen Plan: »Wir wollten ihn eigentlich entführen«, sagte er in einem Interview mit der Tageszeitung »El Mundo«. Doch seien die Sicherheitsvorkehrungen verschärft wurden. Deshalb sei das Vorhaben geändert worden.

Dem ETA-Kommando gehörten insgesamt 15 Mitglieder an. »Wilson« wurde in dem Moment verhaftet, als er gerade eine Bank in Barcelona ausrauben wollte. Das Ende der Diktatur rettete ihm das Leben. Er wurde 1977 amnestiert und ging nach Norwegen. Die ETA spaltete sich in zwei Gruppen: in den politisch-militärischen Flügel (pm) und den militärischen Teil (m). Sie, die das Ende der Franco-Diktatur herbeigeführt hatten, verschrieben sich nun völlig dem Terror.

Das Ende der Diktatur

Die Macht beginnt zu bröckeln – Skandale erschüttern das Land – Ein ehemaliger DDR-Bürger wird hingerichtet – Francisco Franco stirbt – Der neue König wird zum legitimen Erben des Diktators

Anfang der 1990er Jahre gestand König Juan Carlos dem Historiker António Elorza, dass der Tod von Admiral Carrero Blanco der Entwicklung in Spanien einen mächtigen Schub verliehen habe. »Selbstverständlich bin ich entschieden gegen Attentate, aber ohne dieses wären wir heute nicht, wo wir sind.« Im September 1999 eröffnete er eine Ausstellung, in der das Foto des hochgeschleuderten Autos von Carrero Blanco gezeigt wurde. Der König wandte sich an einen Journalisten: »Wenn das nicht passiert wäre, würden du und ich jetzt nicht hier stehen.« Der Reporter fragte warum: »Weil ich die Bedingungen von Carrero niemals hätte akzeptieren können. Deshalb sagte ich mir: Es gibt nichts Schlechtes, was nicht auch sein Gutes hätte.«

Ebenso nachhaltig wirkte der Militärputsch im Nachbarland Portugal. Jahrzehntelang waren beide Diktaturen im Gleichschritt marschiert. Die Herrschaftsmodelle ähnelten sich, die Protagonisten waren verschieden. Salazar war 1970 gestorben. Er war vom Stuhl gekippt und mit dem Kopf auf den Steinfliesen aufgeschlagen. Daraus entwickelte sich ein Schlaganfall, an dessen Folgen der 81-jährige Diktator starb.

Am 25. April 1974 übernahm eine linksgerichtete Bewegung junger Offiziere die Macht in Portugal. Die Bevölkerung begrüßte den Putsch, die regierungstreuen Truppen liefen über. Die Militärs setzten Übergangsregierungen ein und Wahlen an und übergaben 1976 die Staatsgewalt an das neue Parlament. Wenige Wochen vor dem Putsch hatte der stellvertretende Generalstabschef General Antonio de Spínola ein Buch veröffentlicht, das hohe Wellen schlug. In »Portugal e o Futuro« forderte er das Ende des ruinösen Kolonialkriegs in Afrika, der die Hälfte des Staatshaushaltes verschlang. Sein Buch wurde zum Signal für den Aufstand. Der letzte Versuch des Regierungschefs, die Militärführung in seine Politik einzubinden, schlug fehl.

Das konnte alles ebenso in Spanien passieren. Die Regierung in Madrid war aufs Höchste beunruhigt. Präsident Arias, der die Nachfolge des ermordeten Carrero Blanco angetreten hatte, äußerte gegenüber einem Vertreter der US-Regierung die Möglichkeit, im Nachbarland militärisch einzugreifen. Dabei drohte die Gefahr auch unter den eigenen Offizieren. Generalstabschef Manuel Diez Alégria Gutiérrez hatte 1972 in einem Buch »Armee und Gesellschaft« geschrieben: »Das menschliche Leben lässt sich nicht auf seliges Beharren reduzieren, sondern ist dynamisch.«

Im Haus von Major Guillermo Reinlein wurde am 1. September 1974 in Barcelona eine geheime Bewegung gebildet, die sich den Namen *Unión Militar Democrática* (UMD) gab. Ihre Mitglieder kamen aus den drei Teilstreitkräften Heer, Marine und Luftwaffe. Sie waren – anders als ihre portugiesischen Kameraden – nicht linksgerichtet, sondern moderate Konservative. Sie entsandten heimlich zwei Mitglieder nach Portugal, um aus erster Hand zu erfahren, wie ein Machtwechsel möglich wäre.

Die UMD schickte auch eine Abordnung zu Prinz Juan Carlos. Im Königspalast fanden zwei Treffen statt. Die Offiziere, die im gleichen Alter wie der Prinz waren, der in den Streitkräften über ein starkes Netzwerk verfügte, kamen nicht mit der Idee eines Militärputsches. Sie boten vielmehr ihre Hilfe und Unterstützung an, um einen Putsch der Rechten zu verhindern. Parallele Gespräche führten sie mit Felipe González von der Sozialistischen Arbeiterpartei und mit dem Generalsekretär der KP Spaniens, Santiago Carrillo.

Ihr Programm bestand aus folgenden Punkten: Verabschiedung einer Verfassung nach dem Vorbild westeuropäischer Demokratien; Wiederherstellung demokratischer Freiheiten und Wahrung der Menschenrechte; Kampf gegen die Korruption, Reform der Militärgerichtsbarkeit; Reform des Wehrdienstgesetzes; Demokratisierung der Militärs in seinen drei Teilstreitkräften.

Wenige Monate vor Francos Tod wurden die führenden Köpfe der Militäropposition verhaftet. Zu diesem Zeitpunkt umfasste die UMD zwischen 200 und 400 aktive Mitglieder und bis zu 600 Sympathisanten. Am 8. März 1976 begann der Prozess gegen neun der Verhafteten. Sie wurden zu insgesamt 43 Jahren Gefängnis verurteilt. Danach verhaftete man weitere UMD-Anhänger. Die Haftstrafen wurden durch die erste Amnestie, die im Gesetz 10/1976 verkündet wurde, ausgesetzt.

Wie wenig dem König als Oberbefehlshaber der Streitkräfte an einer Rehabilitierung der UMD-Führer gelegen war, konnte man daran erkennen, dass sie unehrenhaft aus dem Militär entlassen wurden. Man könnte meinen, dass dies aus Sorge vor Unruhen im Offizierskorps geschah. Doch am Tag der Verkündung des 1. Amnestiegesetzes besuchte König Juan Carlos die Geburtsstadt Francos im galizischen Ferrol. Er rief dazu auf, die Vergangenheit hinter sich zu lassen, um dann dem Caudillo zu huldigen, »einer großen Figur unserer Geschichte, den öffentlich zu ehren ich heute in diese Stadt gekommen bin«. (Die Entlassung der UMD-Offiziere wurde auch nicht durch das nachfolgende Amnestiegesetz von 1977 rückgängig gemacht.)

Wie wichtig die Forderung der demokratischen Offiziersopposition nach Beendigung der Korruption war, zeigte sich noch einmal überdeutlich zum Ende der Franco-Diktatur. Spanien wurde von Skandalen geschüttelt, in die hohe und höchste Staatsvertreter involviert waren. Im März 1972 stellten Prüfer fest, dass aus der Staatsreserve vier Millionen Liter Olivenöl verschwunden waren. Sie waren in Tanks der Firma REACE *Refinerías de Aceite del Norte de España, S.A.* in Vigo gelagert und wurden fallweise eingesetzt, um die Preise dieses wichtigen Nahrungsmittels stabil zu halten. Die Aktienmehrheit des Unternehmens lag bei Nicolá Franco Bahamonde, dem Bruder des Diktators. Der Geschäftsführer war gezwungen, den Vorgang zu melden, und die Staatsanwaltschaft nahm die Ermittlungen auf. Das Öl war verkauft, und die Tanks hatte man mit Wasser gefüllt.

Im Oktober 1974 begann der Prozess unter großer öffentlicher Teilnahme. Der Vorsitzende Richter war der Vater des späteren rechtskonservativen Ministerpräsidenten Mariano Rajoy. Der Hauptschuldige und Gründer der Firma erhielt zwölf Jahre Gefängnis und wurde zum vollen Schadensersatz von 167 Millionen Pesetas verurteilt. Von Francos Bruder verlautete während des Prozesses kein Sterbenswort. Während der Ermittlungen, bei denen seine Rolle in dem Skandal untersucht werden sollte, kamen sechs potenzielle Zeugen auf mysteriöse Weise ums Leben. Der Präsident des Unternehmens und der Geschäftsführer waren angeblich durch Selbstmord aus dem Leben geschieden.

Während der Prozess über den Öldiebstahl noch andauerte, brach eine der größten spanischen Immobiliengesellschaften zusammen. Die SOFICO war 1962 gegründet worden, kaufte an der Costa del Sol Grundstücke, bebaute sie und machte mit den Verkäufen große Gewinne. Bald sammelte das Unternehmen Kapital ein, das mit zehn Prozent verzinst in den Bau von Ferienanlagen investiert wurde, die von SOFICO vermietet und verwaltet wurden. Im Zuge einer Internationalisierung breitete sich das Unternehmen in Deutschland, Frankreich, den Benelux-Staaten, Großbritannien und den USA aus.

In Spanien wurden durch die SOFICO Kleinsparer animiert, bei ihr Geld anzulegen. Es wurde ein voller Erfolg, und das Unternehmen nahm Milliarden ein. Es war ein simples Schneeballsystem. Die zugesagte Verzinsung konnte nur durch immer neue Anleger ausgeschüttet werden. 1974 wurden die Ausschüttungen eingestellt. Monate später musste das Unternehmen Insolvenz anmelden. Hunderttausende Kleinanleger wurden um ihr Erspartes geprellt.

Um dem Ganzen einen seriösen Anstrich zu geben, hatte sich SOFICO Richter und Generäle in ihren Verwaltungsrat geholt.

Hier wachten Armeegeneral Rafael Cabanilla, Ex-Generalstabschef, der ehemalige Sicherheitschef des Diktators Oberst Juan Losada Pérez oder der enge Vertraute Francos Admiral Nieto Antúnez über die Geschäfte. Unternehmensgründer Eugenio Pydro Salmerón war mit den Militärs auf vertrautem Fuß, denn er war während des Bürgerkriegs Angehöriger des Militärgeheimdienstes.

* * *

Kurz vor dem Ende entflammten die Auseinandersetzungen der Gegner und Anhänger der Diktatur. Hunderttausende Rechte hoben bei zahlreichen Manifestationen den rechten Arm zum Faschistengruß und schrien »Viva la muerte!« – womit sie nicht ihr eigenes Schicksal meinten, sondern den Gegnern den Tod wünschten. Kurze Zeit nach dem Attentat auf Francos treuesten Gefolgsmann Carrero Blanco wurde in Spanien wieder hingerichtet. Unter den Toten waren der spanische Anarchist Salvador Puig Antich und ein ehemaliger DDR-Bürger.

Der Fall des Georg Welzel ist bis heute mysteriös. In den 1960er Jahren wurde er dreimal beim Versuch verhaftet, die DDR zu verlassen. Er befand sich bis 1972 im Gefängnis. Dann kaufte ihn die Bundesrepublik frei, und er reiste umgehend mit einem falschen Pass über Frankreich nach Spanien. Am 13. Dezember 1972 schoss er im Hafen von Barcelona auf einen Angehörigen der *Guardia Civil,* den er schwer verletzte. Sechs Tage später tötete er einen weiteren Beamten in einem Café in Tarragona und wurde verhaftet. Den spanischen Behörden gegenüber gab er an, der polnische Staatsbürger Heinz Ches zu sein. Sein Pflichtverteidiger war unerfahren und legte gegen das Todesurteil keine Berufung ein. Obwohl die spanischen Behörden von Interpol über die wahre Identität von Welzel informiert worden waren, hielten sie weiter an der Version eines »polnischen Wegelagerers« fest.

Nicht nur der Verteidiger, auch der Henker war unerfahren. Georg Welzel sollte durch die Garotte sterben, die schon während der Inquisition bevorzugte Tötungsart. Der Verurteilte wurde dabei an einen Holzpfahl gefesselt und bekam eine Schlinge (genannt die »spanische Winde«) um den Hals gelegt, die mithilfe eines Stocks zugedreht wurde. Der Tod trat durch das langsame Zusammendrücken der Luftröhre ein. Ist diese Tötungsart ohnehin schon grauenvoll, brauchte der Henker bei Georg Welzel mehrere Versuche, ehe er sein Opfer nach 30 Minuten endlich erdrosselt hatte. Er war der Letzte, der auf diese Weise getötet wurde.

Noch zwei Jahre nach Francos Tod erregte der Fall des DDR-Bürgers in Spanien große Aufmerksamkeit. Der Dramatiker Albert Boadella inszenierte 1977 im Theaterstück »La Torna« das Schicksal eines der letzten Toten der Diktatur. Das Militär war dermaßen erbost über die Inszenierung, dass die Aufführung verboten wurde. Die Theatergruppe erhielt vor einem Militärgericht zwei Jahre Gefängnis wegen Beleidigung des Militärs. 2004 drehte der Dokumentarfilmer Joan Dolc den Film »La muerte de nadie« (Niemandes Tod). Ein Jahr später veröffentlichte Raúl Riebenbauer das Buch »El Silencio de Georg«.

Am 27. September 1975 vollstreckte man weitere fünf Todesurteile. Das Erschießungskommando aus Freiwilligen der *Guardia Civil* hatte sich abgesprochen und schoss einen der Verurteilten absichtsvoll regelrecht in Stücke. Der Tote konnte nicht mehr identifiziert werden, und noch beim Begräbnis quoll Blut aus dem Sarg. Zwei der Getöteten waren baskische Separatisten der ETA, drei weitere gehörten der linksradikalen FRAP an. Vier Tage nach den Hinrichtungen tötete ein Kommando der linksradikalen Terrorgruppe GRAPO in Madrid vier Angehörige der *Guardia Civil*. Die Rechten mobilisierten Zehntausende vor dem Palast des Diktators. Auf Transparenten war zu lesen »Mehr Hinrichtungen!«

Die neuerlichen Todesurteile wurden im In- und Ausland verurteilt. Im Baskenland gab es Streiks, Demonstrationen und Proteste. Aber auch in zahlreichen europäischen Städten fanden Protestdemonstrationen statt. Gegen die spanische Botschaft in

Ankara wurde ein Bombenattentat verübt, in Lissabon zündete man die Botschaft an, und in Paris schossen Unbekannte auf einen spanischen Militär. 14 Regierungen zogen aus Protest ihre Botschafter aus Madrid ab – ein einmaliger Vorgang im Nachkriegseuropa. Auch der Papst protestierte, seine Botschaft durfte in Spanien nicht verbreitet werden. Millionen legten aus Protest in ganz Westeuropa für zwei Minuten die Arbeit nieder. Der schwedische Ministerpräsident Olof Palme verurteilte die Regierenden in Spanien als »satanische Mörder«. Mexiko beantragte den Ausschluss Spaniens aus der UNO.

»Arriba«, das Zentralorgan der faschistischen Falange, antwortete: »Spanien, dieses unglaubliche Spanien des langen Friedens, unter dessen Sonne sich Millionen dieser Porno-Europäer bräunen, hat die Aufgabe eines Schiedsrichters zwischen dem korrupten und sodomitischen Europa, das überschwemmt ist von einer pubertären hysterischen Revolution und der eisernen Strategie der imperialistischen euro-asiatischen Revolution Moskaus.« Franco geißelte die Proteste als »Verschwörung der freimaurerischen Linken«.

Francos Nachfolger profiliert sich

Prinz Juan Carlos löst eine Krise in Marokko – Franco macht den künftigen König zu seinem offiziellen Erben – Der Caudillo hinterlässt sein Land »gut und fest verschnürt«

In Marokko hatte Francos militärische Karriere angefangen, und eine schwere Krise in dem nordafrikanischen Land begleitete ihn auch in den letzten Wochen seines Lebens. Der König des Landes, Hassan II., gab am 16. Oktober 1975 bekannt, einen Marsch von 350 000 unbewaffneten Marokkanern in die von Spanien besetzte Westsahara anzuführen. Mit ihm an der Spitze sollte der Zug die Grenze überqueren, bis in die Hauptstadt der Westsahara ziehen und die Anerkennung des marokkanischen Anspruchs erreichen.

Die Spanier waren seit Ende des 19. Jahrhunderts in der Westsahara. Zunächst hatte Spanisch-Sahara den Status einer Kolonie. Als Franco 1956 von der UNO aufgefordert wurde, sich zum Status des Gebiets zu erklären, machte er die Westsahara kurzerhand zu einer spanischen Provinz. Hier lagern wertvolle Phosphatvorkommen, die von Spanien ausgebeutet wurden. Ab 1973 kämpfte die Befreiungsbewegung POLISARIO gegen die spanische Kolonialmacht. Franco bot der Stammesversammlung ein Autonomiestatut an.

Mitten in die Krise hinein musste Prinz Juan Carlos den schwerkranken Franco als Staatsoberhaupt vertreten. Der sagte Verhandlungen ab und ließ erklären, dass Spanien seine Grenze zu Marokko notfalls mit Gewalt verteidigen würde. Das entsprach einer Forderung der POLISARIO, die Spanien zeitweilig als Schutzmacht vor den Ansprüchen Marokkos in Anspruch nehmen wollte.

Die Lage eskalierte, weil sich der Marsch in Gang setzte und Marokko mehr als 10 000 Soldaten mit Panzern und Artillerie an der Grenze stationierte. Unter den Teilnehmern des Marsches befanden sich weitere 30 000 Soldaten. Die Lage begann Züge einer internationalen Krise anzunehmen. Spanien verlegte Fallschirmjäger und Eliteeinheiten in das Krisengebiet. Marokko gab seine Position zur sofortigen Abtretung der Westsahara auf, die Marschteilnehmer kehrten um, und Spanien erklärte sich bereit, bis zum 28. Februar 1976 die Westsahara an Mauretanien und Marokko abzutreten. Die spanischen Truppen kehrten in die Heimat zurück, Marokko nahm mit seinen Truppen einen großen Teil der Westsahara ein, und die POLISARIO rief die Demokratische Arabische Republik Sahara aus.

Der Prinz hatte eine Krise im Ausland bewältigt. Im Inland war die Lage nicht weniger brenzlig. Noch war Franco nicht gestorben, wie eine mexikanische Zeitung irrtümlich gemeldet hatte. Allerdings kehrte Spaniens Diktator tödlich geschwächt in den Pardo-Palast zurück. Nachdem der natürliche Nachfolger mit Dynamit beseitigt worden war, beäugten sich die politischen Protagonisten gegenseitig mit Argwohn, denn viele wollten das Erbe des Generalissimus antreten.

Besonderen Ehrgeiz entwickelte der frühere Tourismusminister Manuel Fraga Iribarne. Franco hätte dem Politiker sicher mehr Verantwortung übergeben, hätte der passionierte Jäger nicht der einzigen Tochter des Diktators, Carmen Marquesa de Villaverde, 1964 bei einer Rebhuhnjagd in den Rücken geschossen. Nun saß er als Botschafter fernab in London. Der amtierende Präsident Carlos Arias Navarro trug als Innenminister die Verantwortung für das Attentat auf seinen Vorgänger und galt nicht als erste Wahl. Er war als »Schlächter von Málaga« in die Geschichte des Bürgerkrieges eingegangen und fällte als Staatsanwalt unzählige Todesurteile. Als Chef des politischen Geheimdienstes hatte er sich den Hass vieler Spanier zugezogen.

So fand in den politischen Kreisen des Regimes ein Porträt des »Politikers des Monats« in der Sonntagsausgabe der einflussreichen Zeitung »ABC« höchstes Interesse. Vorgestellt wurde den Lesern der 43-jährige Adolfo Suárez, Generalsekretär der faschis-

Der greise Diktator und der von ihm erzogene Nachfolger, der spätere König von Spanien Juan Carlos I.

tischen Falange, Staatssekretär in der Regierung und Mitglied des Laienordens Opus Dei. In dem Zeitungsporträt hieß es: »Er ist ein Vertreter eines sehr breiten Sektors der neuen Generationen und ein Mann unserer Zeit: flexibel, konziliant und energisch.«

Am 20. November 1975 tickerte die Nachrichtenagentur Europa Press um 4.40 Uhr die Blitzmeldung: »Franco ist gestorben. Franco ist gestorben. Franco ist gestorben.« Der Diktator hatte die Zeit nach seinem Ableben penibel vorbereitet. 1969 verfügte er per Gesetz, dass nach seinem Tod der *Principe de España,* wie der neue Titel von Juan Carlos lautete, sein Nachfolger als Staatsoberhaupt werden sollte. Franco erklärte vor dem Parlament, er habe die Qualitäten des Prinzen geprüft und ihn als geeigneten Nachfolger befunden für jene »Zukunft, wenn durch das Gesetz der Natur meine Führung Ihnen fehlen wird«.

Das war gleichbedeutend mit der Erhebung des Prinzen zum König. Der eigentliche Thronfolger war jedoch sein Vater, Don Juan, und der stellte sich wieder einmal quer und weigerte sich, die von Franco geforderte Verzichtserklärung zu unterschreiben. Er lebte im Exil im Nachbarland Portugal und hatte sich stets nur unter Zwang den Wünschen des Diktators unterworfen. Nur auf großen Druck hin hatte er den zehnjährigen Juan Carlos nach Spanien geschickt, wo ihn Franco, der nur eine Tochter hatte, wie einen Ziehsohn behandelte. Der Junge kannte das Land nicht und musste auch erst die Sprache lernen, denn er sprach vorwiegend Französisch.

Seine Ausbildung fand unter Ausschluss der Öffentlichkeit statt. Zuerst musste Juan Carlos die Militärschulen aller drei Waffengattungen besuchen. Selbst vor seinen Kameraden wurde er abgeschirmt, wohnte abseits des Schlafsaals in komfortablen Unterkünften. Frühzeitig wurde ihm General Alfonso Armada Comyn als Tutor, Adjutant und später als Sekretär an die Seite gestellt. Der General entstammte dem Hochadel und hatte mit der *División Azul* vor Leningrad gekämpft. Er suchte die persönlichen Lehrer an den Militärschulen aus, zumeist Hochadlige im Generalsrang.

Der Tagesablauf war streng geregelt: Wecken 7.45 Uhr, anschließend Frühstück und Frühmesse, Unterricht bis 13.15 Uhr, Mittagessen, Reiten oder Sport, 17 bis 20.30 Uhr Unterricht und schließlich um 21.30 Uhr Abendessen. Der Prinz wurde 24 Stunden sieben Tage die Woche überwacht. Genau geregelt war, wer ihn besuchen durfte. Der einzige wirkliche Freund, der ihm gestattet wurde, war Miguel Primo de Rivera, der Neffe des ermordeten Gründers der faschistischen Falange, der jederzeit freien Zugang hatte.

Nicht nur der Prinz wurde überwacht, sondern auch sein Vater. 1955 verdichteten sich die Anzeichen, dass Don Juan aus dem Exil heraus gegen Franco konspirierte. Der Plan des legitimen Thronfolgers war es, mithilfe des Militärs den Diktator auf den Status eines einflusslosen Regenten zurückzudrängen. Franco reagierte nach bekanntem Muster: hart, hinterhältig und gemein.

Nach außen hin geschah am 28. März 1956 ein »tragischer Unfall im Familienkreis«. Der 14-jährige Bruder des vier Jahre älteren Kronprinzen schoss sich an diesem Karfreitag im Haus seines

Vaters im portugiesischen Exil mit einer kleinkalibrigen Pistole zwischen die Augen und starb. Der Vater habe die Pistole im Meer versenkt, hieß es. Es wurden keine Ermittlungen aufgenommen. So die offizielle Version. Zwei Wochen später veröffentlichte eine italienische Zeitung eine andere Darstellung: Juan Carlos habe mit der Pistole seinen kleinen Bruder erschossen.

2008 veröffentlichte der Ex-General Amadeo Martínez Inglés ein Buch über den spanischen König und forderte den portugiesischen Generalstaatsanwalt auf, Ermittlungen über die wahren Hintergründe des damaligen Geschehens aufzunehmen. Er führte anhand zahlreicher Details aus, dass sich das Ereignis gar nicht im portugiesischen Estoril, sondern im 300 Kilometer entfernten spanischen Palast Las Cabezas abgespielt habe. Dessen Besitzer, Juan Claudio Conde de Ruiseñada, sei in die Pläne von Don Juan einbezogen gewesen. Der Ex-General warf Franco vor, das Unglück inszeniert zu haben, um die monarchistischen Intrigen ein für alle Mal zu beenden. Eine Dokumentation des Discovery Channel mit diesen Vorwürfen wurde in Spanien verboten.

Unabhängig von den wirklichen Abläufen war das Ergebnis wie von Franco gewünscht, die Königsfamilie wurde nachhaltig beschädigt. Der König war isoliert und hatte keinen Sohn mehr, den er als Alternative zu Juan Carlos hätte aufbauen können. Die Mutter verfiel in Depression und musste sich in eine langwierige psychiatrische Behandlung nach Westdeutschland begeben. Der Kronprinz wurde noch einsamer und zog sich weiter zurück. Franco erklärte Don Juan, warum er nicht den Thron besteigen sollte: »Schauen Sie Majestät doch nur auf sich selbst: zwei Brüder sind Bluter, einer ist taubstumm, ein Mädchen blind, ein Junge erschossen. Den Spaniern kann so viel Unglück in einer einzigen Familie nicht gefallen.«

Der Prinz machte weiter seinen Weg unter den Augen des Diktators. Er studierte Volkswirtschaft, heiratete die Prinzessin von Griechenland und bekam von Franco zur Hochzeit das Schloss Zarzuela neben dem eigenen Palast geschenkt. Als er ihn 1969 offiziell zu seinem Nachfolger kürte, brach zwischen Vater und Sohn ein Konflikt aus, denn der Prinz hatte versprochen, nie zu Lebzeiten des Vaters die Königskrone anzunehmen. Das war nun hinfällig geworden.

Franco achtete darauf, dass sich niemand seinen Nachfolgeplänen in den Weg stellte. Als etwa seine frühen Anhänger, die Carlisten, einem anderen Bourbonen-Stamm den Vorzug geben wollten, wies er deren Kronprinzen kurzerhand aus dem Land. Ebenso machte er dem künftigen König stets klar, in welcher Abhängigkeit er sich befand. So verheiratete Franco seine älteste Enkelin María del Carmen mit dem Vetter des künftigen Königs, Alfonso de Borbón-Dampierre. Theoretisch hätte nun seine Wahl auch auf ihn als Thronfolger fallen können, denn sein Rang hätte dazu ausgereicht und seine tiefe Verehrung für den Diktator sowieso.

Die Botschaft kam an: Mit allen Mitteln suchten Juan Carlos und sein Vater zu verhindern, dass die Hochzeit im Rahmen eines Staatsaktes stattfinden könnte. Außerdem sollte Alfonso nicht mit einem Prinzentitel angesprochen werden. Franco konterkarierte die Pläne, indem er seinem Schwiegersohn den Titel Prinz von Borbón verlieh, was die andere Seite schäumen ließ. Nun war vor aller Welt die Frage, wer künftiger König von Spanien werden würde, wieder offen. Franco zog die Ernennung schließlich wieder zurück und machte Alfonso lediglich zum Herzog von Cádiz.

* * *

Der tote Diktator wurde öffentlich im *Palacio de Oriente* aufgebahrt. Eine halbe Million Spanier zogen an seinem Sarg vorbei. Dann wurde der Sarg in das Mausoleum im Valle de los Caídos überführt. Alles war schon vorbereitet, eine tonnenschwere Steinplatte lag bereit, das Grab Francos für immer zu verschließen. Der einzig hochrangige Gast war der Militärdiktator in Chile, General Augusto Pinochet. Er wurde Augenzeuge, wie ein vor der Grube stehender Gast ohnmächtig wurde und hineinfiel. Er musste schleunigst herausgeholt werden, ehe der Leichnam des Caudillos herabgesenkt werden konnte.

Zwei Tage nach Francos Tod wurde Juan Carlos zum König proklamiert. »Als König aller Spanier, Wächter der Verfassung und Kämpfer für die Gerechtigkeit« bezeichnete sich der neue Throninhaber in seiner Antrittsrede. Er wolle für Spanien »eine freie und moderne Gesellschaft«, kündigte er an. Einen Monat später gab er in Form einer Regierungserklärung seine konkreten Schritte bekannt: Reform der Institutionen, allgemeines Vereinigungsrecht sowie Ausweitung der Freiheiten und Rechte der Bürger. Für viele von Francos Anhängern galt das Wort des Diktators, der vor seinem Ableben in einer Fernsehansprache noch erklärt hatte, die Zukunft seines Landes sei »atado y bien atado«, gut und fest verschnürt.

Francos Witwe blieb noch zwei Monate im Pardo-Palast. Dann zog sie in einen riesigen Gebäudekomplex in der Madrider Innenstadt, der im Volksmund »El Bunker« genannt wurde. Sie nahm das gesamte Inventar aus dem Palast mit: Bilder, Antiquitäten, Akten – einfach alles. Währenddessen stand die Ehrengarde Spalier.

Bruch oder »paktierter Übergang«?

Aufbau der Demokratie auf dem Fundament der Diktatur – Amnestie im Interesse der Mehrheit – Ermittlungsakten gegen die Verteidiger der Republik – Waffenstillstand der Parteien

Nach zwei Jahrzehnten relativer Ruhe war zum Ende der Franco-Zeit vieles wieder so wie zu Beginn der Diktatur. Der jähe Ausbruch des Terrors hatte alte Wunden aufgerissen. Die Rechten wollten Rache wie die Linksradikalen, und dazwischen stand der neue König. Franco war tot, aber der spanische Staat hatte ihn ohne jede Einschränkung überstanden, funktionierte und war stabil. Eine Staatskrise, die mit einem gesellschaftlichen Wandel nicht selten einhergeht, war nicht zu erkennen.

Darauf verweist auch der Historiker und Nestor der Spanien-Geschichtsschreibung in Deutschland, Walther L. Bernecker: »Das Besondere des Regimewandels bestand darin, dass er unter der Leitung und Kontrolle der franquistischen Institutionen und eines Teils der in ihnen vorherrschenden politischen Elite durchgeführt wurde; er vollzog sich formal innerhalb der von Franco errichteten Legalität und brach nicht mit dem autoritären Verfassungsrecht des Franquismus – was wohl der wesentliche Grund dafür war, dass die Streitkräfte nicht eingriffen, sondern die Veränderungen akzeptierten –, stellte inhaltlich aber keine Reform des franquistischen Systems, sondern – unter Bruch mit den Strukturprinzipien des franquistischen Staates – dessen Ersetzung durch eine neue, auf demokratischen Prinzipien basierende Regierungsform dar.«

Während sich auf der Seite der Herrschenden nichts verändert hatte, musste sich die Opposition neu finden. Zwei große Gruppen mit unterschiedlichen Zielsetzungen waren zu erkennen: Die Demokratische Junta angeführt von der Kommunistischen

Partei und die Plattform für den demokratischen Wandel der Sozialistischen Arbeiterpartei (PSOE). Die Junta war ein Minimalkonsens, der möglichst viele Oppositionsteile vereinen sollte. Ihr Programm beschränkte sich für einen Neuanfang auf die Bildung einer provisorischen Regierung, Legalisierung der Parteien, Amnestie und eine Volksabstimmung über die künftige Staatsform. Das Motto lautete »Pakt für die Freiheit«.

Die »Plattform« forderte wie diese die Freilassung der politischen Gefangenen und die Rückkehr der Exilierten im Rahmen einer Amnestie, ferner das Streikrecht, die Gewerkschaftsfreiheit, Meinungs- und Versammlungsfreiheit sowie die Einhaltung der Charta für Menschenrechte. Gefordert wurden die Abschaffung der Sondergerichte sowie aller Unterdrückungsorgane der Diktatur, die Veränderung der sozialen und wirtschaftlichen Bedingungen hin zur Schaffung einer fortschrittlichen und gerechten Gesellschaft sowie die Selbstbestimmung der Regionen.

Eines war nach den Jahrzehnten der Diktatur kaum zu erwarten: ein Verständnis für die neue Demokratie. Der Schriftsteller Antonio Muñoz Molina macht rückblickend die Jahre der *Transición* für viele Fehlentwicklungen bis in die Gegenwart verantwortlich: »Wir haben nicht verstanden, das, was uns am meisten fehlt, aufzubauen: eine demokratische Tradition. Die meisten von uns waren keine Demokraten, als Franco starb, sondern Antifranquisten. Wir konnten auch keine sein, denn wir waren in einer Diktatur geboren und aufgewachsen. Die Erben des alten Regimes, die von der sogenannten ›Öffnung‹ am meisten begünstigt wurden, dachten nur an eine begrenzte Demokratie, die ihnen erlaubt hätte, einige Privilegien zu behalten. Und selbst bei den Antifranquisten – den wenigen Sozialisten, den vorherrschenden Kommunisten, den Trotzkisten und Maoisten – gab es nur eine instrumentelle Vorstellung von Demokratie.«

Nach monatelangen und teilweise scharfen Auseinandersetzungen gelang es Kommunisten und Sozialdemokraten, die Opposition zu vereinen. Die »Plata Junta« gab sich den Namen

Coordinación Democrática. Ihre gehörten fast alle Organisationen an, die sich die Überwindung des Franquismus zum Ziel gesetzt hatten.

Die Zeit des Übergangs wird auch mit dem Begriff der *democracia pactada,* der »paktierten Demokratie« bezeichnet. Praktisch handelte es sich um einen Waffenstillstand, auf den sich die wichtigen politischen Akteure einigten. Daraus entwickelte sich später eine Zwei-Parteien-Herrschaft, bei der sich die von Franquisten gegründete *Partido Popular* (PP) mit der *Partido Socialista Obrera de Espana* (PSOE) in den folgenden Jahrzehnten an der Macht abwechselte.

Während die Opposition nun geeint war, gab es deutliche Unterschiede auf Seiten der Regierenden. Vor allem die Falange sah die Möglichkeit, die neue Lage für sich zu nutzen. Der König hatte ihren Generalsekretär Adolfo Suárez im Juli 1976 zum neuen Regierungschef ernannt. Das war ein geschickter Schachzug, denn die Rechten konnten der Ernennung ihres Mannes nur applaudieren und mussten doch in der Folgezeit mit zusammengebissenen Zähnen zusehen, wie der sicher zwischen den Forderungen nach dem raschen Bruch mit dem Franquismus und der Forderung der eigenen Leute nach Fortsetzung der alten Verhältnisse balancierte.

»Die Krone hat ihrem Wunsch Ausdruck verliehen, aus Spanien eine moderne Demokratie zu formen. Es ist mein fester Entschluss, dem zu dienen«, sagte Adolfo Suárez zum Amtsantritt. Sein Konzept lautete Wandel und Übergang. Er machte sich verdient, indem er diese *transición* erfolgreich zwischen Rechten und Linken, Siegern und Besiegten des Bürgerkrieges moderierte.

Bereits am 25. November 1975 hatte die Regierung einen Begnadigungserlass verkündet. Dem folgten am 30. Juli 1976 eine königliche Gesetzesverordnung zur Amnestie und am 14. März 1977 – noch vor Verabschiedung einer neuen Verfassung – zur Begnadigung und zum allgemeinen Straferlass. Am 15. Oktober 1977 verabschiedete das neugewählte Parlament das Amnestiegesetz.

Anhänger der KP Spaniens fordern die sofortige Amnestie

Es wurde zur »spanischen Zauberformel« der nationalen Versöhnung. Die Erinnerung an die Vergangenheit wurde fortan als Spaltung der Gesellschaft angesehen und als ernste Gefahr für die Zukunft ausgeblendet und abgewertet.

Seit dem Bürgerkrieg waren Kommunisten, Anarchisten und Sozialisten uneins. Für die Kommunisten hatten die Anarchisten mit ihren ungezügelten Racheakten einen Großteil der Verbrechen auf Seiten der Republikaner verschuldet. Anarchisten und Sozialisten warfen den Kommunisten vor, mit ihrer Gefolgschaft Stalins Verbrechen unter den Verteidigern der Republik gedeckt zu haben. Die Sozialisten waren tief gespalten in den Teil im Exil und den der Inlandspartei.

Die Rechte war mit einer Amnestie zufrieden, weil ihre Verbrechen während der Diktatur ungesühnt bleiben würden. Die Franquisten waren die Herren der Akten und würden dafür sorgen, dass der Nachweis ihrer Verbrechen so schwer wie möglich gemacht werden würde. Zudem hatten sie ein As im Ärmel. Nach Ende des Bürgerkriegs hatten sie alle Dokumente der Republik, derer sie habhaft werden konnten, zentral erfasst – insgesamt 800 Tonnen. Zusätzlich besaßen sie die Berichte der Spitzel der Geheimdienste über tatsächliche oder angebliche Verbrechen der Republikaner.

Der »Nationale Dienst zur Wiederbeschaffung von Dokumenten« nahm seinen Sitz in Salamanca. In der Zeit bis zum Tod Francos wurden über drei Millionen Akten angelegt. Auf dieser Grundlage wurde die *Causa General* eröffnet, ein Tribunal, das 1940 die Geschichte des Bürgerkriegs als »dem Schrecken des roten Terrors« für die künftigen Generationen illustrierte. Das Ziel, so hieß es in der Präambel, sei es, »die verbrecherischen Vergehen, die in der Zeit der Herrschaft der Roten begangen wurden«, zu ermitteln.

Geordnet wurde das Material nach Provinzen in 10 Schwerpunkten: Armee, Justiz, Presse, Kultur, örtliche Verwaltung, religiöse Verfolgung, Raub von Privateigentum, außergerichtliche Morde, Aktivitäten der *Checas* sowie Vergehen gegen das Staatsvermögen. Es wurde die Abrechnung mit der gesamten Zweiten Republik seit 1931. Aus Anlass des 40. Jahrestages des Sieges der Putschisten über die Verteidiger der Republik 1969 wurde eine Generalamnestie für Verbrechen bis zum Ende des Bürgerkrieges verkündet. Bis dahin hatten viele Spanier befürchten müssen, mit dem penibel zusammengetragenen Beweismaterial vor Gericht verurteilt zu werden.

Die Ermittlungen und die Aktenbestände dienen zur Warnung an viele Spanier, die auf Seiten der Verteidiger der Republik politisch aktiv waren. Sie sind bis heute das Unterpfand der Franquisten für den Fall, dass jemand auf die Idee käme, die Verbrechen im Bürgerkrieg juristisch aufzuarbeiten. Während die eigenen Untaten noch immer der systematischen Aufarbeitung harren, sind die Akten über ihre Gegner in der *Causa General* wohlaufbereitet.

* * *

Die ersten freien Wahlen waren für den 30. Juni 1977 angesetzt. Zum Prüfstein für die Ernsthaftigkeit der neuen Regierung wurde daher die Zulassung der Kommunistischen Partei. Wieder war es der König, der eine treibende Rolle spielte. Er führte über einen persönlichen Beauftragten Gespräche mit dem Generalsekretär der KP Spaniens, Santiago Carrillo, der im französischen Exil lebte. Am 9. April 1977, mitten in der Karwoche, die in Spanien ein außerordentliches Ereignis darstellt, auf das sich alles fokussiert, gab die Regierung bekannt, dass die Kommunistische Partei Spaniens wieder zugelassen werde. Verantwortlich dafür waren der Ziehsohn Francos und König von Spanien sowie der Anführer der faschistischen Falange, der Ministerpräsident.

Im Militär schlug die Nachricht wie eine Bombe ein. Hier empfand man diese Maßnahme als Kriegserklärung. Nahezu alle hohen Ränge in den Streitkräften waren mit Militärs besetzt, die gegen »die Roten« im Bürgerkrieg gekämpft hatten. Sie waren ein fester Pfeiler im Machtgefüge Francos. Sofort schlossen sich die Generalstäbe der Teilstreitkräfte mit ihren jeweiligen Geheimdiensten kurz und hielten Kontakt zu den Generalkapitänen, den militärischen Oberbefehlshabern in den Militärbezirken sowie den Kommandeuren der wichtigsten Kampfeinheiten. Dies blieb von den Medien nicht unbemerkt. Gerüchte über einen bevorstehenden Putsch machten die Runde.

Alle Militärs mit dem höchsten Rang eines Generalleutnants hatten während des Bürgerkriegs nicht nur auf Seiten der Putschisten gestanden. Alle hatten auch in der Blauen Division an der Seite der deutschen Wehrmacht gegen die Sowjetunion gekämpft. Am 13. April 1977 erschien ein Aufruf des Militärs »an alle Generäle, Befehlshaber, Offiziere und Unteroffiziere der Streitkräfte«. Er kam einem umfänglichen Misstrauensantrag gegen die Regierung gleich, wies mit Entschiedenheit die Legalisierung der KP zurück und kündigte »geeignete Maßnahmen« für den Fall an, dass ihre Forderung verhallte. Juan Carlos I., gegen den sich der Aufruf direkt richtete, verhielt sich abwartend und setzte auf die königstreuen Befehlshaber, zu denen er auch den Chef der schlagkräftigsten Einheit, der *División Brunete,* General Jaime Milans del Bosch, zählte. Und diesen rief er in dem Moment an, als der sich mit seinen Kommandeuren über das weitere Vorgehen beriet.

Der König sagte: »Jaime, hör mir gut zu: Du darfst jetzt nicht intervenieren, sonst kann hier alles den Bach runtergehen. Die Entscheidung, die Suárez getroffen hat, war absolut notwendig für die Glaubwürdigkeit des Prozesses der demokratischen Öffnung in Spanien. Ich war von Anfang an über alles informiert, und der Regierungschef hat nach meinen Weisungen gehandelt. Die KP soll sich in den Prozess des Übergangs einreihen, doch dafür ist es absolut notwendig, dass sie bei den kommenden Wahlen antreten darf. Ich habe von Santiago Carrillo umfangreiche Versicherungen bekommen, dass sich seine Partei an die demokratischen Spielregeln halten und die Monarchie und die jetzige Regierung, die sie repräsentiert, respektieren wird. Spanien ist in keiner Weise in Gefahr.« Und der erfahrene Militär, Veteran des Bürgerkriegs und Angehörige der Blauen Division antwortete: »Ich folge Ihnen – zum Wohle Spaniens!«

Bei den Wahlen wenige Wochen später erhielt die Kommunistische Partei 1,7 Millionen Stimmen und konnte mit 20 Sitzen als drittstärkste Kraft in das erste frei gewählte Parlament seit 1936 einziehen. Wahlgewinner war ein Bündnis um Ministerpräsident Adolfo Suárez, die Union des Demokratischen Zentrums UCD, die 6,3 Millionen Stimmen und 165 Parlamentssitze errang. Auf Platz zwei rangierte die sozialdemokratische PSOE mit ihrem Spitzenkandidaten Felipe González.

Nach den Wahlen unterzeichnete Regierungschef Suárez mit der Obersten Militärführung am 15. Juni 1977 einen Pakt, der als *Operación Diana* bekannt wurde. Darin wurden drei Eskalationsstufen definiert, die ein differenziertes Reagieren von Armee und Sicherheitskräften ermöglichten. Sie wurden Alarm 1, Alarm 2 und Alarm 3 genannt und stimmten mit den Bedingungen für die

Ausrufung des Belagerungs-, des Ausnahme- und des Kriegszustandes überein. Damit wurden den Sicherheitskräften Francos weitreichende Mitwirkungsrechte übertragen, die innenpolitische Lage in ihrem Sinne abzusichern.

Das spanische Parlament – die Cortes – wurde zur verfassunggebenden Versammlung und legte für Ende 1978 die erste Verfassung seit 1936 vor, die mit 88 Prozent der Stimmen angenommen wurde. Mit der Verfassung bekamen die Regionen föderale Institutionen und Rechte zugesprochen. In Katalonien und dem Baskenland wurden 1980 vor den ersten Regionalwahlen Regierungen eingesetzt. Die Regionalsprachen durften wieder öffentlich gesprochen werden und erlebten eine Wiederbelebung.

Der Pakt des Vergessens

Keine Partei hat Interesse an historischer Aufarbeitung – Angst vor den Streitkräften – Die ETA versetzt das Land in Angst und Schrecken – Die Aufbruchstimmung ist vorbei

Das im Oktober 1977 erlassene Amnestiegesetz war de facto ein Generalpardon. Ziel war es, die Aufarbeitung der Vergangenheit zu verhindern, um den Übergangsprozess zur Demokratie in Spanien nicht zu gefährden. Marcelino Camacho von der Fraktion der Kommunistischen Partei im Parlament, der 14 Jahre inhaftiert gewesen war, sprach sich für die Versöhnungspolitik aus. Jetzt gelte es, die Vergangenheit ein für alle Mal zu vergessen.

Der Sprecher der sozialistischen Fraktion, José María Benegas Haddad, sagte, die Amnestie sei kein Gnadenakt. Vielmehr versuche man so, »die Schmerzen, Vorurteile und Ungerechtigkeiten eines autoritären Regimes, das ich zweifellos zu einem der unerbittlichsten des 20. Jahrhunderts zähle, wiedergutzumachen«. Auch die katalanischen und baskischen Minderheiten trugen die Entscheidung mit. Das Gesetz wurde mit 296 Jastimmen, 18 Enthaltungen und zwei Neinstimmen angenommen.

Der franquistische Staatsapparat war vollständig intakt. Die Legalisierung der Kommunistischen Partei hatte die Armee bereits in Aufruhr versetzt. Nur durch die Vermittlung von König Juan Carlos I. hatte ein Putsch vermieden werden können. Daher schien der Pakt des Vergessens *(pacto del olvido)*, wie er in Spanien auch genannt wird, eine logische Antwort auf die brenzlige Lage zu sein. Für die Millionen Opfer und deren Familienangehörige war das Gesetz indes eine herbe Enttäuschung.

Erstaunlicherweise war es die KP gewesen, die schon 1956 die Weichen auf Versöhnung gestellt hatte. In einem Positionspapier aus diesem Jahr hieß es: »Die Kommunistische Partei Spaniens erklärt feierlich ihre Bereitschaft, sich ohne Einschränkungen für die nationale Versöhnung einzusetzen, um die offene Spaltung zu beenden, die der Bürgerkrieg hervorgebracht hat und die von General Franco aufrechterhalten wird.« Dieser strategische Schwenk folgte der Erkenntnis, dass die junge Generation, die den Bürgerkrieg nicht erlebt hatte, »nicht den Hass und die Leidenschaften von uns teilt, die wir am Krieg teilgenommen haben«.

Es gibt aber auch andere Deutungen. Die KP und ihre Funktionäre hatten im Bürgerkrieg auch Verbrechen begangen. Der Generalsekretär der KP Spaniens, Santiago Carrillo, wird bis heute in Verbindung mit einem Blutbad unter Franco-Anhängern gebracht. Nahe Madrid wurden zwischen dem 7. November und 4. dem Dezember 1936 zwischen 2200 bis 2500 Menschen getötet und in der Ortschaft Paracuellos verscharrt. Es waren Falangisten, Vertreter rechter Parteien, Geistliche und Militärs, die auf Seiten der Putschisten gekämpft hatten. Sie waren in Gefängnissen in Madrid inhaftiert, angesichts der vorrückenden Franco-Truppen aber verlegt worden.

Verantwortlich für die Gefangenentransporte war die Abteilung für öffentliche Ordnung des Verteidigungsrates von Madrid unter Führung des Vorsitzenden der Vereinigten Sozialistischen Jugend und späteren KP-Chefs. Ein schriftlicher Befehl zum Mord an einem Teil der Inhaftierten wurde nie gefunden. Familienangehörige der Opfer erstatteten 1998 Anzeige gegen Santiago Carrillo. Der damals zuständige Richter Baltasar Garzón wies die Klage mit der Begründung ab, die Angelegenheit wäre bereits in der Franco-Zeit untersucht worden.

Santiago Carrillo erklärte auf die Frage nach seiner persönlichen Verantwortung für das Massaker: »Diejenigen, die jetzt die alten Wunden des Bürgerkrieges aufreißen wollen mit dem Ziel, Hass zu schüren und die Versöhnung zu verhindern, spielen mit dem Feuer, denn sie können sich am morgigen Tag auf der Anklagebank wiederfinden. Wir haben gesagt, dass die Folgen des Bürgerkrieges überwunden werden müssen, dass dieser als historisches Ereignis betrachtet werden muss.«

»Die PCE hat ein Problem mit der eigenen Vergangenheit«, sagte der spanische Philosoph Reyes Mate in einem Gespräch mit dem österreichischen Literaturprofessor Georg Pichler, der an der Universität von Alcalá lehrt. »Santiago Carrillo etwa soll weiterhin die sympathische Figur bleiben, die so viel für die Demokratie getan hat. Sie wollen nicht, dass man die Vergangenheit aufwühlt und sie dafür verantwortlich macht, was der Kommunismus in Europa angerichtet hat oder wie mit den spanischen Kommunisten umgegangen wurde. Carrillo war ein Stalinist wie viele andere, dafür gibt es die Zeugnisse von Jorge Semprún und Fernando Claudín. Das Gedächtnis ist gefährlich, sehr gefährlich. Deswegen hat es die Politik auch immer im Zaum gehalten und kontrolliert. Statt der Dynamik des Gedächtnisses der Opfer hat sie die Gedächtnispolitik bevorzugt, was nichts anderes ist als die Verwaltung des Gedächtnisses von Seiten der Macht.«

Die Sozialisten, die als zweitstärkste Kraft bei den Wahlen hervorgegangen waren, passten sich schnell an die neuen Verhältnisse an. Fortan war keine Rede mehr davon, die Verantwortlichen der Diktatur vor Gericht zu stellen, die Instrumente der Repression wie die *Guardia Civil* aufzulösen oder enteigneten Besitz der Republikaner zurückzugeben. Der Grund war derselbe wie bei den Kommunisten, die Mehrheit der Spanier war nach dem Bürgerkrieg geboren und konzentrierte sich auf die Gestaltung der Zukunft. Ein Thema fiel ganz unter den Tisch: die »Verschwundenen« in den Massengräbern. Daran zu rühren hatte keiner der politischen Akteure ein erkennbares Interesse.

Der Mitbegründer der Vereinigung zur Rückgewinnung des historischen Gedächtnisses (ARMH), der Journalist Emilio Silva, hat dafür eine einfache Erklärung: »80 Prozent der Regierungsmitglieder seit dem Tod Francos, egal zu welcher Partei sie gehören, stammen aus Familien von hohen Funktionären des Franco-Regimes.« Es sei eine Oligarchie entstanden, »die in zwei Teile zerfallen ist, einige gingen zur PSOE, andere zur PP, aber es gibt viele Dinge, in denen sie einer Meinung sind. Im Bereich der Gedächtnispolitik etwa haben sie keine rote Linie überschritten, es ist eine Politik, die keinen Konflikt ausgelöst, keinen Verlust von Privilegien bedeutet hat.«

Eine Folge des Vergessens war für die Opfer, dass ihre Erinnerungen verdrängt wurden und ihre Vergangenheit unerzählt blieb. »Das Schlimmste ist nicht, dass man uns im Krieg besiegt hat«, erkannte Autor Carlos Sampelayo, der 25 Jahre in der Emigration verbracht hatte, »sondern dass man uns unsere Geschichte genommen hat.« Zwar zeigte die Regierung in der Übergangsperiode durchaus Gesten des guten Willens, etwa indem exilierte Literaten wie Rafael Alberti oder Nicolas Guillén wichtige Staatspreise zuerkannt wurden. Doch in Spanien selbst kannte kaum noch jemand ihre Werke, die unter Franco verboten worden waren. Guillén resignierte und kehrte zurück in die USA. Vor seinem Abflug hatte er noch eine Botschaft an seine Landsleute: »Es geht nicht an, dass wir noch immer täglich den Fuß des Siegers auf den Besiegten herumtrampeln sehen.«

Die Sieger sahen sich durch die *transición* bestätigt und hatten wenig Veranlassung, auf ihre Opfer zuzugehen. »Keine Reue, kein Zeichen, dass sie auch nur einen Augenblick daran gedacht hätten, sich vielleicht geirrt zu haben, kein Die-Opfer-um-Verzeihung-Bitten konnten wir hören, als der Franquismus zu Ende war«, beklagte der Philologe Lluis Quintanilla. »Man muss mit Nachdruck feststellen, dass die Gnadenlosigkeit derjenigen, die gewonnen hatten, verwerflicher ist als der Hass, den man gegen sie verspüren konnte, denn sie und nur sie hatten die Möglichkeit zu handeln.«

Die Franquisten wurden – befreit von möglicher Strafverfolgung – ermutigt, die Generalamnestie auf ihre Weise auszulegen. Am 1. Juli 1977 wurde Juan Antonio González Pacheco von Innenminister Rodolfo Martin Villa für seine Verdienste bei der Polizei mit der Verdienstmedaille dekoriert und zum Stellvertreter des neugeschaffenen Geheimdienstes ernannt. Mit der Auszeichnung verbunden war eine lebenslange Bonuszahlung in

Höhe von 15 Prozent seiner Bezüge. Unter dem Namen »Billy the Kid« war der so Geehrte einer der schlimmsten Folterer des Franco-Regimes gewesen.

Pacheco liebte es, seine Dienstwaffe wie ein Cowboy um den Finger kreisen zu lassen. So kam er zu seinem Beinamen. Als Mitglied der Geheimpolizei war er unter den politischen Gefangenen in Spaniens Gefängnissen berüchtigt. Sein bevorzugtes Revier war die *Dirección General de Seguridad* (DGS) an der Puerta del Sol in Madrid. »Er war klein, hässlich, mit hervorspringenden Augen. 28 Jahre alt, nur zwei Jahre älter als ich. Und er genoss es zu foltern. Man merkte es ihm an, weil er inmitten des Wütens, wenn er dir Ohrfeigen und Tritte gab, einen Ausdruck der Freude, der Zufriedenheit zeigte«, erinnert sich eines seiner Opfer.

* * *

Die ETA wollte sich weder dem Pakt des Vergessens anschließen noch von der Amnestie profitieren. Sie setzte ihren Kampf fort. Sie wurde zum Katalysator der widersprüchlichen Entwicklung nach Franco und trug maßgeblich dazu bei, dass die gutgemeinten Verdrängungspakte zwischen den früheren Gegnern am Ende ihre Wirkung nicht erzielten. Nun ging es nicht mehr um die Gräuel des Bürgerkrieges, die Verbrechen der Franco-Diktatur, sondern um die Terroropfer der Gegenwart.

1979 war ein schreckliches Jahr: Die Mehrheit der 600 terroristischen Attentate mit fast 250 Toten und knapp 800 Verletzten ging auf das Konto der ETA. Darin enthalten sind auch die Toten eines Hotelbrands, der – vermutlich, um die Lage nicht weiter anzuheizen – zunächst zum technischen Defekt erklärt worden war.

Am 12. Juli 1979 brannte das »Corona de Aragón« in Saragossa. Das 5-Sterne-Hotel beherbergte an diesem Abend hochrangige Gäste: Francos Witwe Carmen Polo, seine Tochter Carmen und 300 weitere Gäste. 80 von ihnen kamen ums Leben, über 100 erlitten schwere Verletzungen. Nach einiger Zeit sickerte aus den Ermittlungen durch, dass der Brand durch ein napalmähnliches Gemisch ausgelöst worden sei. Auch meldete sich die ETA bei örtlichen Zeitungen und übernahm die Urheberschaft. Im Jahr 2000 kam heraus, dass die Hinterbliebenen des angeblichen »Unglücks« als Terroropfer entschädigt worden waren.

1980 setzte sich die Terrorwelle fort: Bei 480 Attentaten und 200 Bombenanschlägen kamen 132 Menschen ums Leben, 432 wurden verletzt, 2000 Verdächtige wurden verhaftet. Ursprünglich war die ETA für den Kampf um Autonomie angetreten. Nun hatte sich die baskische Separatistenorganisation in eine mörderische Kampftruppe gegen nahezu alle und jeden verwandelt. Getötet wurde wahllos: Frauen und Kinder bei einer Bombenexplosion in der Tiefgarage eines Supermarktes, Abtrünnige aus den eigenen Reihen, Unternehmer, die sich weigerten, eine »Revolutionssteuer« zu zahlen, Politiker, Polizisten und Angehörige der Streitkräfte.

Fünf Jahre nach dem Tod des Diktators Franco war die Aufbruchstimmung vorbei, hatte sich die anfängliche Begeisterung für die Demokratie gelegt. Die ETA sowie Teile der radikalen Linken mordeten, das Militär und die Rechte riefen nach dem »starken Mann«, und die Regionen forderten mehr Autonomie. Die politische Mäßigung, zu der auch die Amnestie und der Pakt des Vergessens beitragen sollten, war vorbei. Angeheizt wurde die Stimmung vor allem durch die Medien der Falangisten und die konservative Tageszeitung »ABC«. Sie waren vor allem in den Kasernen die bevorzugte Tageslektüre, und entsprechend verschlechterte sich auch dort die Stimmung. Wieder machten Putschgerüchte die Runde.

Wie kompliziert die damalige Gemengelage war, belegt die »Operation de Gaulles«. Auf gewaltlosem Weg sollte eine »Regierung der nationalen Rettung« an die Macht gebracht werden. Diese von einem Militär geführte Regierung sollte die Militärs in den Kasernen halten und das Land für einige Jahre stabilisieren. Interessant ist die Kabinettsliste, die später bekannt wurde. Als stellvertretender Regierungschef für die politischen Angelegenheiten war der Sozialdemokrat Felipe González vorgesehen, die Wirtschaft sollte ein Bankier leiten, die Streitkräfte der Altfranquist Manuel Fraga. Auch zwei kommunistische Minister sollten in diesem Kabinett vertreten sein: zuständig für die Ressorts Arbeit und Wirtschaft.

23-F: Der Putsch

Die Spanier verfolgen den Staatsstreich live im Fernsehen – König Juan Carlos versichert sich der Loyalität der Truppen – Der Sieg über die Putschisten bildet den Abschluss der transición

Ministerpräsident Adolfo Suárez war angesichts des zunehmenden Chaos am 29. Januar 1981 zurückgetreten. Am 23. Februar 1981 sollte sein Nachfolger gewählt werden. Mitten in den Wahlgang hinein besetzten zwei Hundertschaften der *Guardia Civil* das Parlament. Die Putschisten schossen MPi-Salven in die Decken und schrien »al suelo«, »al suelo« – auf den Boden. Drei Abgeordnete folgten der Aufforderung nicht: der Chef der Kommunistischen Partei, Santiago Carrillo, der scheinbar unbeeindruckt eine Zigarette rauchte, der amtierende Regierungschef Adolfo Suárez und sein Stellvertreter, Generalleutnant Manuel Gutiérrez Mellado. Der forderte als ranghöchster Offizier im Saal die Putschisten auf, die Waffen niederzulegen, was nicht geschah.

Ein Offizier trat mit gezückter Pistole ans Rednerpult: »Guten Abend! Es wird Ihnen nichts passieren. Wir warten, bis die zuständige militärische Autorität hier ist. Die wird dann bestimmen, was weiter passiert, und es uns mitteilen. Seien Sie beruhigt. Ich weiß nicht, ob es eine Viertelstunde dauern wird, 20 Minuten oder eine halbe Stunde – länger glaube ich kaum. Die zuständige – natürlich militärische – Autorität wird dann bestimmen, was geschehen soll. Ihnen wird nichts geschehen, also seien Sie alle beruhigt.«

In ganz Spanien konnten die Bürger den Putsch live am Radio verfolgen. Im Rundfunk wurde kurz nach der Besetzung eine Erklärung des Befehlshabers der III. Militärregion (Valencia) verlesen, der darin den Ausnahmezustand verkündete. »Ich, Jaime Milans del Bosch y Ussía, Generalleutnant des Heeres und Befehlshaber der III. Militärregion, gebe angesichts der Vorgänge, die sich in diesen Augenblicken in der Hauptstadt Spaniens ereignen, und des eingetretenen Machtvakuums bekannt, dass es meine Pflicht ist, in der unter meinem Kommando stehenden Militärregion die Ordnung aufrechtzuerhalten, bis entsprechende Anweisungen Seiner Majestät des Königs ergehen.«

Im Plenarsaal wurden die führenden Politiker des Landes – Adolfo Suárez, Felipe González, Santiago Carrillo und andere von den Abgeordneten separiert und an einen unbekannten Ort gebracht. Da die gesamte Regierung von den Putschisten gefangen genommen worden war, bildete sich außerhalb des Parlaments ein provisorisches Kabinett aus den verbliebenen Staatssekretären. In und um Madrid besetzten Truppen der in der Hauptstadt stationierten Panzerdivision Brunete strategisch wichtige Plätze, darunter auch die Sendezentrale von Radiotelevisión Española RTVE. Die Übertragung aus dem Plenarsaal wurde abgebrochen. Im Fernsehen lief das normale Programm ohne Nachrichten, im Radio erklang Marschmusik.

Kurz nachdem die Soldaten die Sendezentrale wieder verlassen hatten, übertrug RTVE eine Erklärung des interimistischen Regierungschefs und Staatssekretärs im Innenministerium, Francisco Laina: »Durch die gewaltsamen Handlungen, die sich im Parlamentsgebäude ereignet haben, ist eine Lage eingetreten, in der eine normale Tätigkeit des Ministerrates, dessen Mitglieder im Parlament gefangen gehalten werden, nicht möglich ist. Unter diesen Umständen haben sich die Staats- und Unterstaatssekretäre der verschiedenen Ministerien auf Anweisung Seiner Majestät des Königs zu einer Sitzung von unbestimmter Dauer zusammengefunden, um die Regierung des Landes durch die Zivilbehörden und in engem Kontakt mit der *Junta de Jefes de Estado Mayor* (der obersten Militärführung – H. B.), die ebenfalls zusammengetreten ist, zu garantieren. Nach den uns, die wir im Namen der Regierung vorübergehend mit der politischen Leitung des Landes betraut sind, vorliegenden Informationen herrscht im gesamten Staatsgebiet absolute Ruhe, und es ist eine schnelle Lö-

Die Chefs der Sozialdemokaten, Felipe González (li.) und der Kommunisten, Santiago Carillo

sung für diese Situation zu erwarten, in der eine vorübergehende Unterbrechung der parlamentarischen Tätigkeit eingetreten ist. Diejenigen, die in diesem Moment übergangsweise und unter Leitung und mit Billigung Seiner Majestät des Königs die volle zivile und militärische Gewalt übernommen haben, können ihren Landsleuten versichern, dass gewaltsame Aktionen das vom Volk ersehnte demokratische Zusammenleben, das seinen Ausdruck in der Verfassung findet, zu deren Schutz sich zivile wie militärische Amtsträger per Eid verpflichtet haben, nicht zu zerstören vermögen.«

König Juan Carlos I. begann nach dem Bekanntwerden des Putsches mit den führenden Militärs seines Landes zu telefonieren und sich ihrer Loyalität zu versichern. Den Befehlshabern der neun Militärregionen und den Militärgouverneuren in den Provinzen teilte er mit, dass die Putschisten nicht im Einverständnis mit ihm handelten. Der Oberbefehlshaber der *Guardia Civil* begab sich zum Parlamentsgebäude und befahl den Putschisten, sich zurückzuziehen, was die Gardisten verweigerten. Das Parlamentsgebäude wurde von Einheiten der *Guardia Civil* und der Nationalpolizei umstellt.

Nun erschien General Armada im Parlament und führte eine Unterhaltung mit dem Kopf der Verschwörer, Oberstleutnant Antonio Tejero, unter vier Augen. Er schlug vor, den gefangenen Abgeordneten die Übernahme der Macht im Land durch eine von ihm geführte All-Parteien-Regierung zu verkünden. Tejero wiederholte, was er seinem Chef zuvor schon gesagt hatte, nämlich dass er nur Befehle vom Oberbefehlshaber der III. Militärregion, Generalleutnant Milans del Bosch, entgegennehmen werde. Armada verließ das Gebäude unverrichteter Dinge und wurde unter Bewachung gestellt.

Um 1.14 Uhr sendete das spanische Fernsehen die Ansprache des Königs. Er war in der grünen Uniform des Heeres erschienen, die seine Rolle als Oberkommandierender der Streitkräfte unterstrich: »Angesichts der außergewöhnlichen Umstände, die wir in diesen Augenblicken durchleben, richte ich mich mit dieser kurzen Ansprache an alle Spanier. Ich bitte Sie alle um allergrößte Besonnenheit und um Ihr Vertrauen. Weiter teile ich mit, dass ich folgenden Befehl an die regionalen Befehlshaber der Land-, See- und Luftstreitkräfte ausgegeben habe: Angesichts der Lage, die durch die Ereignisse im Sitz des Abgeordnetenhauses eingetreten ist, und um jedem möglichen Zweifel zu begegnen, bestätige ich, dass ich die Zivilbehörden und den Generalstab der Streitkräfte angewiesen habe, im Rahmen der Gesetze alle notwendigen Maßnahmen zu ergreifen, um die verfassungsmäßige Ordnung aufrechtzuerhalten. Etwa notwendig werdende militärische Maßnahmen jeglicher Art bedürfen der Zustimmung des

Generalstabs der Streitkräfte. Die Krone als Symbol der Beständigkeit und Einheit des Vaterlandes kann in keiner Weise Handlungen von Personen hinnehmen, die versuchen, mittels Einsatzes von Gewalt den demokratischen Prozess zu stören, der durch die Verfassung, die das spanische Volk in einer Volksabstimmung angenommen hat, vorgegeben ist.«

Erneut wandte sich der König telefonisch an Milans del Bosch, den er erst vier Jahre zuvor erfolgreich davon abgehalten hatte, sich gegen die Regierung zu erheben. Und auch diesmal folgte ihm der meuternde General. Er ließ über den Rundfunk verkünden, dass der Ausnahmezustand aufgehoben worden sei. Als Oberstleutnant Tejero ihn am Telefon verlangte, um weitere Befehle zu erhalten, ließ sich der General verleugnen. Am Vormittag wurden die gefangenen Abgeordneten nach und nach freigelassen. Zum Schluss verließ Oberstleutnant Tejero das Parlamentsgebäude. Er wurde verhaftet.

1982 wurde jeder Zehnte der 300 Beteiligten von einem Militärgericht verurteilt, die Anführer bis zu 30 Jahren Gefängnis. Dienstgrade vom Leutnant abwärts zog man nicht zur Verantwortung. Offizielle Untersuchungen nach den Hintermännern unterblieben. Der Sieg über die Putschisten bildete den Abschluss der *transición,* des Übergangs von der Diktatur zur Demokratie. Das Auftreten von König Juan Carlos I. (der diese Klarheit vor dem Putsch nicht selten hatte vermissen lassen) festigte seine Stellung in der spanischen Gesellschaft. Er hatte seine Vergangenheit als Ziehsohn Francos endgültig abgelegt.

Doch der Putsch führte auch dazu, dass mehrere von Adolfo Suárez geplante Reformen zurückgestellt wurden. Die Autonomie in den Regionen wurde vertagt, die Reform der Streitkräfte und Sicherheitsbehörden auf Eis gelegt. Bei vorgezogenen Neuwahlen 1982 siegte die Sozialistische Arbeiterpartei Spaniens (PSOE) mit der absoluten Mehrheit der Stimmen.

Der Mitgründer der Vereinigung zur Wiedererlangung des historischen Gedächtnisses (ARMH) Emilio Silva sieht rückblickend im Putsch einen entscheidenden Wendepunkt: »Es gab zwar Ende der Siebzigerjahre eine Auseinandersetzung mit dem Franquismus, es gab Exhumierungen, aber der Aufstand des Obersts Tejero am 23. Februar 1981, der 23-F, setzte ihnen ein Ende. Diejenigen, die den Franquismus miterlebt hatten, wollten ihn nicht noch einmal zum Leben erwecken. Den Satz, den Tejero brüllte: ›¡Quieto todo el mundo! – Alles stillhalten!‹, im Fernsehen zu sehen, war ein unerbittlicher Befehl. In einem Land, das vierzig Jahre lang voller Angst gelebt hatte, muss jemand nur mit einer Pistole im Parlament auftauchen, diesen Satz brüllen, das war's dann auch schon. In dem Sinn hat der Putsch triumphiert.«

Siegreiche Sozialdemokraten (deutsch geprägt)

Die SPD unterstützt den Aufbau der PSOE als Gegengewicht zu den erstarkenden Kommunisten – Felipe González siegt mit dem Wahlslogan »100 Jahre Ehrlichkeit« – Die Partei der Sozialdemokraten versinkt im Sumpf der Korruption

Sie ist die älteste Partei Spaniens und wurde 1879 als Sozialistische Partei der Arbeit gegründet. Ein Jahr später erhielt sie den Namen, den sie bis heute trägt: *Partido Socialista Obrero Español* (PSOE). Wie in vielen europäischen Schwesterparteien kam es 1920 auch hier zur Abspaltung der Kommunisten. In der Zweiten Republik gelang ihr 1931 der Einzug als stärkste Fraktion ins Parlament. In der Zeit des Bürgerkriegs stellte die PSOE mit Francisco Largo Caballero und Juan Negrín die Ministerpräsidenten. Nach dem Sieg Francos ging die Partei ins Exil. Die Parteizentrale befand sich im französischen Toulouse.

Parteiinterne Auseinandersetzungen prägten die Jahrzehnte im Exil. Durch die Erfahrungen mit den stalinistischen Kräften innerhalb der KP war die PSOE strikt gegen jede Annäherung an die Kommunisten. Zunehmend entfremdete sich die Parteiführung in Toulouse aber auch von den neu entstehenden sozialistischen Kräften in Spanien.

Auf ihrem 26. Parteitag wählte die PSOE 1974 den Rechtsanwalt Felipe González (Jahrgang 1942) zum Generalsekretär. Der Landarbeitersohn aus Sevilla hatte illegal im Land für die Partei gearbeitet und ein breites Netzwerk mit Gewerkschaftern und anderen politischen Kräften im Land aufgebaut. Seine Wahl bedeutete den Abschied der exilierten »historischen Führung« der Partei von der Macht. Die jungen Kader, die den Krieg nicht miterlebt hatten, übernahmen die Führung auf allen Ebenen. Die alten Kader spalteten sich ab und gründeten die *Partido de Acción Socialista* (PASOC).

Entscheidend für die Neuausrichtung war die Arbeit einer deutschen parteinahen Stiftung. Die SPD nahm seit Beginn des Neuaufbaus eine zentrale Rolle bei der Entwicklung der PSOE über ihre Friedrich-Ebert-Stiftung (FES) ein. »Während sich die PSOE immer stärker in innerparteiliche Fehden verstrickte und ihre Energie darauf verwendete, ihren Alleinvertretungsanspruch aufrechtzuerhalten, stieg das Prestige der im Land stärker präsenten Kommunisten an. Mit der Zeit wurde der SPD-Führung klar, dass eine Neuausrichtung ihrer Spanienpolitik das schmerzhafte Eingeständnis abverlangte, dass Franco nicht durch die exilierte Opposition gestürzt werden könne«, beschrieb der SPD-Politiker Niels Annen die Ausgangslage in einem Vorwort zur Studie von António Muñoz Sánchez über die Tätigkeit der FES in Spanien.

Die Hilfe der SPD kam von ganz oben: Willy Brandt, Herbert Wehner und Helmut Schmidt kümmerten sich persönlich um die spanische Schwesterpartei. Wichtigster Kontaktmann der SPD zu den Sozialdemokraten in Spanien war der spätere Forschungsminister Hans Matthöfer, der schon Anfang der 1950er Jahre Kontakte zum sozialistischen Untergrund geknüpft hatte. Der langjährige Leiter der FES in Spanien, Dieter Koniecki, koordinierte die Arbeit vor Ort. »Die beträchtlichen personellen und finanziellen Mittel, die die FES in ihr Spanienprojekt investierte, haben zweifellos zur Etablierung und Konsolidierung der iberischen Demokratie einen wichtigen Beitrag geleistet«, so Annen weiter.

Ohne die finanzielle Unterstützung und die Kaderschulung durch die SPD wäre die PSOE nicht in der Lage gewesen, nach Francos Tod binnen weniger Jahre zur stärksten Partei aufzusteigen und 1982 die Regierung zu übernehmen. Bei einem Treffen von Felipe González mit Willy Brandt in Bonn waren sich beide Politiker einig, dass ein gewaltsamer Sturz der Franco-Diktatur die Errichtung einer Militärdiktatur nach sich zöge, die den Bewegungsspielraum der Opposition noch weiter einengen würde.

In Vorbereitung der ersten freien Wahlen finanzierte die SPD die Basis der Parteiarbeit in den Provinzen, richtete Büros ein, stattete sie mit der notwendigen Technik aus und schulte die Kader. Die PSOE verfügte zu diesem Zeitpunkt nur über knapp 8000 Mitglieder, denn noch immer war die Partei illegal. Die Friedrich-Ebert-Stiftung gründete das *Instituto de Técnicas Electorales* (ITE), das als Propagandazentrale der PSOE diente.

In Sommerkursen wurden Kaderschulungen abgehalten. Im Dezember 1976 fand der erste Parteitag in Spanien selbst statt, an dem Willy Brandt und Olof Palme teilnahmen. Maßgeblich beeinflusste eine von der FES finanzierte Umfrage über die politischen Erwartungen den Wahlkampf, aus dem die PSOE als zweitstärkste Partei hervorging. Danach wünschten die Spanier aus Furcht, die traumatischen Ereignisse des Bürgerkrieges könnten zurückkehren, keine Auseinandersetzung mit der Vergangenheit.

Die SPD finanzierte Stiftungen der PSOE sowie der Gewerkschaft UGT. Dort wurden Tausende Mitglieder auf ihre Arbeit in der Partei vorbereitet. Von 1977 bis zu den Wahlen 1982 lag der Schwerpunkt vor allem im Ausbau und der Verankerung der PSOE in den Provinzen des Landes. Die FES konzentrierte sich insbesondere auf die Vorbereitung von Kandidaten für die Kommunalwahlen. Speziell zur Ausbildung dieser Vertreter wurde von der FES das *Centro de Estudios de la Administración* (CEA) gegründet. Der Erfolg stellte sich ein: 1979 saß die PSOE bereits in zwei Dritteln der örtlichen Vertretungen des Landes. Auch die Denkfabrik der spanischen Sozialdemokraten, das *Instituto de Investigaciones Económicas y Sociales Aplicadas* (IESA) wurde mit Geld aus der Bundesrepublik etabliert.

* * *

Lohn der Arbeit war ein triumphaler Sieg der PSOE bei den Wahlen 1982, welcher ihr die absolute Mehrheit der Stimmen verschaffte. Mit ihrem Wahlmotto »Hundert Jahre Ehrlichkeit« hatte sie einen Nerv der Spanier getroffen, die der unzähligen Fälle von Korruption und Vetternwirtschaft überdrüssig waren. Felipe González wurde Regierungschef und blieb 14 Jahre im Amt. In dieser Zeit errichteten die Sozialisten einen funktionierenden Sozialstaat: Steuergelder finanzierten die Arbeitslosenunterstützung, das Rentensystem, den staatlichen Gesundheitsdienst und garantierten den freien Zugang zu Schulen und Universitäten.

Das Versprechen »100 Jahre Ehrlichkeit« hielt nicht lange. Kurz nach der Regierungsübernahme wurde Spaniens größtes Privatunternehmen von den Sozialisten nationalisiert. Mithilfe des Opus-Dei-Netzwerks hatte der Weinhändler José M. Ruiz-Mateos, der seit 1963 dem Laienorden angehörte, eine Sherry-Firma zum größten spanischen Unternehmen aufgebaut. Seine RUMASA umfasste zum Zeitpunkt der Enteignung 700 Firmen, 18 Banken, den größten Handelskonzern, einen der größten Grundbesitze Europas bei Cádiz sowie Spaniens größte private Holding. Alles in allem setzte sie mit umgerechnet sieben Milliarden D-Mark pro Jahr zwei Prozent des spanischen Bruttosozialprodukts um.

Der sozialistische Wirtschaftsminister Miguel Boyer war ein ausgewiesener Bankfachmann, und seine Stimme als »Superminister« im Kabinett González hatte Gewicht. Ihn beunruhigte, dass Ruíz-Mateos mit seinen 18 Banken alles finanzieren konnte, was immer ihr Eigentümer wünschte. Dadurch geriet das ganze Konstrukt allmählich in eine Schieflage. Der Minister befürchtete, dass zur Rettung die Einlagen der Bankkunden benutzt werden könnten. Bereits seit 1978 hatte die spanische Staatsbank versucht, die Lage und Geschäftspolitik des Konzerns zu durchschauen, doch Ruiz-Mateos verweigerte die Einsicht in seine Geschäftsunterlagen. Nun drohte Boyer öffentlich, er werde notfalls staatliche Prüfer schicken.

Die Warnung vor einem drohenden Banken-Crash schreckte die Anleger auf, die ihr Geld abzogen. Daraufhin beschloss das Kabinett, die RUMASA zu enteignen. Die Konzernzentrale wurde von Polizisten besetzt, der Handel mit den Aktien des Konzerns ausgesetzt und die Banken der Gruppe zunächst geschlossen. Nach einem ersten Überblick gab Wirtschaftsminister Boyer bekannt, dass die RUMASA überschuldet gewesen sei und allein der Staat noch 21 Milliarden Pesetas (gut 400 Millionen D-Mark) an offenen Forderungen gehabt habe.

Nach und nach wurden große Teile der RUMASA-Unternehmen reprivatisiert. Ein Bieterkampf entbrannte um die Warenhausgruppe Galerias Preciados. (Zu den Großaktionären gehörte Francos Witwe, die ihre Anteile an Ruíz-Mateos verkauft hatte.) In der Endrunde gab es noch zwei Bewerber: die kolumbianische Roca-Gruppe und die venezolanische Unternehmerfamilie Cisneros. Letztere bekam den Zuschlag. Später wurde bekannt, dass Felipe González mehrmals seine Ferien auf der venezolanischen Insel La Orchila verbracht hatte, wo ihm die Cisneros eine Yacht und ein Privatflugzeug zur Verfügung gestellt hatten. Die Cisneros erwarben die Warenhausgruppe schließlich zu einem vergleichsweise geringen Preis. Wenige Jahre später verkauften sie Galerias Preciados für ein Vielfaches.

Bereits zu diesem frühen Zeitpunkt zeigte der spanische Regierungschef einen fatalen Hang zum großen Geld. González bevorzugte die Nähe zu jenen, die weder zu den Prinzipien seiner Partei noch zum Versprechen von »100 Jahre Ehrlichkeit« passten. Persönliche Freundschaften verbinden ihn bis heute mit dem reichsten Lateinamerikaner, Carlos Slim. Der stellt, wann immer González es wünscht, ein Privatflugzeug und eine Unterkunft zur Verfügung. Enge Bindungen hält der Sozialist zum marokkanischen Königshaus oder zum Unternehmer Jesús Barderas, der vor der spanischen Justiz in die Dominikanische Republik floh, wo er bis zu seinem Tod 2010 für Felipe González stets eine Suite in seinen superteuren Luxusressorts bereithielt.

Heute ist einiges über den persönlichen Reichtum des sozialistischen Ex-Regierungschefs bekannt. Felipe González besitzt zwei Firmen, darunter den Finanzfonds Tagua Capital S.A., der über die Ialcon Consultoría SL González die Mehrheit an einem Immobilienbesitz im marokkanischen Tanger hält. Nach Recherchen des Journalisten Javier Chicote gehören ihm ferner ein Haus in Somosaguas, ein Haus in Madrid, ein Haus in Cádiz und eine Finca in der Extremadura.

Auch die ganze Parteispitze geriet in Verruf. So kam heraus, dass die Wahlkampagne der PSOE mit Schwarzgeld finanziert worden war (auch der deutsche Konzern Siemens spendete 14 Millionen Pesetas in die Parteikasse, um im Gegenzeug bei der Ausschreibung zum Bau des Hochgeschwindigkeitszuges AVE zwischen Madrid und Sevilla zum Zuge zu kommen). In einem Korruptionsverfahren gegen die Chefbuchhalterin der PSOE wurde bekannt, dass sie sich von abgezweigten Einnahmen der Partei eine große Villa leistete. Darin ließ sie ihre zahlreichen Pelzmäntel in einer eigens eingerichteten Kühlkammer aufbewahren.

Der Notenbankchef machte durch Insiderinformationen binnen weniger Monate ein Vermögen und holte mit dem Wirtschaftsminister noch einen weiteren Begünstigten ins Boot. Luís Roldan hatte als erster Zivilist die Führung der *Guardia Civil* übernommen und für sämtliche Aufträge zum Bau von Kasernen Provisionen eingesteckt. Hinzu kam, dass er Gelder, die vom Innenministerium für den Kampf gegen den Terrorismus gedacht waren, auf sein persönliches Konto umleitete. Am Ende saldierte sich der Gesamtschaden auf 60 Millionen D-Mark.

Der Bruder des stellvertretenden Generalsekretärs des PSOE nutzte seine Beziehungen, um vom Parteibüro aus sein Unternehmen mit Aufträgen zu versorgen. Der Präsident der spanischen Eisenbahngesellschaft RENFE musste wegen illegaler Grundstücksgeschäfte zurücktreten. Die sozialistische Gewerkschaft UGT verspekulierte sich, was zur Auflösung der gewerkschaftseigenen Wohnungsbaukooperative führte. Illegale Abhöraktionen von Journalisten, Unternehmern, Politikern bis hin zum König durch den militärischen Geheimdienst rundeten die *chronique scandaleuse* ab.

Wie die Gründung kam auch die Finanzierung der PSOE zu Teilen aus Westdeutschland. Ausgerechnet der größte Schmiergeldzahler, Eberhard von Brauchitsch, der in der alten Bundesrepublik Geld quer durch Parteien zur »politischen Landschaftspflege« verteilte, wurde auch in Spanien aktiv. Das Geld stammte von Friedrich Karl Flick, einem der größten deutschen Industriellen. Er hatte sein Vermögen von seinem Vater geerbt, der wiederum Adolf Hitlers größter Spender gewesen war. Während der *transición* und für die Finanzierung der Wahlen 1982 floss viel Geld aus dieser Kasse an die spanischen Sozialisten.

Die illegale Parteienfinanzierung kam durch eine Steuerprüfung 1982 in der Bundesrepublik heraus. Sie wurde zum größten Korruptionsfall der deutschen Nachkriegsgeschichte. Im Gegenzug für Bargeldzahlungen hatte die sozialliberale Koalition Flick Steuererleichterungen in Höhe von 450 Millionen DM zugebilligt. 1984 räumte der Vorsitzende des Untersuchungsausschusses, der SPD-Bundestagsabgeordnete Peter Struck, ein, dass die PSOE über seinen Fraktionskollegen Hans-Jürgen Wischnewski aus der Parteispende von Flick eine Million DM erhalten habe.

Vor dem Untersuchungsausschuss des spanischen Abgeordnetenhauses wurde Eberhard von Brauchitsch 1985 zur Flick-Spende für die PSOE geladen. »Ich habe verstanden, dass Herr Flick vom Kriegsverbrechertribunal in Nürnberg als Kriegsverbrecher der Nazis verurteilt wurde. Sie selbst sind Sohn eines Generals, der Hitlers Generalstabschef war«, wandte sich KP-Chef Santiago Carrillo an ihn. »Wie erklären Sie es, dass Sie die PSOE finanzieren?« Der Zeuge antwortete: »Wir versuchten damit den Vormarsch des Kommunismus zu verhindern, und die geeignete Partei dafür war die PSOE.« Parteichef Felipe González geriet darüber in arge Verlegenheit. Doch er antwortete auf die Frage, ob er jemals Geld von Flick bekommen habe: »Nicht eine Pesete, nicht von Flick noch von Flock!« Die Mehrheit der Abgeordneten folgte seiner Darstellung. Als alles verjährt war, antwortete er: »Es war Geld für eine gerechte Sache.«

* * *

In der zweiten Legislaturperiode, in der PSOE ihre absolute Mehrheit verloren hatte, verschlechterten sich die wirtschaftlichen Rahmenbedingungen. Überschießende Importe ließen die Schulden auf 60 Prozent des Bruttosozialprodukts steigen, und bald erfüllte Spanien keines der Kriterien für die geplante Europäische Währungsunion mehr. Prestigeträchtige Großprojekte wie das 500-jährige Jubiläum der Entdeckung Amerikas, die Olympischen Spiele in Barcelona, die Weltausstellung in Sevilla, Madrid als Kulturhauptstadt Europas oder die Festlichkeiten zum zehnjährigen Jubiläum der Machtübernahme der Sozialisten leerten die Staatskasse in atemberaubendem Tempo. Zweimal hintereinander rettete sich die Regierung nur durch eine Abwertung der Peseta.

In dieser herausfordernden Zeit verliebte sich der sozialistische Wirtschaftsminister Miguel Boyer in die geschiedene Ehefrau des Sängers Julio Iglesias, trat aus seiner Partei aus und schlug sich im Wahlkampf 1996 auf die Seite des politischen Gegners, der *Partido Popular* (PP), und ihres Spitzenkandidaten José María Aznar. Dafür wurde er mit einem Posten beim Erdölkonzern Repsol belohnt.

Terror und Gegenterror

Die PSOE wird zum Ziel des Terrors – Rechte Todesschwadronen verfolgen die ETA –Drahtzieher sind der sozialdemokratische Innenminister und sein Geheimdienstchef – Die ETA stellt den bewaffneten Kampf ein

Bereits vor den Wahlen 1982 hatte die ETA Kommunalvertreter der Parteien ins Visier genommen. Nach dem Sieg der PSOE verstärkte sie ihre Angriffe. Am 23. Februar 1984 klingelte es an der Haustür des sozialistischen Senators Enrique Casas im baskischen San Sebastián. Er öffnete und wurde mit 15 Schüssen hingerichtet. Casas war Physiker, hatte an der Universität Erlangen-Nürnberg seinen Abschluss gemacht, war mit einer Deutschen verheiratet und hatte mit ihr vier Kinder.

Er wurde am 3. Jahrestag des Putsches der *Guardia Civil* Opfer eines Anschlags der baskischen *Komando Autonomo Antikapitalistak* (Autonome Antikapitalistische Kommandos), einer Abspaltung der ETA. Sie waren teils marxistisch, teils anarchistisch geprägt, operierten eigenständig ohne zentrale Führung, aber einig in der Ablehnung politischer Parteien und der Gewerkschaften.

Casas war die Schlüsselfigur der PSOE im Baskenland. Er wurde 1979 zum Generalsekretär gewählt und war für die Kaderausbildung der Partei in den Regionen verantwortlich. Seine Mörder nannten sich *Komando Autonomo Mendeku*. Diese Gruppe verübte 1983/84 die meisten Attentate gegen die PSOE und ihre Funktionäre im Baskenland. Einen Monat nach dem Mord an dem baskischen PSOE-Führer erschoss die Nationalpolizei vier der Attentäter und nahm einen fünften fest. Danach stellte das Kommando seine Attentate ein. Die anderen Teile der ETA setzten die Terrorkampagne im ganzen Land fort.

Ab 1983 kehrten sich plötzlich die Verhältnisse um. Nun wurden tote ETA-Kämpfer gefunden, doch niemand bekannte sich zu den Taten. In der Phase des Übergangs hatte es bereits vereinzelte rechte Todesschwadronen gegeben, die die ETA verfolgten, so das Baskisch-spanische Bataillon (BVE), die antimarxistischen Kommandos, die Gruppe bewaffneter Spanier oder die Organisation Triple A. Auch gab es Hinweise auf die Zusammenarbeit mit Teilen der Sicherheitskräfte.

Im Dezember 1983 wurde Mikel Antonio Goikoetxea (»Txapela«), einer der meistgesuchten ETA-Führer, im südfranzösischen Saint-Jean-de-Luz von zwei unbekannten Scharfschützen erschossen. Die Verantwortung übernahm eine neue Organisation, die *Grupos Antiterrorista de Liberación* (GAL). Ihr Motto: Auge um Auge, Zahn um Zahn, arithmetische Vergeltung. Doch ihre nächste Aktion traf schon den Falschen: Sie entführten den Möbelhändler Segundo Marey, den sie mit dem ETA-Führer Mikel Lujuha verwechselten. Nach zehn Tagen ließen sie ihn wieder frei.

Neun Monate nach dem Mord am PSOE-Führer Casas fand die Polizei die Leiche des Kinderarztes Santiago Brouard in seiner Praxis. Er war Führer der baskischen Unabhängigkeitspartei Herri Batasuna, kandidierte für das Bürgermeisteramt in Bilbao und war ein langjähriger Unterstützer der ETA. 1974 musste er nach Frankreich fliehen, weil er einen verwundeten Kämpfer behandelt hatte, der von der Polizei angeschossen worden war. 1984 wurde er ins baskische Parlament gewählt.

Erst 1993 wurden seine Attentäter zu langjährigen Haftstrafen verurteilt. Es waren professionelle Killer, angeheuert von der GAL. Beim Verhör sagte einer der Todesschützen aus, er habe drei Millionen Pesetas von Oberstleutnant Rafael Masa von der *Guardia Civil* für die Ausführung des Mordauftrags erhalten. Das Geld sollte vom Chef des spanischen Geheimdienstes und PSOE-Mitglied Julián Sancristóbal Iguarán gekommen sein. Nun war es eine Staatsaffäre. Hatte die sozialistische Regierung politische Morde in Auftrag gegeben?

Tatsache war, dass mehr als 20 ETA-Kämpfer – viele von ihnen im sicher geglaubten Exil in Südfrankreich – getötet worden waren. Polizisten, die in diese Fälle verwickelt waren, berichteten dem mit dem Fall betrauten Untersuchungsrichter Baltasar Garzón, dass die Aktionen in der Polizeizentrale in Bilbao koordiniert wurden und das Innenministerium in Madrid die Aktion finanziert habe. Darauf stellt Garzón einen Haftbefehl für einen Staatssekretär im Innenministerium aus und löste damit den größten Skandal seit dem Putschversuch vom 23. Februar 1981 aus.

Weitere Haftbefehle wurden gegen den Chef des spanischen Geheimdienstes, den Zivilgouverneur des Baskenlandes und zwei Polizeiführer ausgestellt. Es folgten die üblichen Reaktionen: Garzón sei moralisch ungeeignet, handele aus persönlicher Feindschaft und sei Teil einer Verschwörung mit dem Ziel, die Regierung von Felipe González zu stürzen. Dabei hatte der Regierungschef selbst dem jungen Untersuchungsrichter angeboten, neben ihm bei den Parlamentswahlen in Madrid auf Listenplatz zwei zu kandidieren, was Garzón auch angenommen hatte. Er sollte das Feigenblatt für den wegen der zahllosen Skandale angeschlagenen González werden und erhielt zum Dank den Posten eines Staatssekretärs im Innenministerium. Nach einem Jahr trat er von diesem Posten zurück.

Garzón brachte die Verdächtigen vor Gericht, wo sie 1998 zum Teil zu langen Gefängnisstrafen verurteilt wurden. Während des Prozesses kam heraus, dass viele Attentate und Entführungen der GAL durch französische Söldner durchgeführt wurden, die von spanischen Polizisten angeworben worden waren. Die Liste der Verurteilten war spektakulär: Der sozialistische Innenminister José Barrionuevo wurde wegen seiner Beteiligung an der GAL zu zehn Jahren Haft verurteilt; ferner sein Staatssekretär und Chef des Geheimdienstes, der Generalsekretär der PSOE im Baskenland und der oberste Leiter der Anti-Terror-Bekämpfung sowie der Chef des Geheimdienstes in Bilbao.

2010 gab Ex-Ministerpräsident Felipe González in einem Interview mit der Tageszeitung »El País« die aufsehenerregende Erklärung ab, dass er möglicherweise selbst die Befehle gegeben haben könnte. »Ich hatte die einzigartige Möglichkeit in meinem Leben, den Befehl zu geben, die gesamte Führung der ETA zu liquidieren.« Er habe sich aber dagegen entschieden, »sie alle zusammen in dem Haus in die Luft zu jagen, in dem sie sich trafen«.

Die Kenntnis des Regierungschefs über die Existenz der GAL und deren Aktionen bestätigte auch der inzwischen verurteilte Staatssekretär im Innenministerium Rafael Vega. Es sei zu erwarten gewesen, dass die Attentate gegen die ETA-Führung in Südfrankreich zu schweren diplomatischen Verstimmungen mit dem Nachbarland führen könnten. Der Chef der *Guardia Civil,* Generalleutnant José Antonio Sáenz de Santa María, sagte 1995 in einem Interview: »Im Kampf gegen den Terror gibt es Dinge, die man nicht tun sollte. Wenn man sie dann doch tut, sollte man darüber nicht reden. Wenn geredet worden ist, muss man sie leugnen.«

Die Witwe eines der Opfer der GAL, das sie irrtümlich für einen ETA-Kämpfer gehalten und getötet hatten, forderte, Felipe González vor Gericht zu stellen. Im August 1996 verweigerte die rechtskonservative Regierung des Nachfolgers José Maria Aznar dem Obersten Gericht die Herausgabe der für die Ermittlungen notwendigen geheimen Unterlagen. Sie berührten »die Sicherheitsinteressen des Staates«. Die Hauptbeschuldigten im GAL-Prozess, Ex-Innenminister José Barrionuevo und Geheimdienstchef Rafael Vera, wurden zwei Jahre später begnadigt.

»Ich habe immer an einen sauberen Kampf gegen das Verbrechen und die Verbrecher geglaubt, an die Legalität. Es ist effizienter, sie so zu bekämpfen. Schlechte Gewohnheiten haben schon immer sehr negative Folgen gehabt, vor allem wenn sie in so sensiblen Bereichen erfolgen wie im Kampf gegen den Terrorismus oder das organisierte Verbrechen. Die GAL sind das sichtbarste und bekannteste Beispiel dafür«, sagte Richter Garzón. »Die Ernennung von José Barrionuevo zum Innenminister nach dem Wahlsieg der Sozialisten 1982 überraschte. Als aussichtsreichster Kandidat galt Carlos Sanjuán, sozialistischer Rechtsanwalt und

Auditor der Militärjustiz. Es heißt, Sanjuán habe eine radikale Säuberung bei der Polizei gefordert, Barrionuevos Priorität hingegen sei der Kampf gegen den Terror gewesen.«

Die ETA stellte 2011 nach 2606 Aktionen und 758 Toten den bewaffneten Kampf ein. Sieben Jahre später gab sie die Selbstauflösung bekannt. In einer Erklärung hieß es, die revolutionäre Organisation sei sich bewusst, dass sie für »maßloses Leid« die Verantwortung zu übernehmen habe, dass sie viel Schmerz und Schaden angerichtet habe, der nicht wiedergutzumachen sei. Deshalb habe sich die Organisation nach langer und eingehender Debatte entschieden, den »Toten, Verletzten und ihren Angehörigen« zu sagen: »Es tut uns wirklich leid.«

Die Rechte kehrt an die Macht zurück

Ein Spross aus höchsten franquistischen Kreisen wird Premier – Seine Wirtschaftserfolge bringen ihm die absolute Mehrheit und Spanien den Euro – Die Partido Popular versinkt im Morast der Korruption

Zwei Jahrzehnte nach Francos Tod kehrte die Rechte zurück an die Macht. Der neue Regierungschef, José Maria Aznar, entstammte einer der einflussreichsten franquistischen Familien. Sein Großvater war Verleger der einflussreichen Zeitung »La Vanguardia Española«, Mitbegründer der spanischen Nachrichtenagentur EFE sowie Botschafter Francos in den USA, bei der UNO, in Marokko und Argentinien. Aznars Vater diente während des Bürgerkriegs als Propagandachef der faschistischen Falange. Nach dem Krieg leitete er die größten Radiostationen des Landes und war Vizechef des Rundfunks im Ministerium für Information und Tourismus.

Wie sah der Journalismus in den Jahrzehnten der Diktatur aus? Alles, was veröffentlicht werden sollte, wurde einer strengen Zensur unterworfen. Wer als Journalist arbeiten wollte, musste Mitglied der Standesorganisation *Sindicato Vertical de Papel y Prensa y Artes Gráficas* werden. Dort erhielt er den Presseausweis, wobei er bei Übergabe einen Eid abzulegen hatte: »Ich schwöre vor Gott, Spanien und seinem Führer, der Einheit, Größe und Freiheit des Vaterlandes mit ganzer Treue unter den Prinzipien des spanischen Staates zu dienen, ohne es jemals zu gestatten, dass Falschheit, Hinterlist oder falscher Ehrgeiz meine Feder bei der Arbeit beeinflussen.« Laufend kamen Anweisungen an die Redaktionen, mit denen in die Arbeit eingegriffen wurde. So erließ die Zensur z. B. die Anweisung, bei Veröffentlichung eines Bildes von Prinz Juan Carlos in dieselbe Ausgabe mindestens fünf Fotos von Franco zu stellen.

José Maria Aznar besuchte ein katholisches Kolleg in Madrid und schloss sich an der Universität der ultrarechten Studentenorganisation *Frente de Estudiantes Sindicalistas* (FES) an. Obwohl sie eine Untergliederung der Falange war, agierte sie selbständig und scheute sich nicht, die Politik des Diktators zu kritisieren. So bemängelte sie die Abkehr Francos von den Ideen des Gründers der Falange, des 1936 erschossenen José Antonio Primo de Rivera.

Aznar wurde Steuerinspektor und schloss sich dem rechtskonservativen Parteienbündnis *Alianza Popular* (AP) an, das ihn 1982 zum Generalsekretär wählte. Während die CSU unter Franz Josef Strauß die AP mit ihrer Hans-Seidel-Stiftung unterstützte, hielt es die Schwesterpartei CDU mit der christdemokratischen UCD des Regierungschefs Adolfo Suárez.

1989 ging aus dem Bündnis von AP und UCD die *Partido Popular* (PP) hervor, die Aznar zum Parteivorsitzenden wählte. 1995 verübte die ETA einen Bombenanschlag auf sein gepanzertes Dienstfahrzeug, den er überlebte. Ein Jahr später gewann er die Wahlen und bildete eine Minderheitenregierung unter Einschluss der Regionalparteien, die nach mehr Autonomie strebten. Bei den nächsten Wahlen am 12. März 2000 holte die PP die absolute Mehrheit der Stimmen. Grund dafür war ihre erfolgreiche Wirtschaftspolitik. Die Arbeitslosigkeit halbierte sich auf elf Prozent, die Staatsverschuldung ging durch die Privatisierung von großen Staatsbetrieben zurück. Das ermöglichte es Spanien, der europäischen Währungsunion und der Euro-Zone beizutreten.

Außenpolitisch verband sich Aznar mit den USA und ihrem Präsidenten George W. Bush, dem er 2003 bedingungslos in den Irak-Krieg folgte. Das kam in Spanien nicht gut an, zumal seine Informationspolitik eine Verschleierung der Kriegsgründe war. Private Feierlichkeiten, wie die Hochzeit seiner Tochter, zu der Silvio Berlusconi und Tony Blair erschienen, wurden als gesellschaftliche Ereignisse des ganzen Landes gefeiert. Das steigerte nicht unbedingt die Popularität des spröden Regierungschefs. Die Unterstützung der *Fundación Nacional Francisco Franco* mit

Steuermitteln stieß insbesondere bei den Opfern des Diktators auf Widerstand.

Ausschlaggebend für die Abwahl der Regierung Aznar waren die Bombenanschläge auf drei Bahnstationen rund um Madrid am 11. März 2004, drei Tage vor den angesetzten Wahlen. Es war mit 191 Toten und 2057 Verletzten der folgenreichste Anschlag in Europa seit Ende des Zweiten Weltkrieges. Ungeachtet der sich verdichtenden Hinweise auf einen islamistischen Terrorakt erklärte die Regierung, die Täter seien bei der ETA zu suchen. Die PSOE mit ihrem Spitzenkandidaten José Luis Rodríguez Zapatero gewann mit 42,6 Prozent der Stimmen.

Aznar ging in die USA, übernahm eine Professur und wurde später Berater des Medienmoguls Rupert Murdoch. Weitere Beratungsmandate folgten, so unter anderem für den Minengiganten Barrick Gold oder für die weltgrößte Anwaltssozietät DLA Piper. Millionen verdiente der Ex-Premier 2010 für die Verhandlungsführung zwischen dem spanischen Konzern Albengoa S.A. und dem libyschen Diktator Gaddafi. Die Finanzbehörden verurteilten 2015 die Famaztella S.L., die Firma des früheren Steuerinspektors Aznar und seiner Frau, der Ex-Bürgermeisterin von Madrid, zu einer umfänglichen Nachzahlung.

* * *

Jahre nach dem Verlust der Regierungsmacht stand die *Partido Popular* im Zentrum eines riesigen Korruptionsskandals: dem Fall »Gürtel«. Der ungewöhnliche Name war ein Code, unter dem die Strafverfolgungsbehörden ermittelten. Und weil der Hauptverdächtige Correa hieß, benutzte man die deutsche Übersetzung seines Namens – eben »Gürtel«. Ende 2007 erstattete ein ehemaliges Stadtratsmitglied der PP in einem Vorort von Madrid Anzeige gegen Correa und weitere Personen. Sie sollten mithilfe von Scheinfirmen Geld für fiktive Aufträge aus öffentlichen Mitteln erhalten haben.

Am 6. Februar 2009 eröffnete der bekannte Untersuchungsrichter Baltasar Garzón ein Ermittlungsverfahren. Es ging um den Verdacht eines Korruptionsnetzwerks in Madrid, Valencia und der Costa del Sol. Die Tatbestände lauteten Geldwäsche, Steuerbetrug und Bestechung. Kopf des Netzwerks sollte der Unternehmer Francisco Correa sein. Im Zentrum der öffentlichen Aufmerksamkeit standen führende Funktionäre der *Partido Popular.* Die Verbindung zwischen Correa und der PP ging auf die Entscheidung des damaligen Parteivorsitzenden José Maria Aznar zurück, alle öffentlichen Parteiveranstaltungen durch den Unternehmer organisieren zu lassen.

Die konservative Tageszeitung »El Mundo« berichtete über ein Treffen von Garzón mit dem sozialistischen Justizminister. Es kamen Vermutungen auf, dass sich Regierungschef Zapatero von der PSOE mit Garzón abgesprochen hätte, um sich durch die Vorwürfe gegen die PP Vorteile bei den anstehenden Regionalwahlen zu verschaffen. Das war nicht ganz aus der Luft gegriffen, war doch der Richter in den 1990er Jahren Abgeordneter der PSOE gewesen.

Mitten in die Untersuchungen wurde Garzón mit einer akuten Panikattacke ins Krankenhaus eingeliefert. Nachdem die PP Klage wegen Rechtsbeugung gegen ihn erhob, gab der Richter den Fall an die obersten Gerichtshöfe der Regionen Madrid und Valencia ab, die für die Strafverfolgung von Parlamentariern zuständig seien. Die Klage der PP wurde Anfang April vom obersten spanischen Gerichtshof zurückgewiesen.

PP-Parteichef Mariano Rajoy verwahrte sich gegen die Anschuldigungen. Es sei »kein einziger Euro in die Parteikasse geflossen«. Tage später wurde dem Schatzmeister der Partei, Senator Luis Bárcenas, vorgeworfen, 1 350 000 Euro von Francisco Correa entgegengenommen zu haben. Er sowie zahlreiche Abgeordnete und Senatoren der PP legten ihre Mandate nieder. Die Zahl der Verdächtigen erhöhte sich auf 77. Erstmals tauchte auch der Name Alejandro Agag, des Schwiegersohns von Ex-Premier Aznar, auf.

Die Schweizer Bankaufsicht gab bekannt, dass der Schatzmeister der PP, Ex-Senator Bárcenas, 2007 auf einem Konto der Lombard Odier 25 Millionen Euro und weitere 22 Millionen bei der Dresdner Bank besaß. Die Ermittler stießen auf weitere Konten in Nassau auf den Bahamas und in Montevideo. In einem Interview mit »El Mundo« gab er zu, die Partei seit 20 Jahren illegal finanziert zu haben. Auch der aktuelle Parteichef Mariano Rajoy habe davon gewusst. Bei der Crédit Suisse in Genf wurde das Konto entdeckt, über das Correa seine Gelder gewaschen hatte. Neue Konten des PP-Schatzmeisters wurden danach bei der Bank Liechtenstein Global Trust gefunden.

Am 26. Dezember 2014 gab die Staatsanwaltschaft bekannt, dass auf zahlreichen Rechnern ungewöhnliche Bewegungen festgestellt wurden. Viele Dokumente seien »verschwunden«. Drei Wochen später beantragte sie für den Ex-Schatzmeister der PP eine Haftstrafe von 42 Jahren Gefängnis. Der Kopf des Netzwerks, Francisco Correa, sollte für 109 Jahre und 10 Monate in Haft. Am 24. Mai 2018 verkündete das Oberste Gericht die Urteile: Von 37 Angeklagten wurden acht freigesprochen, die übrigen erhielten Haft- und Geldstrafen für Korruption, Diebstahl, Mitgliedschaft in einer kriminellen Vereinigung, Veruntreuung öffentlicher Mittel, Urkundenfälschung, Geldwäsche und Steuerbetrug.

Francisco Correa erhielt eine Haftstrafe von 51 Jahren und 11 Monaten und der Ex-Schatzmeister der PP Bárcenas 33 Jahre Haft und eine Strafe von 44 Millionen Euro. Seine Ehefrau wurde für Steuervergehen zu 15 Jahren Haft verurteilt. Viele hohe und höchste Politiker wurden ebenfalls verurteilt. Das Gericht bescheinigte der ehemaligen Regierungspartei in seinem Urteil, mindestens ab 1989 dauerhaft illegale Finanzierungssysteme eingerichtet zu haben.

»Wir werden seit der Diktatur von Korruption überschwemmt. Und die Medien banalisieren das Thema. So gewinnen die betroffenen Parteien sogar Stimmen hinzu. Ich respektiere natürlich den Wählerwillen, aber ich verstehe ihn nicht. Erst empören sich die Leute, und hinterher wählen sie die mutmaßlich Korrupten. Natürlich gilt immer die Unschuldsvermutung, aber es gibt doch auch eine politische Verantwortung. Doch in Spanien wird nie jemand zur Verantwortung gezogen«, schrieb Baltasar Garzón in seinen Erinnerungen »Im Fadenkreuz«. »Hinter der Korruption steckt ja auch eine Struktur, ein System. Deshalb muss man mehr machen als nur die Korrupten vor Gericht zu stellen. Die politisch Verantwortlichen, die dieses korrupte System geduldet haben, müssen zurücktreten.«

Doch wo fängt man an?

Der reiche König

Die Leidenschaften von Juan Carlos: Die Frauen, die Jagd und das Geld – Die Quellen eines Milliardenvermögens – Seine Ex-Geliebte: »Er unterscheidet nicht zwischen dem, was legal ist und was illegal ist«

Als der zehnjährige Kronprinz Juan Carlos 1948 das erste Mal nach Spanien kam, kannte er das Land kaum und sprach nur mangelhaft Spanisch. Für königliche Verhältnisse war er mehr oder weniger mittellos. Sein Vater lebte im Exil, und die Liegenschaften in Spanien waren nach der Abdankung seines Großvaters, König Alfonso XIII., 1931 ins Staatsvermögen überführt worden.

Franco ließ den jungen Prinzen unter seiner fortwährenden Aufsicht zu seinem Nachfolger ausbilden. 1969 verfügte er per Gesetz, dass Juan Carlos nach seinem Tod das nächste Staatsoberhaupt werden sollte. Er habe ihn geprüft und als geeignet befunden. Und Juan Carlos war nicht undankbar. Im französischen Fernsehen erklärte der nominierte Nachfolger im selben Jahr: »General Franco ist eine wahrhaft historische Gestalt für Spanien (…) für mich stellt er ein lebendes Beispiel für seine patriotische Hingabe dar, mit der er täglich im Dienste Spaniens steht. Ich hege für ihn eine große Zuneigung und eine ebenso große Bewunderung.« Beim Sterben seines Ziehvaters soll er Francos Leibarzt Vicente Pozuelo gestanden haben: »Alles, was ich bin, verdanke ich ihm.«

Seine später veröffentlichte offizielle Biografie enthält keinen Bezug zu Franco mehr. Dafür heißt es, der neue König habe vor dem Parlament das Versprechen abgelegt, die Demokratie wiedereinzuführen und der König aller Spanier ohne Ausnahme zu sein. Das findet sich in den Protokollen so nicht: Entgegen einem Verfechter der Demokratie schwor Juan Carlos I. dem Erbe Francos die Treue und versprach, die Prinzipien der faschistischen Bewegung zu bewahren. Und seinen Vorgänger ehrte er mit den Worten: »Eine außergewöhnliche Persönlichkeit geht in die Geschichte ein. Der Name von Francisco Franco wird einen Meilenstein setzen.« Das Wort Demokratie tauchte hingegen nicht auf.

Durch die Übernahme der Regentschaft verstieß Juan Carlos wissentlich gegen die Thronfolge wie auch gegen sein öffentlich gegebenes Versprechen, genau dies nicht zu tun. In einem Brief bat er später seinen Vater um Verzeihung. Doch der war nachhaltig verstimmt und antwortete: »Welche Monarchie hast du gerettet? Eine Monarchie gegen deinen Vater? Du hast gar nichts gerettet als eine Monarchie Francos.« Zur Strafe entzog er ihm den Titel »Prinz von Asturien«, worauf ihm Franco den Titel »Prinz von Spanien« verlieh, den es zuvor noch nie gegeben hatte. Er schwor ihn ein auf die Prinzipien der faschistischen Bewegung und die von ihm erlassenen Gesetze. (Ein Eid auf die demokratische Verfassung nach 1978 wurde nie geleistet.)

Als König rettete Juan Carlos I. 1981 die Demokratie vor den Putschisten. (Es gibt allerdings mehrere Buchautoren, die das in Zweifel ziehen.) Danach zog sich der Monarch weitgehend aus dem politischen Leben Spaniens zurück und widmete sich seinen Leidenschaften: den Frauen, der Jagd und dem Geld. Aus dem Amerikanischen stammt der Begriff des Womanizers – er hätte für Juan Carlos erfunden worden sein können. Während er unter der totalen Überwachung durch Francos Beauftragte stand, wurde exakt Buch geführt über seine zahllosen »ES« – *encuentros sexuales*. In dieser Zeit soll er mehr als ein Dutzend illegitime Abkömmlinge gezeugt haben, ohne sie je anzuerkennen.

Die Jagd nach lebenden Tieren betrieb er vorrangig fern der Heimat. In Polen erlegte er ein vom Aussterben bedrohtes Wisent, in Rumänien mietete er sich Ceausescus Jagdsitz und erschoss fünf Bären. Auch in Russland ging er auf die Bärenjagd. Die Moskauer Tageszeitung »Kommersant« interviewte den Jagdbegleiter, der freimütig erzählte, der spanische König habe Mitrofran, den lustigen Bären aus dem Freigelände eines Erholungszentrums in Wologda, erschossen. Man habe ihn zuvor mit Wodka und Honig nahezu bewegungsunfähig gemacht und dann dem König zum Abschuss drapiert. Die jagdlichen Abenteuer beschäftigten 2006 auch das Parlament. Seither jagt Juan Carlos bevorzugt außerhalb jeglicher Beobachtung.

Seit Jahrzehnten war Geld das ständig leidige Thema in der spanischen Königsfamilie. Don Juan, der Vater des späteren Königs, erinnerte sich, dass schon sein Vater, der 1931 abgedankte König Alfonso XIII., »sehr wenig Geld hatte«. Auch seine Frau María erinnerte sich, dass der Finanzrahmen der Familie »ziemlich eng war«. Den Angestellten schuldete man regelmäßig den Lohn.

Auch die Hochzeit von Juan Carlos mit Sophia Margarita Victoria Friederika von Schleswig-Holstein-Sonderburg-Glücksburg und Hannover, Herzogin von Braunschweig-Lüneburg, Prinzessin von Griechenland und Dänemark, – in Spanien kurz Sofía de Grecia genannt – war allenfalls dynastisch ein Erfolg: Sophia war Urenkelin des deutschen Kaisers Friedrich III. sowie mütterlicherseits eine Urenkelin von Friedrichs Sohn Kaiser Wilhelm II.

Ihre ehrgeizige Mutter, die Enkelin des letzten deutschen Kaisers, veranstaltete regelmäßig Kreuzfahrten, zu denen Europas heiratsfähiger Hochadel geladen wurde, um ihre drei Kinder unter die Haube zu bringen. So heiratete Prinzessin Sophia 1962 Juan Carlos. Doch das griechische Königshaus war in der gleichen misslichen Lage wie die Vettern vom spanischen Thron: Das Geld war knapp, und Sophias Mitgift musste der griechische Staat in Höhe von 1,2 Millionen D-Mark zahlen.

Juan Carlo' Vater war in seinem portugiesischen Exil sogar auf Zuwendungen angewiesen. So finanzierte der Marqués de Valdecilla die Villa in Estoril, und für den Unterhalt ging sogar die Sammelbüchse im spanischen Hochadel herum. Dem Sohn erging es nicht anders: Streng wurden seine Ausgaben im Auftrag Francos überwacht. Die teuren Ferngespräche Sophias mit

König Juan Carlos I. vermehrte sein Vermögen in Milliardendimensionen; hier die königliche Yacht.

ihrer Mutter nach Griechenland rügte man ebenso wie den allzu freizügigen Konsum von Coca-Cola. Ein Journalist berichtete schockiert, dass sich der Kronprinz nach den Honorarsätzen für ein Interview erkundigte. Und als der fragte, was Juan Carlos verdiene, musste er zur Kenntnis nehmen, dass sein Gehalt deutlich über dem des nächsten spanischen Staatsoberhauptes lag.

Heute gehören solche Geschichten längst der Vergangenheit an, denn das spanische Königshaus zählt mittlerweile zu den vermögendsten des europäischen Hochadels. Juan Carlos verfügt über einen mehr als stattlichen Besitz, dessen Wert ein Staatsgeheimnis ist. Nach Angaben des US-Wirtschaftsmagazins »Forbes« soll es über zwei Milliarden Euro liegen. 2012 hatte die »New York Times« bereits berichtet, dass sich das Vermögen der königlichen Familie auf 1,8 Milliarden Euro belaufe. Der Hof wollte den Artikel unterdrücken, der König höchst selbst traf den Herausgeber der Zeitung. Doch der Bericht von Doreen Carvajal und Raphael Minder erschien unverändert. Wie konnte in historisch kurzer Zeit ein solch immenses Vermögen entstehen?

Der spanische Staat zahlt der königlichen Familie eine Apanage. Danach würde das spanische Königshaus – zumindest auf den ersten Blick – zu den kostengünstigsten Monarchien in Europa zählen. Es erhält 7,7 Millionen Euro, um Spanien zu repräsentieren. Der heutige König Felipe VI. – Nachfolger und Sohn von Juan Carlos I. – bezieht ein Gehalt von 236 544 Euro, sein Vater 189 228 Euro. Allein die englische Königin verdient ein Vielfaches: 48 Millionen Euro pro Jahr.

Nimmt man jedoch die in Ministerien und Dienststellen verdeckten Kosten dazu, werden für die Bedürfnisse des spanischen Königshauses mehr als eine halbe Milliarde Euro jährlich aufgewandt. Allein das *Regimiento de la Guardia Real Personal* zum Wachschutz braucht durchschnittlich pro Jahr 80 Millionen Euro. Für die königlichen Vergnügungen (Yachten, Fahrzeuge, Sommerhäuser etc.) fallen 40 Millionen an, für die Sicherheit weitere 56 Millionen Euro. Die jährlichen Aufwendungen für die Lufttransporte einschließlich der Anschaffung der königlichen Hubschrauber des Typs Puma und SuperPuma werden durchschnittlich mit über 100 Millionen angesetzt. Auch für private Treffen oder königliche Hochzeiten kommt der spanische Steuerzahler auf.

Das Königshaus ist nicht verpflichtet, Auskunft über das Vermögen zu geben. Diese Dinge werden angesichts des öffentlichen Interesses in Spanien mit größter Diskretion gehandhabt. Immobilien werden vorrangig im Ausland durch anonyme Gesellschaften erworben, Kunstwerke über Strohmänner gekauft und das Geld über Briefkastenfirmen investiert. Ein Teil der Beteiligungen wurde über die berühmten »Panama-Paper« öffentlich. Doch die volle Dimension kam – wie so oft – von einer früheren Geliebten an Tageslicht.

Corinna Larsen wuchs im Taunus auf und gründete eine Firma zur Beförderung von Geschäftsanbahnungen mit Schwerpunkt Naher Osten. Dabei lernte sie den Flick-Erben Gert Rudolf (»Muck«) kennen, mit dem sie eine Zeit liiert war. 2000 heiratete sie Prinz zu Sayn-Wittgenstein-Sayn. Die Ehe wurde nach fünf Jahren und einem gemeinsamen Sohn geschieden, der Name blieb. 2002 traf sie das erste Mal auf den spanischen König. Sie war zu dieser Zeit die Freundin des schwerreichen Duke of Westminster.

Ab 2006 gehörte sie zur engeren Umgebung von König Juan Carlos und wurde als seine Beraterin geführt. Für sie wurde das Anwesen »La Angorilla« in der Nähe des königlichen Palastes (auf Staatskosten) in Madrid renoviert. Sie erhielt Personenschutz. Von der von ihr 2012 für mehr als drei Millionen Euro organisierten Elefantenjagd in Botswana kehrte der König mit gebrochener Hüfte und an ihrer Seite zurück. Fortan wurde von ihr auch in den spanischen Medien als seiner Geliebten gesprochen.

2018 tauchten Tonbandaussagen auf, in denen sie den mittlerweile abgedankten König der Annahme von Schmiergeldern bezichtigte. Die umtriebige Unternehmerin gab zu Protokoll: »Er unterscheidet nicht zwischen dem, was legal ist und dem, was illegal ist.« Warum sie den Ex-Monarchen so derart in die Bredouille brachte, sagte sie auch. Er habe versprochen, sie zu heiraten. Sayn-Wittgenstein sagte zudem aus, dass Juan Carlos ihren Namen und ihre Bankkonten benutzt habe, um fragwürdige Zahlungen und ausländisches Immobilieneigentum zu verschleiern. Für die Vermittlung des Baus einer Schnellzugstrecke in Saudi-Arabien durch ein spanisches Konsortium habe er eine millionenschwere Provision von diesem gefordert. Sie sei durch ihre Hilfe auch zustande gekommen.

Juan Carlos sei auch in die Affäre seines Schwiegersohns Iñaki Urdangarín verstrickt, der wegen Veruntreuung öffentlicher Gelder in Millionenhöhe zu sechs Jahren Gefängnis verurteilt wurde. Das gab es noch nie zuvor, dass ein Angehöriger des Königshauses ins Gefängnis gehen musste. Auch Corinna von Sayn-Wittgenstein soll nach Angaben des Gerichts behilflich gewesen sein, dem Verurteilten lukrative Nebenjobs zu verschaffen. Doch diese Informationen, so belastend sie auch sein mögen, führen letztlich nicht auf den Ursprung eines Milliardenvermögens.

1977, zwei Jahre nach der Übernahme der Staatsgeschäfte, soll der neue König von Spanien vom saudischen Prinzen Fahd bin

Abdulaziz 100 Millionen Dollar bekommen haben. Diese Mittel sollten »zur Stärkung der spanischen Demokratie« dienen. (Was angesichts der undemokratischen Verhältnisse in Saudi-Arabien ein wenig merkwürdig anmutet.) Wie die Journalisten Gregorio Morán und José García Abad herausfanden, blieb der größte Teil des Geldes im Königspalast, wie auch die enge Verbindung zum saudischen Königshaus.

Dort liegt die wahre Quelle für den Reichtum des spanischen Königs. Der frühere Manager des staatlichen Erdölkonzerns Campsa S.A., Roberto Centeno, bestätigte, dass Juan Carlos I. von jedem Fass Erdöl, das Spanien aus Saudi-Arabien bezog, eine Provision zwischen einem und zwei Dollar erhalten habe. Mit jedem Supertanker, der zwischen 1,4 und 1,6 Millionen Fässer transportierte, erhöhte sich so das Vermögen des Monarchen um etwa zwei Millionen Dollar.

Das Geld blieb natürlich auf sicheren Konten. Und zwar beim Schweizer Vermögensverwalter des Königs, Arturo Fasana, Inhaber der Rhône Gestion. Er ist in den »Panama Papers« mit 108 Briefkastenfirmen prominent vertreten und soll dort 15 Milliarden Euro Vermögen untergebracht haben. Einer seiner wichtigsten Kunden war der Kopf des Netzwerks Francisco Correa, der mit führenden Funktionären der *Partido Popular* von Untersuchungsrichter Baltasar Garzón 2009 wegen Geldwäsche, Steuerbetrug und Bestechung angeklagt und verurteilt wurde.

Die Geschäfte mit den Saudis waren nicht die einzigen, die Einnahmen in stattlicher Höhe einbrachten. Der König verdiente ebenso bei seinen zahlreichen Geschäftsanbahnungen für spanische Firmen in Lateinamerika. Umgekehrt profitierte er davon, der russischen Erdölfirma Lukoil den Zugang zum spanischen Markt erleichtert zu haben. Doch Zentrum seines Interesses blieb das Ölgeschäft.

2003 gestand der Ex-Vorstandschef der französischen Erdölfirma ELF, Le Floch-Prigent, dass er dem spanischen König 55 Millionen Euro für Vermittlungsdienste beim Kauf der Firma

Detroit Diesel gezahlt habe. Abgesehen von den steuerlichen Aspekten ist bei all diesen Geschäften zu sehen, dass Juan Carlos I. seine privilegierte Stellung und den damit verbundenen Zugang zu sensiblen Informationen über wichtige wirtschaftliche Entscheidungen zu seinem persönlichen Vorteil nutzte. Zu all dem kommt – wie schon bei Franco – die Rubrik »Geschenke«, mit denen der Monarch bedacht wurde. Da ging es nicht um Gebäck und Blumen, sondern um sündhaft teure Yachten, Privatinseln oder seltene Oldtimer.

Auf der offiziellen Website des spanischen Königshauses wird man eingeladen: »An dieser Stelle können Sie der Königsfamilie Ihre Grüße übermitteln«, heißt es, »aber rechnen Sie damit, dass Sie keine persönliche Antwort erhalten werden.« Das gilt auch für alle Fragen zum Vermögen der Königsfamilie. Selbst die Anfragen der Abgeordneten des Parlaments blieben bis heute unbeantwortet.

Die Profiteure des Unrechts …

Francos Reichtum durch »Geschenke« – Raubzug der Ehefrau durch die Juwelierläden – Die Enkel und Urenkel erfreuen sich eines diversifizierten Imperiums

Francisco Franco wurde als Sohn eines Zahlmeisters der Marine geboren. Die Familie war nicht arm, keinesfalls aber mit Reichtümern gesegnet. Der Sold eines Offiziers in den spanischen Streitkräften war überschaubar. Dennoch besaß er nach Recherchen des Journalisten Javier Otero am Ende des Bürgerkriegs 1940 bereits 34 Millionen Pesetas. Sein Gehalt betrug zu dieser Zeit 50 000 Pesetas – im Jahr.

Der Diktator war beizeiten auf sein Wohlergehen bedacht. Bekannt ist, dass er eine Spende des brasilianischen Staatspräsidenten Getúlio Vargas über 600 Tonnen Kaffee, die an das spanische Volk gerichtet war, selbst vereinnahmte und anschließend für den heutigen Gegenwert von 85 Millionen Euro) weiterverkaufte. Von der staatlichen Telefónica nahm er monatliche »Ehrenbezüge« von 10 000 Pesetas an.

Geschenke an den Caudillo gehörten zum guten Ton. Schon 1938 erhielt er den Herrensitz Meirás in Galizien, der von den Eigentümern gekauft und an Franco als Sommersitz übergeben wurde. Um den Kaufpreis aufzubringen, wurden Sammlungen veranstaltet, und als dies nicht ausreichte, wurde ein Steuer für diesen Zweck eingeführt. Nach Francos Tod erhielt seine Witwe von König Juan Carlos I. den Titel einer Herrin von Meirás.

Nach Francos Tod kämpften die Behörden um das Recht, das Schlösschen der Öffentlichkeit zugänglich zu machen. Sie stellten es unter den Schutz eines öffentlichen Gutes von kulturellem Wert und machten damit den Weg frei, dass das Anwesen vier Tage im Monat für das Publikum zugänglich gemacht werden musste. Das verhinderte die Familie unter Verweis auf Sicherheitsbedenken, denn schließlich befänden sich darin so wertvolle Kunstschätze, wie zwei Statuen aus dem 16. Jahrhundert. Die verschwanden während der Diktatur aus der Kathedrale von Santiago de Compostela und gelangten als »Geschenk« in den Besitz der Francos. Sie schmückten damit ihr Schlösschen Meirás, das nach dem Tod der einzigen Tochter Francos 2017 für acht Millionen Euro verkauft wurde. »Alles, was man kauft, wird einmal auch verkauft«, sagte ihr Ehemann, der Marqués de Villaverde, auf die Frage, warum das Anwesen verkauft wurde. »Es kommt immer ein bestimmter Moment, dass die Kuh keine Milch mehr gibt, weil die Milch alle ist. Dann muss man die Kuh essen.«

Adolf Hitler schenkte dem sperrigen Caudillo einen geländegängigen, dreiachsigen Mercedes 540 G4 W131, einen echter Diktatorenwagen, denn man konnte darin die Parade stehend abnehmen. Hitler war mit diesem Modell bei der Besetzung der Sudeten eingefahren und hatte auch Benito Mussolini einen baugleichen Wagen geschenkt. Heute gibt es weltweit nur noch drei gut erhaltene Exemplare. Eines davon steht im Pardo-Palast in Madrid, restauriert von Mercedes Benz España.

Das nächste Geschenk erhielt Franco von José María del Palacio y Abárzuza, dem III. Graf de las Almenas. Er vermachte dem Diktator den Palast Canto del Pico, wobei nie klar war, ob es ein Geschenk an das Staatsoberhaupt oder den Privatmann Franco war. Es blieb einfach im Familienbesitz und wurde 1988 von seiner Tochter Carmen Franco Polo für 320 Millionen Pesetas verkauft. Sie selbst lebte bis zu ihrem Tod 2017 im »Bunker«, einem 4700 Quadratmeter großen Gebäudekomplex in exklusivster Lage in Madrid, gleich neben der amerikanischen Botschaft.

In einem ihrer Gemächer bewahrte die Franco-Witwe auf 40 Quadratmetern deckenhohe Schränke voller Schmuck und Juwelen auf. Dies war die Beute aus vielen Jahren, die sie zum Schrecken der Juweliere des Landes hatten werden lassen. Sie ging oft in einen ihrer Läden, ließ sich die besten Stücke zeigen und nahm dann einige »zur Probe« mit nach Hause. Sie brachte sie nie zurück, und keiner hätte es gewagt, die Ehefrau des Diktators an ihre Säumigkeit zu erinnern. Wenn bekannt war, dass sich Doña Carmen im Land auf Reisen war, machten viele Juweliere in ihrer Not »Betriebsferien«.

Das Palais *Casa Cornide* im Zentrum der Altstadt von La Coruña war ursprünglich in städtischem Besitz. Das 800 Quadratmeter große Gebäude aus dem 18. Jahrhundert sei ein Geschenk eines Freundes an den Diktator gewesen, beteuerte die Familie nach dem Tod des Caudillos. Bis 1957 gehörte es zum Grundbesitz des Erziehungsministeriums. In einem aufwändigen Tausch bekam zunächst die Stadt das Gebäude gegen eine andere Immobilie. Das Palais wurde anschließend öffentlich ausgeschrieben. Der Bankier Pedro Barrié de la Maza, ein enger Freund der Familie Franco, und der örtliche Chef der faschistischen Falange waren die einzigen Bieter. Der Bankier bekam den Zuschlag für den lächerlichen Betrag von 308 000 Pesetas (umgerechnet 18 500 Euro), dem es »eine Freude und eine Ehre« war, wie er verkündete, die Immobilie der Gattin des Diktators zum Geschenk zu machen.

1982 erschien in der »Welt am Sonntag« eine Anzeige. Vorgestellt wurde als »Immobilie der Woche« das Jagdschloss des sieben Jahre zuvor verstorbenen Diktators Francisco Franco, 45 Kilometer entfernt von Córdoba in Castillo de las Navas. Es wurde beschrieben als eine authentische Festung aus dem 8. Jahrhundert, die von den Christen gegen den Ansturm der Araber errichtet worden war. »Franco ließ die notwendigen Arbeiten ausführen, um die Festung seinen Ansprüchen anzupassen.« Die 1000 Quadratmeter Wohnfläche seien mit auserlesenen Antiquitäten aus dem 18. und 19. Jahrhundert möbliert. Zum Anwesen gehörten zwei Millionen Quadratmeter Grund und Boden sowie eine Hühnerfarm mit 10 000 Stück Federvieh.

Die damals größte Investition, die das Ehepaar Franco nach dem Bürgerkrieg tätigte, war der Erwerb der Finca de Valdefuentes, ein zehn Millionen Quadratmeter großes Terrain in bester Lage in Arroyomolinos bei Madrid. Ab 1946 kaufte ein Strohmann in Francos Auftrag Parzelle für Parzelle für den Diktator. Bis 1953 gab Franco dafür 13 Millionen Pesetas aus. Stets wurden die Käufe auf die Namen von Vertrauten in Rechnung gestellt. Vermutungen zufolge wurden die Summen durch »Spenden« von Industriellen aufgebracht.

Das Immobilienportfolio des Ehepaars wurde ergänzt durch die »Villa Verde« in Marbella, die 1950 ein befreundeter Bankier errichtete. In der Nachbarschaft hatten das englische Königshaus, die Königin von Dänemark oder die Schauspielerin Audrey Hepburn ihre Chalets. Hinzu kommen Chalets in Madrid, in Puerta de Hierro, La Moraleja und La Florida; drei Fincas und ein Chalet in Guadelajara, die Finca »La Piniella« mit 50 Hektar Grundbesitz in Asturien, eine Finca in La Coru*ña,* eine Finca und ein Chalet in Torremolinos, ein Chalet in Miami, Florida, 23 000 Hektar Plantagen und, und, und. Am Ende summierte Mariano Sánchez in seinem Buch »Los Franco S.A.« (Die Franco GmbH) das Vermögen auf mindestens 500 bis 600 Millionen Euro.

Francos Schwiegersohn Marqués de Villaverde bereicherte sich durch allerlei Amigo-Gefälligkeiten und nutzte seine Stellung in der Diktatur nach Kräften aus. So erhielt er die alleinige Lizenz zum Import der in Spanien beliebten italienischen Motorroller, was ihm den Spitznahmen »Marqués de Vespa-Verde« einbrachte. Nach dem Tod der einzigen Tochter des Diktators, Carmen Franco Polo, am 29. Dezember 2017 wurde das Testament über das Vermögen der Francos eröffnet. Aus ihrer Ehe mit Marqués de Villaverde stammten sieben Kinder: Carmen, Mariola, Francis, Merry, José Cristóbal, Arancha und Jaime.

Carmen, Herzogin de Franco und Grande de España, ist die Älteste. Sie wurde 1951 geboren und heiratete Alfonso de Borbón y Dampierre, den Enkel des spanischen Königs Alfons XIII. und (theoretisch) Thronanwärter von Frankreich. Der hatte ein Alkoholproblem und fuhr seinen eigenen Sohn zu Tode. Später starb er bei einem Skiunfall. Auch Carmen führte ein bewegtes Leben, brannte mit einem Pariser Antiquitätenhändler durch und ist mit ihren Eskapaden der Liebling der spanischen Regenbogenpresse.

Ihre ein Jahr jüngere Schwester Mariola studierte Architektur und heiratete – ungewöhnlicherweise – einen erklärten Franco-Gegner: Rafael Ardid Villoslada, Neffe eines republikanischen Generals, der von Franco zur Zwangsarbeit verurteilt worden war. Der Anwalt bringt jedoch eine wichtige Voraussetzung für die Familie mit, denn er ist auf das Immobilienrecht spezialisiert.

Ihr zwei Jahre jüngerer Bruder Francis ließ eine Namensänderung vornehmen und trägt heute den Namen Franco. Auch an seinem Leben hat die Regenbogenpresse ein reges Interesse. Er vertritt die geschäftlichen Interessen der Familie. Seine Schwester Merry (1956) lebt in den USA. José Cristóbal (1958) kümmert sich um Immobilien, Arancha (1962) ist Restaurateurin und ihr Bruder Jaime (1964) Rechtsanwalt. Letzterer belebt die Boulevardpresse mit Affären und illegalen Aktivitäten, sei es, dass er wegen des Handels von sechs Kilo Kokain angeklagt wurde, einen Autofahrer mit einer Waffe bedrohte oder seine Freundin geschlagen hatte.

Allen sieben Enkeln des Diktators ist gemein, dass sie sich geschäftlich nicht über den Weg trauen, sich gegenseitig Knüppel zwischen die Beine werfen und alles tun, um den anderen Schwierigkeiten zu bereiten. Besser verstehen sich die Urenkel Francos: Sie sind gemeinsam im Geschäft mit Finanztransaktionen, u. a. mit Briefkastenfirmen wie der *Vamfield Alliance Limited* oder der *Malini Investment,* aktiv, was durch die Veröffentlichungen der »Panama-Papers« bekannt wurde. Darauf angesprochen, antwortete Juan José, er wisse gar nicht, wie sein Name darin auftauche. Vielleicht sei das auch ein »familiäres Thema«. Sein Bruder sagte hingegen, es sei doch durchaus normal, Unternehmen in Panama zu besitzen.

Francisco Franco jun., der älteste Urenkel, kontrolliert seine Wirtschaftsaktivitäten über sieben Firmen. Vier davon residieren in der Calle Hermanos Bécquer in Madrid. »El País« recherchierte, dass er über ein beträchtliches Immobilien-Portfolio verfügt, hohe Einnahmen aus dem Geschäft mit Parkplätzen in Madrid erzielt. Doch wie viel Vermögen ist im Ausland angelegt? Darüber gibt Francisco Franco jun. keine Auskunft.

Nachforschungen ergaben, dass er über seine Holding Tabacmesa stark in Osteuropa investierte. So besaß er die Frontera Spol und Koslava Spol in Tschechien, die Andradi.com in Rumänien, die Helitrade spol sowie Reederei Slovenska Plavda in der Slowakei. Früher gehörte ihm auch ein Zigarettenvertrieb für Duty-Free-Läden. Da diese Aktivitäten offenbar am spanischen Finanzamt vorbei gesteuert worden waren, nutzte Franco 2012 eine Steueramnestie der PP-Regierung und legalisierte seine Investitionen gegen eine Gebühr von zehn Prozent.

Mittlerweile hat der ganze Franco-Clan seine Geschäfte diversifiziert, wenngleich Immobilien noch immer den Kern des Reichtums darstellen. Sie kassieren mit Parkhäusern in Madrid durch die Aparcamientos Atocha 70 S.A., Premohi S.L., Prístina S.L. oder Estacionamientos Urme S.L., haben Beteiligungen an Baufirmen, Immobilienagenturen wie Promociones del Suroeste S.A., Montecopel S.A., sind im Elektronikhandel mit der Comercia Soluciones Integrales de Comercio Electrónico S.L. oder verdienen Geld mit der Augenklinik Centro Médico del Láser Pío XII S.L. Die 10-Millionen-Quadratmeter-Finca Valdefuentes ist dank der unzähligen guten Beziehungen längst profitabel in Bauland umgewidmet worden. Hier befindet sich heute das Centro Comercial Madrid Xanadú, sind mehr als 4000 Häuser und drei Gewerbegebiete geplant.

»Es ist eine wirklich reiche Familie«, resümiert Mariano Sánchez in seinem Buch »Los Franco S.A.«. Den größten Teil ihres Reichtums hätten die Francos durch ihre Machtposition und Beziehungen erzielt. Jede Woche seien während der 40-jährigen Diktaturzeit Geschenke bei den Sprechstunden an den Diktator übergeben worden, »von denen hat nie jemand etwas erfahren«. 1978 erwischte der Zoll Carmen Franco, als sie Goldmünzen und

Brillanten in die Schweiz bringen wollte. Auf die Frage des Woher antwortete sie: »Alles Geschenke.«

Der spanische Staat fragte nie nach den Reichtümern der Francos. Er ließ der Witwe des Diktators bis zu ihrem Tod 13 Jahre lang ein Ehrengehalt zukommen, das viermal höher war als die Bezüge der Regierungschefs. Sie, ihre Tochter und ihr Schwiegersohn wurden mit Diplomatenpässen ausgestattet und genossen Immunität. Und der König schaffte ihnen weitere Titel, den des Herzogs und der Herzogin von Franco.

... und die verschuldeten Untertanen

Franco initiiert eine riesige Immobilienspekulation – Der Wohnungskauf wird zur spanischen Altersvorsorge – Die Finanzkrise 2008 ruiniert viele Haushalte – Die Arbeitslosigkeit steigt rasant

Um den erneuten Gedanken an eine sozialistische Zukunft nachhaltig zu verhindern, gab die Franco-Diktatur in den 1950er Jahren das Ziel aus: »*No queremos una España de proletarios sino de proprietários*« (Wir wollen kein Spanien der Proletarier, sondern der Eigentümer). Die Aktion hatte einen durchschlagenden Erfolg: 2003 machten Immobilien zwei Drittel des Gesamtvermögens aller spanischen Familien aus. In den Städten wurden billige Wohnungen gebaut, auf dem Land neue Dörfer gegründet. Hunderte entstanden mit dem Ziel, 50 000 Familien im Landesinneren anzusiedeln und zu regimetreuen Bürgern zu machen.

»Die Siedler Francos«, ein Film von Lucia Palacios und Dietmar Post, schildert eindrucksvoll diesen Versuch, die Diktatur auf dem Land dauerhaft zu verankern. Die Führung der Ansiedlungen oblag der faschistischen Falange. Überall im Land wurde plakatiert: »Sie erhalten 1 Haus, 2 Kühe und sechs Hektar Land. Im Gegenzug müssen Sie das Land 15 Jahre bewirtschaften und 51 Prozent an die Regierung abliefern.« Die Anbaukulturen wurden ebenso vorgegeben, wie die Dorfbewohner von Aufsehern kontrolliert wurden. Wer sich nicht an die Regeln hielt, musste das Dorf verlassen. Das konnte schon eintreten, wenn man den obligatorischen Kirchgang ausfallen ließ.

Obwohl viele Spanier viel zu arm waren, um ein Haus oder eine Wohnung zu kaufen, animierte sie die *Falange,* die das Wohnungsbauministerium übernommen hatte, mit großzügigen Krediten zum Immobilienerwerb. Ab 1961 wurden in den nachfolgenden 15 Jahren insgesamt sechs Millionen Wohneinheiten gebaut. Den Baufirmen wurden Steueranreize gewährt und auch die Stadtplanung weitgehend übertragen. Es rollte eine gigantische Spekulationswelle über Spanien. Mit den Gesetzen über den Boden von 1956 und 1975 konnte der Staat Grundstücke enteignen und Projektentwicklern zur Bebauung übertragen. 1975 prognostizierten die Banken eine Nachfrage für knapp 15 Millionen weitere Immobilien.

Der Wohnungskauf mit Steuererleichterungen wurde zum spanischen Lebensmodell: 86 Prozent der Bevölkerung sind Besitzer von Wohneigentum – doppelt so viel wie in Deutschland. Zwischen 2003 und 2007 wurden eine Million Hypothekendarlehen an jene ausgereicht, die über keine persönlichen Rücklagen zur Besicherung verfügten. Nach Daten der *Banco de España* verdoppelte sich die Privatverschuldung zwischen 2001 und 2008 auf 200 Prozent des Bruttoinlandsprodukts.

Das Bodengesetz von 1998 beschleunigte die Genehmigungsverfahren und stellte weitere große Flächen der Bauwirtschaft zur Verfügung. Der öffentliche Wohnungsbau kam nahezu zum Erliegen. Viele Subventionen aus Brüssel wurden zum Ausbau der Infrastruktur verwendet. Das Land wurde mit Autobahnen und Hochgeschwindigkeitszügen erschlossen. Das förderte den Verkauf von bis dahin wenig attraktiven Flächen. Weitere Gesetzesänderungen dienten der Erleichterung der Verbriefung von Vermögenspositionen und befeuerten die Nachfrage.

Für die Eliten war der Immobilienboom ein Bombengeschäft, denn sie waren – wie Francos Erben – ganz vorn in der Verwertungskette. Sie hatten ihre Leute in den Verwaltungen, sie kauften billiges Agrarland, was sich durch ihre Verbindungen in kostbares Bauland verwandelte. Allein in der Region Madrid entstanden so nach 1975 Gewinne von 200 Milliarden Euro. Das Kapital hatte seine beste Anlage gefunden.

Wer nicht über alte Beziehungen verfügte, machte dies durch Schmiergeld wett. Die Immobilienskandale sind ungezählt.

(Zu Hochzeiten waren bis zu 70 Prozent aller Bürgermeister an der Costa del Sol in Korruptionsskandale verstrickt.) Auch die Gemeinden profitierten davon, denn sie erhielten bis zu fünf Prozent der Kaufsummen als Gebühr. Dem konnte kaum ein Bürgermeister widerstehen. Auch der Staat freute sich über die Rekordbeschäftigung, die Arbeitslosigkeit sank auf 4,7 Prozent, und die Immobiliensteuern sprudelten.

Es entstand eine Form der stillen Kumpanei, die Antonio Muñoz Molina, einer der bedeutendsten spanischen Romanciers, so beschreibt: »Verschwender und Diebe werden immerfort gefeiert und von der gleichen Bürgerschaft immer wieder gewählt, die sie jahrzehntelang betrogen haben. Beim Verlassen des Gerichts erwartet die schamlosesten Betrüger des öffentlichen Lebens eine Unzahl von Gefolgsleuten: das Volk, aus dem sie stammen und das sie vertreten, aber nicht aufgrund einer Wahlentscheidung, sondern weil sie Teil seines Wesens, Vermittler seines heiligen Willens sind.« Und weiter: »Die Regierenden wurden bisher nicht ausreichend kontrolliert. Mir geht es dabei nicht so sehr um Gerichte als um gesetzlich vorgeschriebene Verfahrensweisen zur Überprüfung der Verwaltung. Sie konnte machen, was sie wollte, denn es gab keine vom Gesetzgeber vorgesehenen Kontrollmechanismen. Auch in der Bürgerschaft existierte kein Bewusstsein dafür, sie zu überwachen.«

Zwischen 2001 und 2006 investierten ausländische Anleger im Durchschnitt sieben Milliarden Euro pro Jahr in spanische Immobilien. Ein großer Teil davon wurde von Briten und Deutschen in Ferienhäuser investiert. In der ersten Hälfte der 2000er Jahre wurden durchschnittlich 800 000 Wohnungen im Jahr gebaut – das war mehr als in Deutschland, Frankreich und Großbritannien zusammengenommen.

Die Banken begleiteten den Boom mit immer neuen Angeboten. Viele spanische Käufer finanzierten ihre Immobilien mit variabel verzinsten Krediten. Feriensiedlungen entstanden entlang der Küsten, die zubetoniert wurden. Das rief den Neid der

Die Immobilienblase platzte 2008; hier die Bauruine einer Siedlung in Zafra im Südwesten Spaniens.

abgelegenen Regionen hervor, die ihrerseits mit wilden Projekten versuchten, die Touristenströme auch zu sich zu leiten. Mit Milliarden wurden Dutzende Freizeitparks errichtet, renommierte Architekten wie Peter Eisenman, Frank Gehry oder Santiago Calatrava erbauten für jeweils Hunderte von Millionen Euro Prestigeprojekte, die mehrheitlich scheiterten.

Der Immobilienboom veränderte das ganze Land: Binnenregionen verloren drei Viertel ihrer Einwohner an die Küstenregionen und die großen Städte. Madrid wuchs zur drittgrößten Stadt Europas mit über sechs Millionen Einwohnern. Der mit der Bevölkerungsverlagerung einhergehende steigende Wasserbedarf hat bereits zu heftigen Verteilungsdiskussionen geführt, denn zwei Drittel der Regionen verfügen bereits heute schon nicht mehr über ausreichende Wasservorräte.

Für die Altersvorsorge wurden Zweit-, Dritt- und Viertwohnungen mit Hypothekendarlehen mit Laufzeiten von 40 oder 50 Jahren finanziert. In der Bauindustrie stiegen die Preise zwischen 1997 und 2007 um 220 Prozent, der Wohnungsbestand wuchs um 30 Prozent. Die Jahr für Jahr steigenden Immobilienpreise überdeckten die geringen Sozialausgaben in Spanien. Die Löhne stagnierten, und die befristete Beschäftigung stieg auf Rekordwerte. Auch das unterfinanzierte Rentensystem wurde durch die steigenden Immobilienwerte nicht groß thematisiert.

Dann platzte 2008 die Blase. Nun gab es plötzlich eine Million unverkaufte Häuser auf dem Markt. Die Schulden der spanischen Privathaushalte explodierten. Die Zinsen zogen an, und die variablen Zinskonditionen für die Hypothekendarlehen verschlangen bei vielen Haushalten einen Großteil des verfügbaren Einkommens.

Viele Hauseigentümer hatten ihren Kredit nur durch die Absicherung mit den Häusern von Freunden und Verwandten erhalten. Das führte nun in der Krise zu Kettenreaktionen. Große Baufirmen gingen bankrott. Die Arbeitslosigkeit verdoppelte sich. Insbesondere die Hälfte aller Jugendlichen unter 25 Jahren war bald ohne Arbeit. Häuser und Wohnungen verloren auf einen Schlag 30 bis 50 Prozent an Wert. Das hatte Auswirkungen auf die gesamte Ökonomie.

Hunderttausende Spanier konnten ihre Kredite nicht mehr zahlen. Ihre Immobilien gingen in die Zwangsversteigerung. Der Staat büßte Milliarden an Steuern ein. (Die Steuerschuld des spanischen Bau- und Immobiliensektors betrug 2016 immer noch sechs Milliarden Euro.) Statt einem Jahresüberschuss von zehn Milliarden in guten Jahren mussten plötzlich über 30 Milliarden Euro für die Arbeitslosenhilfe ausgegeben werden.

Die »paktierte Demokratie« stößt an ihre Grenzen

Die grassierende Korruption delegitimiert die Demokratie – Die Bereicherung geht von der Spitze des Staates bis ins Bürgermeisterbüro einer kleinen Küstengemeinde – Sozialisten verraten ihr Ziel »Hundert Jahre Ehrlichkeit« – Die Rechtskonservativen stehen ihnen in nichts nach

Korruptionsskandale, in die Politiker der beiden großen Parteien verstrickt sind, stellen ein Kontinuum der spanischen Politik dar. Franco nutzte die Korruption, um seine Mitstreiter erpressbar zu machen, und bereicherte sich selbst. Das legitimierte die Bereicherung durch die franquistische Oberklasse.

Die »paktierte Demokratie« nach seinem Tod wurde zum Einfallstor für die Fortsetzung dieser unseligen Praxis. Das Staatsoberhaupt hätte mit seinem Beispiel und seinen Machtbefugnissen die Tradition der Korruption beenden können. Doch der König bereicherte sich an vorderster Stelle. Das gab den neuen Regierenden das Signal, dass es bruchlos so weitergehen werde.

Heute stellt die Korruption eines der größten Probleme des Landes dar. Sie hat die beiden großen Parteien auf unsichtbare Art miteinander verbunden. Jeder weiß vom anderen, fast alle sind erpressbar. Das Misstrauen der Bürger hat in den vergangenen Jahren zur Ablösung des Zwei-Parteien-Systems geführt. Seither wachsen die Parteien an den Rändern, und es wird immer schwieriger, überhaupt noch eine Regierung zustande zu bringen. Die Korruption auf allen Ebenen der Politik hat die Demokratie in einem erheblichen Maß delegitimiert.

Politiker der PSOE wurden wegen systematischer Unterschlagungen in den von ihnen kontrollierten Stadtverwaltungen Murcia, Lorca, Elche, Ceuta, Mérida, Mahón, Castellón, Madrid, Valencia und Alicante verurteilt. Sie leiteten 42 Millionen Euro aus dem Etat des Sozialministeriums für Urlaubsreisen von Rentnern über das eigens dafür gegründete Reisebüro in die Parteikasse um; ebenso wie durch fingierte Papierankäufe für den Staatsanzeiger; und sie erhielten Gelder der Volkswagen-Tochter SEAT über den ehemaligen deutschen Botschafter in Madrid, Guido Brunner.

Der Direktor der staatlichen Münze verkaufte Spezialpapiere zum Druck von Geldscheinen, Steueretiketten von Tabakwaren und Alkohol. Der Generalsekretär der Koalitionsregierung in Galizien vergab die Lizenz für die Lotterie an eine Firma, die zum Zeitpunkt der Vergabe noch gar nicht bestand. Die PSOE profitierte von »Zuwendungen« des US-Flugzeugbauers McDonnell Douglas, der damit den Zuschlag zum Neuaufbau der Flotte der Iberia zum Nachteil des Konkurrenten Boeing erhielt.

Zum Symbol von Nepotismus und illegalen Machenschaften wurde der Bruder des mächtigen sozialistischen Vizepremiers Alfonso Guerra. Vor dem Amtsantritt der PSOE erhielt Juan Guerra Arbeitslosengeld. Acht Jahre später besaß er eine Villa, Eigentumswohnungen, fünf Landgüter, Reitpferde und fuhr Mercedes. In Sevilla hatte er ein Büro in der Vertretung der Zentralregierung. Dort empfing er jeden, der ein Problem zu lösen hatte und bereit war, dafür zu zahlen. Sein Geschäftsmodell war der Handel mit politischem Einfluss.

Der sozialistische Wirtschaftsminister Miguel Boyer zählte ebenfalls zu den Granden seiner Partei. Er residierte in Puerta de Hierro in einem Palast von 1370 Quadratmetern, möbliert mit erlesenen Antiquitäten. Selbst seine Hundezwinger verfügten über eine eigene Klimaanlage. Er wurde zum Sargnagel der PSOE, denn kurz vor den verlorenen Wahlen von 1996 ließ er in der Klatschpostille »Hola!« auf 32 Seiten seinen Lebensraum aufwändig illustrieren. Das Motto »Hundert Jahre Ehrlichkeit«, mit dem die Sozialisten 1982 angetreten waren, geriet endgültig zur Farce.

In der bisherigen Bilanz der großen Korruptionsfälle der rechtskonservativen PP, die mit Unterbrechung von 1996 bis 2014 regierte, steht Subventionsbetrug hoher Parteifunktionäre in den Autonomieregionen Valencia und Madrid (»Fall Gürtel«) an vorderster Stelle. Schatzmeister Luis Bárcenas gab jahrelang illegale Zahlungen an Politiker in Auftrag. Ministerpräsident Rajoy erhielt Zehntausende Euro »für Anzüge und Krawatten«, Gesundheitsministerin Ana Mato Luxustaschen und Freiflüge, und sogar die Geburtstage ihrer Kinder wurden bezahlt. Monatlich erhielten Parteifunktionäre Briefumschläge mit Bargeld zwischen 5000 und 15 000 Euro. Für sie bekam der Begriff des Schatzmeisters eine völlig neue Bedeutung.

Bestochen wurde auf allen Ebenen der Partei, in verschiedenen Ministerien durch öffentliche Gelder in Madrid und Barcelona (»Fall Lacalle«) oder in Santiago de Compostela (»Fall Pokemon«). Spektakulär war auch die Entdeckung eines Korruptionsnetzwerkes, an dessen Spitze der ehemalige Chef des Internationalen Währungsfonds (IWF) stand. Er war zwischen 1996 und 2004 Wirtschaftsminister in der rechtskonservativen Regierung Aznar und von 2004 bis 2007 Chef des IWF. Danach führte er das Geldinstitut Bankia, das aus der Fusion der Caja Madrid mit sechs weiteren Banken hervorging, 2012 an die Börse. Im Jahr darauf musste das Geldinstitut mit 20 Milliarden Euro vom spanischen Staat gerettet werden. Rato hatte großzügig an einflussreiche Personen »schwarze« Kreditkarten verteilt, die den Inhabern gestatteten, sie ohne Limit, ohne Rückzahlung und ohne jede Kontrolle zu belasten.

Längst sind auch Politiker der Autonomen Regierungen in die Korruption verstrickt. Im »Fall Casinos« finanzierte das katalanische Glücksspielunternehmen Casinos-Inverrama den Parteienbund Convergencia i Unió. Er regierte mit Ministerpräsident Jordi Pujol von 1980 bis 2003 Katalonien. Die Pujols waren die angesehenste Familie. 2014 schlugen die Ermittler zu: Der Vorwurf lautete Organisiertes Verbrechen. Im Zentrum stand Sohn Oleguer Pujol, dem Steuerhinterziehung und Geldwäsche vorgeworfen wurden. »Die ganze Aktion weckt Assoziationen zur

Mafia von Chicago«, schrieb die spanische Tageszeitung »El Mundo«.

Ausgelöst hatte den Skandal Vater Jordi, als er eingestand, ein Millionenvermögen im Ausland gebunkert zu haben. Im Zuge der Ermittlungen kam eine Schmiergeldaffäre ans Licht, bei der eine Baufirma 50 Millionen Euro an Pujols Convergència i Unió gezahlt hatte. Sohn Jordi jun. wurde früh schon wegen seines auffälligen Hangs zu Luxuskarossen (19 Wagen) und einer 1000-Quadratmeter-Villa in bester Lage in Barcelona auffällig. Sein Bruder Josep wurde wegen Insiderhandels angezeigt.

Besonders dreist trieb es ein Franquist alter Schule, der mit Gesinnungsfreunden 1991 die Partei *Grupo Independiente Liberal* (GIL) gründete und aus dem Stand die Bürgermeisterwahlen im andalusischen Badeort Marbella gewann. Der Parteiname war nicht zufällig zustande gekommen, denn sein Name war Jesús Gil y Gil. Als Präsident des Fußballclubs Atlético Madrid war er eine nationale Berühmtheit. Mal kam er mit einem angeleinten Krokodil ins Stadion, mal ließ er Elefanten durch Madrid aufmarschieren. Den Fußballclub finanzierte er zeitweilig aus Marbellas Stadtkasse, mal auch durch die Auflösung der sportlichen Nachwuchsabteilung, um mit dem Geld unter anderem Porträts des Diktators Franco an Geschäftsfreunde zu verschenken. Warum er einen ausrangierten Flugzeugträger kaufe, wurde er von Reportern gefragt – »weil ich noch keinen habe«.

Zwei Jahre nach der Machtübernahme durch die rechtskonservative Volkspartei (PP) erließ die Regierung Aznar ein Gesetz, mit dem die Korruption völlig neue Dimensionen erreichte. Das ohnehin schon sehr unternehmerfreundliche Baurecht aus Franco-Zeiten wurde weiter liberalisiert. Der entscheidende Punkt: Lokalpolitiker konnten in eigener Zuständigkeit Bauland ausweisen. Von den 80 000 anschließend in Marbella entstandenen Wohnungen und Häusern waren die Hälfte Schwarzbauten.

Die Bauverwaltung hielt die Hand auf und kassierte bei jedem Verwaltungsakt: bei Vertragsabschluss, für die Erteilung der Baugenehmigung und bei Fertigstellung. Der Leiter der Baubehörde war Juan Antonio Roca. Der einst mittellose Bergbauingenieur schaffte es in nur kurzer Zeit, mit einem Vermögen von 2,4 Milliarden Euro zum viertreichsten Spanier aufzusteigen. Als die Ermittler sein Anwesen durchsuchten, fanden sie unter anderem ausgestopfte Elefanten und Giraffen sowie einen lebenden Tiger. Der »Tierfreund« besaß darüber hinaus 100 Rassepferde und 200 Kampfstiere.

Auch das Königshaus geriet ins Visier der Ermittler. Der Schwiegersohn des Königs, Iñaki Urdangarin Liebaert, wurde verdächtigt, als Vorsitzender der »Stiftung Nóos« Gelder in Millionenhöhe von den Regionalregierungen auf den Balearen und in Valencia veruntreut zu haben. Es waren fiktive Rechnungen für erfundene Dienstleistungen ausgestellt worden. Der ehemalige Profi-Handballspieler, der nach der Hochzeit mit Cristina von Spanien den Titel Herzog von Palma erhielt, war das erste Mitglied der Königsfamilie, das vor Gericht gestellt wurde. Bis zur Verurteilung sollte er Kaution in Millionenhöhe hinterlegen. Er tat es nicht. Die Beschlagnahme seiner Güter war die Folge. Im Februar 2017 wurde er zu einer Freiheitsstrafe von sechs Jahren und drei Monaten verurteilt. Er kam ins Frauengefängnis von Brieva.

Und es geht immer weiter: Im November 2019 wurde ein vorläufiger Schlussstrich unter den nächsten großen Korruptionsfall gezogen. Ein Gericht in Sevilla verurteilte 19 sozialistische Politiker wegen der Veruntreuung von 680 Millionen Euro. Sechs Jahre Haft erhielt der ehemalige Regionalpräsident von Andalusien José Antonio Griñán. Sein Vorgänger, Manuel Chaves, der in der sozialistischen Regierung unter Regierungschef Zapatero als stellvertretender Ministerpräsident Spaniens amtierte, darf in den kommenden neun Jahren kein öffentliches Amt mehr bekleiden. Verurteilt wurde auch die ehemalige spanische Infrastrukturministerin Magdalena Álvarez.

Im Mittelpunkt des Falles stand der Chef des Arbeitsamtes, der Mittel für die Region Andalusien in die privaten Taschen umleitete. Allein sein Fahrer erhielt 900 000 Euro. Der Chef der PSOE und amtierende Ministerpräsident Pedro Sánchez hielt die Verklagten bis zur Urteilsverkündung für »ehrenvolle Personen«.

* * *

Die tausendfachen Korruptionsfälle ließen sich noch endlos fortführen. Wer möchte, findet im Internet unter www.casosaislados.com/index-php die Fälle penibel aufgelistet. Der bisherige volkswirtschaftliche Schaden wird auf der Webseite laufend ergänzt. Am 9. Dezember 2019 betrug er 124 183 540 826 Euro. Daher verwundert es nicht, dass die Bürger ihren Politikern nicht mehr trauen. In einer Umfrage gaben 95 Prozent an, sie seien überzeugt, die Parteien würden Korruption und Bestechung vertuschen. Das bestätigt auch das Ranking Spaniens bei Transparency International: Das Land liegt gleichauf mit Botswana.

Die angesehene Tageszeitung »El País« resümierte: »Die spanische Gesellschaft bezahlt jetzt den Preis dafür, dass sie den Politikern nach dem Ende der Franco-Diktatur zu viel Macht einräumte und bei ihnen auf so etwas wie freiwillige Selbstkontrolle setzte.« Das macht auch das Justizwesen deutlich: Staatsanwälte sind an Weisungen der Minister gebunden. Die höchsten Ämter an den Gerichten werden von einem parteipolitisch dominierten Berufsgremium vergeben. Der Gnadenerlass ist dort ein durchaus normaler Vorgang.

Ein Richter reißt die Gräben auf

Die spanische Justiz verfolgt weltweit Menschenrechtsverletzungen, nur nicht zuhause – Verbrechen aus der Franco-Zeit bleiben ein Tabu – Ermittlungsrichter Garzón erhält Berufsverbot

Kaum jemand hat die spanische Geschichte in der Ära nach dem Tod des Diktators Franco so beeinflusst wie ein Ermittlungsrichter am Obersten Gericht. Baltasar Garzón brachte mit seinen Untersuchungen Regierungsmitglieder ins Gefängnis, deckte illegale Strukturen auf höchster Ebene auf und brachte damit die beiden großen Parteien – die sozialistische PSOE und die rechtskonservative PP – mittelbar um die Macht. Beide Parteien brauchten Jahre, um sich von den von Garzón aufgedeckten Skandalen zu erholen.

Garzón, der ein Priesterseminar besucht hatte und sich dann doch dem Juristenberuf zuwandte, zeigte dem chilenischen Diktator General Augusto Pinochet mit einem internationalen Haftbefehl Grenzen auf. Er wurde in London verhaftet. In Chile wurde ihm der Prozess gemacht. Luis Moreno Ocampo, Chefankläger am Internationalen Strafgerichtshof in Den Haag, sah darin den ersten Fall universaler Gerichtsbarkeit, und es sei »bahnbrechend für das Ende der Straffreiheit« von Tyrannen.

In Argentinien erreichte der spanische Richter, dass durch seine Ermittlungen eine Amnestie für die Militärs, die das Land mit Folter und Mord regiert hatten, aufgehoben wurde. Das gab ihm die Zuversicht, das Schweigen über die Verbrechen während der Diktatur und die Straffreiheit für die Verantwortlichen im eigenen Land zu beenden. Dafür wurde er für den Friedensnobelpreis vorgeschlagen.

Anders als die meisten hohen und höchsten Vertreter der spanischen Justiz wuchs der 1955 geborene Garzón in einfachen Ver-

Spaniens bekanntester Richter Baltazar Garzón. Er wollte die Verbrechen der Franco-Diktator aufklären und erhielt Berufsverbot.

hältnissen in Andalusien auf. Seine Mutter war Bäuerin, der Vater Tankwart. Sein Jurastudium in Sevilla finanzierte er durch Gelegenheitsjobs. Nachdem er mehrere Stationen als Richter absolviert hatte, wurde er 1987 von Andalusien als *Inspector delegado* ans Oberste Gericht nach Madrid entsandt. Ein Jahr später bekam Garzón den Ruf an den 5. Strafsenat des Obersten Gerichts.

Er wurde einer von nur sechs nationalen Ermittlungsrichtern. Hierzulande wurde diese Funktion auch als »Untersuchungsrichter« beschrieben, den es bis zur Abschaffung der gerichtlichen Voruntersuchung 1977 in der deutschen Strafprozessordnung gab. Dieser Richter musste den Sachverhalt im Vorverfahren abklären. Heute hat sich der Ermittlungsrichter nicht mehr mit dem Sachverhalt selbst zu befassen, sondern lediglich die Ermittlungsmaßnahmen der Staatsanwaltschaft zu prüfen.

Die spanischen *Jueces Centrales de Instrucción* haben umfassende Befugnisse. Sie führen die Ermittlungen, die vor dem Obersten Gericht zur Anklage kommen. Garzóns konsequentes Vorgehen brachte ihn in Kontakt zum sozialistischen Parteichef Felipe González, der ihn überredete, auf Listenplatz zwei für die PSOE in Madrid zu kandidieren. Das brachte ihm später mehrfach den Vorwurf ein, die Überparteilichkeit des Richteramtes verletzt zu haben.

Wie haltlos dieser Vorwurf war, machte Garzon deutlich, als er im Zuge der Ermittlungen der Todesschwadronen der GAL den sozialistischen Innenminister auf die Anklagebank brachte. Ebenso ermittelte er gegen die baskische Terrororganisation ETA. Den berüchtigten argentinischen Folterer und Mörder von Gefangenen Adolfo Scilingo brachte Garzón vor das Oberste Gericht Spaniens, das ihn 2005 zunächst zu 640 Jahren Gefängnis verurteilte. Nach Bekanntwerden weiterer Fälle wurde die Strafe auf 1084 Jahre Haft erhöht. Im Zuge der Ermittlungen kam heraus, dass während der Diktatur in Argentinien von 1976 bis 1980 hohe spanische Militärs in dem südamerikanischen Land als Ausbilder tätig waren.

Das 1985 eingeführte Strafrecht gestattete es dem Obersten Gericht Spaniens, unter Referenz auf die Nürnberger Kriegsverbrecherprozesse nach dem Zweiten Weltkrieg Verbrechen gegen die Menschenrechte und andere schwere Delikte auch außerhalb des eigenen Staatsgebietes zu verfolgen. Im Oktober 2005 erweiterte das Verfassungsgericht diese Regelung dahingehend, dass bei Verbrechen gegen die Menschlichkeit in Spanien die universelle Rechtsprechung ohne Einschränkungen gilt. Jeder konnte in Spanien Klage erheben, jeder Untersuchungsrichter am Obersten Gericht weltweite Nachforschungen anstellen.

Madrid wurde zu einem Zentrum der Klagen gegen das globale Unrecht. Dabei gab es seit 2002 bereits den Internationalen Gerichtshof in Den Haag. Doch der kann nur tätig werden, wenn einer der Unterzeichnerstaaten einen Antrag stellt oder der UNO-Sicherheitsrat ein Mandat erteilt. Zudem gilt, dass nur Verbrechen nach dem Jahr 2002 verfolgt werden können. Damit wurde der Oberste Gerichtshof in Madrid de facto zu einem Weltgericht. Spanische Ermittler gingen Klagen gegen die US-Regierung nach, verfolgten Straftaten der israelischen Armee oder Menschenrechtsverletzungen in China. Deren Regierungen übten massiven Druck auf die Regierung in Madrid aus, diese Ermittlungen zu unterbinden.

Im eigenen Land zog diese Entwicklung viel Kritik nach sich. Carlos Dívar, Präsident des Obersten Gerichts in Madrid, mahnte: »Wer sind wir denn, im fremden Haus zu handeln, wenn im eigenen so viel zu regeln bleibt.« Und damit hatte er einen wunden Punkt getroffen. Während sich spanische Ermittler um alles und jedes kümmern sollten, blieb die eigene Vergangenheit des Landes ausgespart. Die Verbrechen während der Franco-Zeit waren tabu.

Jorge Semprún, spanischer Schriftsteller, der im Konzentrationslager Buchenwald inhaftiert gewesen war, im Untergrund in den 1950er Jahren zum meistgesuchten Spanier aufstieg, 1964 aus der Kommunistischen Partei ausgeschlossen wurde und sich danach der Literatur zuwandte, sagte 2008 in einem Interview: »Im Bürgerkrieg wurde die Demokratie zerstört. Heute gelten in der spanischen Gesellschaft die Werte der besiegten Republikaner, demokratische Werte. Trotzdem wird das historische Gedenken oft von den Werten der damaligen Sieger dominiert.«

Mit der neuen sozialistischen Regierung unter Regierungschef José Luis Zapatero kam ab 2004 Bewegung in die Frage, inwieweit die spanische Gesellschaft bereits so gefestigt ist, dass man mit der Aufarbeitung der Vergangenheit beginnen kann, ohne die alten Gräben wieder aufzureißen. Mit dem Gesetz über das historische Andenken *(Ley de Memoria Histórica),* das 2007 verabschiedet wurde, legte die Regierung eine erste Grundlage. Darin wurde anerkannt, dass künftig der Opfer auf beiden Seiten des Spanischen Bürgerkriegs und des Franco-Regimes gedacht wird; dass Franco-Regime zu verurteilen ist und franquistische Symbole von öffentlichen Gebäuden und Plätzen zu entfernen sind.

2005 wurde das letzte Franco-Denkmal in Madrid auf Anordnung der sozialistischen Regierung entfernt, nachts im Schutze der Dunkelheit. Die konservative Opposition tobte, Parteiführer Mariano Rajoy sah darin einen »Akt unverantwortlicher Ignoranz« und ein Zeichen des Bruchs mit dem Geist des friedlichen Übergangs von der Diktatur zur Demokratie.

In der Folge brach ein »Krieg der Todesanzeigen« aus. Die einen inserierten »von Faschisten ermordet«, die anderen »von den roten Horden umgebracht«. Kritiker von den Linken warfen der Regierung Zapatero vor, mit dem Gesetz die Verbrechen gegen die Menschlichkeit, die von der Franco-Diktatur an politischen Gegnern verübt wurden, weiterhin von der Amnestie straflos zu stellen, aber die Urteile der Diktatur gegen Widerstandskämpfer auch künftig als rechtsgültig zu betrachten.

Eine staatliche Unterstützung der Suche, Exhumierung und Identifizierung von unbekannten Opfern wurde abgelehnt. Die Regierung hätte Richter, Bürgermeisterämter, autonome Regionen anweisen können, alle Massengräber zu erfassen und zu kartieren. Jeder hätte auf dieser Grundlage den Antrag auf Exhumierung stellen können, die vom Staat auszuführen gewesen wäre. Das unterblieb. Im ersten Entwurf des Gesetzes kam nicht einmal der Ausdruck »franquistische Diktatur« vor. Doch die Rechte war allein schon empört über das Vorhaben. Der Generalsekretär der PP mutmaßte, Zapatero und seine Sozialisten seien »von der Vergangenheit besessen«. Das Gesetz rüttle am gemeinsam vereinbarten Schweigepakt und werde die spanische Gesellschaft spalten.

Die Linke kritisierte das Gesetz von allen Seiten und forderte, dass darin eine klare Stellungnahme zu Bürgerkrieg und Diktatur enthalten sein müsse. Doch die sozialistische Regierung beließ es bei symbolischen Maßnahmen. Die in der Diktatur verhängten Justizurteile wurden im Gesetz zwar als »ungerecht« bezeichnet, blieben aber gleichwohl weiterhin in Kraft. Dahinter stand die Befürchtung, dass eine Prozesslawine die Gerichte auf Jahre lahmgelegen und den Staat zur Entschädigung verpflichtet würde.

Der frühere Staatsanwalt beim Obersten spanischen Gericht, José Martín Pallín, bewertete das *Ley de la Memória histórica* so: »Es wurde ein sehr zurückhaltendes Gesetz, da man annahm, dass die Familien bloß Geld wollten. Doch geht es den Familien nicht um Geld. Wobei sich durchaus die Frage stellt, warum es möglich war, dass die Sieger wie im Mittelalter handelten und den Besiegten ihr Hab und Gut nahmen. Die Plünderung war monumental, würde man sie untersuchen, käme man auf Billionen Euro in Grundstücken, Besitz, Immobilien, Schmuck, Bildern.«

* * *

Aus Unzufriedenheit mit dem Gesetzestext reichten am 14. Dezember 2006 die Rechtsbeistände der Vereinigung zur Wiedererlangung der geschichtlichen Erinnerung (ARMH) von Mallorca beim Obersten Gericht die erste Klage wegen der Verbrechen ein, die in der Zeit der Franco-Diktatur begangen worden waren. Weitere Organisationen schlossen sich an. Die Zuständigkeit für das Verfahren fiel an Baltasar Garzón.

Der Richter stieß bei seinen Nachforschungen sofort auf Widerstände. Wo immer er Dokumente anforderte, stellten sich ihm Hindernisse in den Weg. Für jedes Dokument forderten die Archive unter Verweis auf das Gesetz zum Schutz von Staatsgeheimnissen, das noch aus der Franco-Zeit stammte, eine Genehmigung. Deshalb drehte der Richter das Beweisverfahren um und erhob Anklage gegen Franco und 44 Mitverschwörer, die er für den Tod und das Verschwinden von vielen zehntausend Menschen verantwortlich machte. Garzón wies Ministerien, Gemeinden und die Bischofskonferenz an, ihre Archive zu öffnen.

Anders als die offiziellen Stellen, die träge oder überhaupt nicht reagierten, brachten ihm Angehörige von »Verschwundenen« Informationen über 143 353 Franco-Opfer in den Nationalen Gerichtshof. In einer Anordnung an die regionalen Gerichte wies er die Öffnung von 19 Massengräbern an, darunter eines in Granada, wo auch der Leichnam des 1936 von Franquisten ermordeten spanischen Dichters Federico García Lorca vermutet wurde. Die Ausführung sollten die lokalen Untersuchungsrichter anweisen und überwachen. Bis auf einen einzigen Fall wurde die Anweisung von Garzón ignoriert.

In einer 68-seitigen Verfügung vom 16. Oktober 2008 begann Garzón seine Ermittlungen gegen den spanischen Staat. Darin begründete er, dass es sich dabei um Fälle von »illegaler und dauerhafter Festnahme ohne Rechtfertigung des Verbleibs« handle. Die Franco-Diktatur habe einen »systematischen Plan« verfolgt, um diejenigen Spanier einzuschüchtern, die treu zur gewählten Regierung der Republik standen, indem man ihre Repräsentanten eliminierte. Dies sei als Verbrechen gegen die Menschlichkeit anzusehen. Da die Opfer verschollen seien, könnten die Verbrechen nicht verjähren.

Carla del Ponte, frühere Chefanklägerin am Internationalen Strafgerichtshof für die Kriegsverbrechen im ehemaligen Jugoslawien sowie für den Völkermord in Ruanda in Den Haag, unterstützte Garzón in seiner Rechtsauffassung: »Die Verbrechen, die während der Franco-Diktatur verübt wurden, sind Verbrechen gegen die Menschlichkeit. Darüber gibt es keinen Zweifel. Wenn nun die Opfer Gerechtigkeit verlangen, wäre es politisch richtig, die Amnestie aufzuheben.«

Baltasar Garzón handelte in Übereinstimmung mit geltendem internationalen Recht. Spanien ist Signatarstaat des Internationalen Strafgerichtshofs und hat die Römischen Statuten 2002 unterschrieben. Darin heißt es in Artikel 7: »Das gewaltsame Verschwindenlassen stellt ein Verbrechen gegen die Menschlichkeit dar, wenn es flächendeckend und systematisch gegen die Zivilbevölkerung eingesetzt wird.«

Der spanische Generalstaatsanwalt sah das anders und erhob Einspruch. Garzón eröffne mit diesem Verfahren eine Abrechnung mit dem Franquismus, was die Regeln und Gesetze in Spanien verletze. Am 27. Mai 2009 reichte Miguel Bernad, der Chef einer rechtsradikalen Pseudogewerkschaft mit dem Namen *Manos Limpias* (Saubere Hände), Klage gegen Garzón beim Obersten Gericht ein. Mit ihm klagten zwei rechtsradikale Organisationen gegen den Richter: die faschistische Falange und die Vereinigung Freiheit und Identität.

Baltazar Garzón hatte sich in seiner bisherigen Arbeit beide Regierungsparteien zum Feind gemacht und jede Menge Kollegen beim Obersten Gericht verprellt, die ihm die weltweite Aufmerksamkeit neideten. Am 3. Februar 2010 beschuldigte ihn Richter Luciano Varela der Rechtsbeugung, weil er mit der Genehmigung der Öffnung der Massengräber gegen das Amnestiegesetz von 1977 verstoßen habe, das von einem demokratisch gewählten Parlament beschlossen worden sei. Sein Beschluss sei »objektiv gesehen rechtswidrig«. Die konservative Zeitung »El Mundo« applaudierte dieser Darstellung und nannte das Vorgehen von Garzón »unblutige Form der Rache«.

Mit der Anklage der Rechtsbeugung stand nun für Garzón ein Berufsverbot für 12 bis 20 Jahre im Raum. Der Oberste Gerichtshof, das *Tribunal Supremo,* ist seit Francos Zeiten nicht reformiert worden. Zudem haben seine Richter das Mandat auf Lebenszeit. Der Prozess endete mit der Verurteilung von Baltasar Garzón, der elf Jahre sein Richteramt nicht mehr ausüben durfte. Zu diesem Zeitpunkt war er 55 Jahre alt. Nach der Verbüßung seiner Strafe war er in Pension. Den Einspruch wies das Verfassungsgericht ab.

Zu diesem Zeitpunkt hatte Spanien bereits die *International Convention on the Protection of all Persons from Enforced Disappearances* (ICPPED) ratifiziert. In der Präambel heißt es: »Jedes Opfer hat ein Recht, die Wahrheit über die Umstände des gewaltsamen Verschwindenlassens und das Schicksal der verschwundenen Person zu erfahren, und die Freiheit, Informationen darüber zu suchen, zu erhalten und zu teilen.« In der Konvention heißt es ferner, dass Ermittler in diesen Angelegenheiten vor Repressalien zu schützen seien.

2009 stellte das UN-Menschenrechtskomitee besorgt fest, dass spanische Familien, »die die Überreste zur Identifizierung ihrer verschwundenen Angehörigen exhumieren lassen wollen, auf Hindernisse juristischer und verwaltungstechnischer Art stoßen«. Es erinnerte Spanien daran, dass eine Amnestie für Verbrechen gegen die Menschlichkeit nicht zutreffen könne, und empfahl, das Amnestiegesetz von 1977 aufzuheben. Ferner sollten eine unabhängige Sachverständigenkommission zur Aufklärung über die Menschenrechtsverletzungen in der Franco-Zeit eingesetzt und alle Familien bei der Identifizierung ihrer verschwundenen Angehörigen unterstützt werden.

* * *

Damit war die juristische Schlacht noch nicht vorbei. Weil in Spanien der Rechtsweg versperrt war, reichten 2010 zwei in Argentinien lebende Spanier Klage gegen die Franco-Diktatur ein. Einer von ihnen war der Journalist Manuel Blanco Chivite, der im Juli 1975 beim Verteilen von Flugblättern verhaftet worden war. Er wurde in der Haft gefoltert und von einem Militärgericht zum Tode verurteilt. Schließlich begnadigte man ihn zu 35 Jahren Freiheitsstrafe. Die Amnestie von 1977 brachte ihn aus dem Gefängnis. Als vorbestraft galt er noch immer.

Richterin María Servini de Cubría von der Ersten Kammer des Bundesstrafgerichts in Buenos Aires stellte internationale Haftbefehle gegen vier ehemalige Polizisten aus und verlangte deren Auslieferung. Der spanische Generalstaatsanwalt lehnte ab, sie verhaften zu lassen, und eine Auslieferung brauchen spanische Staatsbürger ohnehin nicht zu fürchten.

Richterin Servini ist in Argentinien keine Unbekannte. Als Offizialverteidigerin vertrat sie die Interessen der Staatspräsidentin Isabel Perón, der ersten Frau im höchsten Staatsamt Lateinamerikas. Sie war als Vizepräsidentin gewählt worden und übernahm die Präsidentschaft nach dem Tod ihres Mannes, des legendären Machthabers Juan Domingo Perón, der die Geschicke Argentiniens über Jahrzehnte bestimmt hatte. Die Militärs putschten 1976 gegen sie und stellten sie vor Gericht.

Als Untersuchungsrichterin ermittelte sie im Fall verschwundener Kinder, die während der Diktatur der argentinischen Militärs ihren Gegnern entzogen und illegal an Anhänger des Regimes zur Adoption freigegeben wurden. Sie brachte 1990 die Schwägerin von Staatspräsident Carlos Menem wegen Geldwäsche und Drogenhandels vor Gericht. Einen chilenischen Geheimagenten klagte sie als Mörder von General Carlos Prats an, dem Oberbefehlshaber der Streitkräfte Chiles, der nach dem Putsch von 1973 gegen Salvador Allende geflohen war und im Jahr darauf in Buenos Aires bei einem Bombenanschlag ums Leben kam.

Sie war es also gewohnt, auf harte Widerstände zu stoßen. Doch im Fall der Klage gegen die Verbrechen Francos biss sie auf Granit. Die argentinische Justiz verlangte die Auslieferung von acht Franco-Ministern, Militärs und Zivilisten. Alle Anträge wurden zurückgewiesen. Der konservative Regierungschef Rajoy erließ die Weisung, dass ehemalige Verantwortliche aus der Franco-Zeit nicht verhaftet werden dürften. Den Haftbefehl von Interpol, den die Richterin erwirkt hatte, ließ er für ungültig erklären. Begründung: Ihre Nachforschungen stellten einen Verstoß gegen die Generalamnestie von 1977 dar.

Im März 2016 unternahm die argentinische Richterin einen weiteren Versuch. Sie beantragte, die Beschuldigten in Spanien vernehmen zu können. Das spanische Ministerium für Justiz verlangte zuvor die Fragen im Detail zu bekommen, um davon abhängig seine Entscheidung zu treffen. Salvini sagte entnervt ihre Reise ab. Ein halbes Jahr später schlug man vor, dass sie die Verdächtigen in Anwesenheit spanischer Richter befragen dürfe. Wenig später folgte der Rückzieher, das Verfahren sei »inkompatibel«. So sah also die Auslegung der universellen Rechtsprechung Spaniens im Fall der eigenen Angelegenheiten aus.

»Es ist eine Gesellschaft, die die Existenz von Tausenden von Massengräbern hinnimmt, die unter den Teppich gekehrt werden; eine demokratische Anomalie, die die franquistischen Verbrechen gegen die Menschheit straffrei stellt und die Opfer der Repressalien mit dem Vergessen und der Verachtung bestraft«, resümiert Juan Miguel Baquero, Autor des Buchs »Das Land des Gedächtnisverlusts. Vom franquistischen Genozid zum endlosen Schweigen«.

Anmerkungen eines UN-Beobachters

Keine Politik der Wahrheitsfindung in Spanien – Defizite in der Justiz – Kein freier Zugang zu den Archiven – Amnestiegesetz unvereinbar mit Spaniens Verpflichtungen

2006 wurde von den Vereinten Nationen der Menschenrechtsrat geschaffen. Seine Aufgabe ist eine auf objektiven und zuverlässigen Angaben beruhende regelmäßige Überprüfung der Erfüllung der Verpflichtungen, die jeder Staat eingegangen ist. Dafür werden Sonderberichterstatter entsandt, die für die Aufgabe geeignet sind und für einen Zeitraum von drei Jahren unter Vertrag genommen werden.

Nach dem Berufsverbot für Baltasar Garzón entsandte der UN-Menschenrechtsrat den *Director of the Transitional Justice Program at the Centre for human rights and global justice at the School of Law, New York University,* den Kolumbianer Pablo de Greiff, nach Spanien. Am 14. Juli 2014 legte er einen umfänglichen Bericht über seine Mission vor. Mit Verwunderung stellte de Greiff darin fest, dass es noch immer keine offizielle Statistik der Opfer des Bürgerkriegs und der nachfolgenden Diktatur gibt, weder konkrete Daten noch amtliche Schätzungen ihrer Gesamtzahl. Auch die Fälle der Zwangsarbeit von Gefangenen, des Raubs von Kindern und die Folgen von Krieg und Repression, einschließlich der Gewalt gegen Frauen, seien wenig erschlossen.

Mit Besorgnis nahm der Sonderberichterstatter die Tatsache zur Kenntnis, dass in Spanien keine Politik des Staates zur Beförderung der Wahrheit verfolgt worden sei. Das Gesetz 52/2007 über das historische Gedenken stelle keine Lösung des Problems dar. Vielmehr forderten zahlreiche Vereinigungen die Einrichtung einer Wahrheitskommission. Der Berichterstatter riet daher den offiziellen Stellen dringend, ernsthafte Diskussionen mit dem Ziel aufzunehmen, unabhängige Institutionen mit offiziellem Charakter zu schaffen, deren Ziel eine gründliche Aufarbeitung der Verletzungen der Menschenrechte während des Bürgerkrieges und des Franquismus sein sollte. Dazu könnte auch die Einrichtung einer Wahrheitskommission dienen.

Der Berichterstatter hob hervor, dass es wertvolle Initiativen zur Wahrheitsfindung gibt. Sie könnten aber nicht die Notwendigkeit einer entsprechenden Politik des Staates und seiner Verantwortung für die Suche nach der Wahrheit ersetzen. Mit Sorge müsse er konstatieren, dass es aktuell keine staatlichen Initiativen auf diesem Gebiet gibt, so de Greiff. Obwohl theoretisch Dokumente in großem Umfang vorhanden seien, bestünden noch immer Beschränkungen und Restriktionen. Es werde kein freier Zugang zu den Archiven gewährt, und Möglichkeiten dagegen vorzugehen bestünden nicht. Historische Dokumentenbestände und Unterlagen des Militärs und der Polizei fielen nach wie vor unter den Schutz der Geheimhaltung. Kriterien, wann und wie sie deklassifiziert werden, gebe es nicht. Auch im Bereich der Justiz seien große Defizite in der Behandlung der Verletzungen der Menschenrechte während des Bürgerkrieges und der anschließenden Diktatur festzustellen.

Als größtes Hindernis für die Öffnung der Archive, die notwendigen Untersuchungen sowie die Strafverfolgung wird die Rechtsprechung des Obersten Gerichts unter Verweis auf das Amnestiegesetz 46/1977 bezeichnet. Dieses Gesetz sei von einem demokratisch gewählten Parlament mit dem Ziel verabschiedet worden, die strafrechtliche Verantwortung auszuschließen und politische Gefangene freizulassen. Es wurde in Übereinstimmung mit allen Parteien beschlossen und damit die Phase des Übergangs von der Diktatur zur Demokratie eingeleitet.

Der Berichterstatter erinnert jedoch daran, dass bereits zahlreiche internationale Menschenrechtsorganisationen die Unvereinbarkeit eines Amnestiegesetzes mit den internationalen Verpflichtungen Spaniens unterstrichen. Diese internationalen

Standards beinhalteten die Nichtverjährung von Verbrechen gegen die Menschlichkeit. Dazu gehört auch die Praxis des gewaltsamen Verschwindenlassens.

Der Berichterstatter stellte in Abrede, dass es grundsätzliche Hindernisse für eine Revision oder Annullierung des Gesetzes 46/1977 wegen der Unvereinbarkeit mit den internationalen Verpflichtungen des Staates gebe. Das Verfassungsgericht wäre die geeignete Institution zur Neufassung im Lichte der internationalen Normen und Verpflichtungen zum Schutz der Menschenrechte.

Pablo de Greiff kam zu folgenden Schlussfolgerungen: Es bestehe eine große Distanz zwischen den Positionen des größten Teils der Institutionen des Staates auf der einen und denen der Opfer und ihrer Organisationen auf der anderen Seite. Die Zivilgesellschaft und hierbei insbesondere die Vereinigungen der Opfer und ihrer Angehörigen – vor allem der Enkelgeneration – seien diejenigen, die den Diskurs zur Erlangung der Wahrheit in Gang gebracht hätten. Darauf müsse der Staat angemessen reagieren. Angesichts der Tatsache, dass in Spanien eine gefestigte Demokratie entstanden sei, erscheine es verwunderlich, dass der Staat keine geeigneten Maßnahmen zugunsten der vielen Opfer ergreife.

Die spanische Regierung unter Premierminister Rajoy von der PP reagierte gemessen auf den Bericht. Es gebe keine Patentrezepte, wie man einen Transitionsprozess erfolgreich gestalte. Das spanische Beispiel habe in einzigartiger Weise gezeigt, wie man zur nationalen Aussöhnung ohne strafrechtliche Verfolgung käme. Die übergroße Mehrheit der politischen Kräfte hätte sich dafür ausgesprochen. Auch seien die Interessen der Opfer im Gesetz über das historische Gedächtnis von 2007 angemessen berücksichtigt worden. (Zu diesem Zeitpunkt hatte die konservative Regierung unter Ministerpräsident Mariano Rajoy bereits dafür gesorgt, dass das Gesetz durch jegliche Mittelverweigerung praktisch außer Kraft gesetzt worden war.)

Deutlicher brachte Rajoy seinen Standpunkt in einer Fernsehsendung 2016 im Kanal La Sexta zum Ausdruck. Vom Moderator Jordi Évole auf die vielen Zehntausenden Verschwundenen des Bürgerkriegs und der Diktatur angesprochen, sagte der PP-Politiker, er glaube nicht sicher, dass so viele Spanier nach ihren Familienangehörigen suchten. »Die Regierung kann nichts für sie tun.«

Viele Spanier zeigten sich angesichts dieser Kaltschnäuzigkeit geschockt: »Für mich ist es unfassbar, dass ein Regierungschef eines demokratischen Landes Derartiges von sich geben kann«, sagte Mirta Núñez, Professorin für Geschichte an der Universidad Complutense de Madrid. »Seine Worte widerspiegeln die Haltung eines guten Teils der Rechten.«

Die Nachgeborenen klagen an

Die Suche nach den »Verschwundenen« stört – Die Parteien wollen die Kontrolle über die Vergangenheit behalten – Die Archive behindern die Aufklärung

Die Überreste von Emilio Silva Faba kamen im Oktober 2000 zum Vorschein, als die Erde in einem Straßengraben weggeschaufelt wurde. Dort lagen mehrere Skelette. Das letzte Mal, dass man Emilio sah, war im Herbst 1936 beim Gemeindeamt von Villafranca. Er blieb verschwunden. Auf das Massengrab des Großvaters war sein Enkel, der Journalist und Soziologe Emilio Silva, bei seinen Recherchen gestoßen. Er hatte vor allem die Alten im Dorf befragt. Einer von ihnen sagte ihm: »In diesem Ort liegen mehr Leichen außerhalb des Friedhofs.« In der Umgebung machten sie mithilfe der Einwohner 15 Massengräber ausfindig. Sie wussten genau, wo sie gelegen waren, und es schien, als hätten sie nur darauf gewartet, dass man sie fragt.

Emilio Silva nahm die Öffnung des Massengrabs zum Anlass, mit anderen die *Asociación para la Recuperación de la Memoria Histórica* (ARMH) (Vereinigung zur Rückgewinnung des historischen Gedächtnisses) zu gründen. Heute ist er der Präsident der Vereinigung, die zur zentralen Anlaufstelle bei der Suche nach verschwundenen Angehörigen geworden ist.

Die Anfänge blieben in Spanien unbeachtet. »Bei den ersten Ausgrabungen im Jahr 2000 berichtete nur die deutsche ARD über uns, im Jahr darauf gesellte sich die Berliner »taz« dazu, das holländische NRC, es waren nur ausländische Medien«, so Silva. »Als unser Verein 2002 schlagartig bekannt wurde, schreckten die Sozialistische und die Kommunistische Partei auf, denn dieses Thema betraf sie direkt. Plötzlich waren wir überall präsent, und sie wussten nicht einmal, wer wir waren. Daher gründeten sie zwei Organisationen, von denen eine, die sozialistische *Aso-*

Spanien hat nach Kambodscha weltweit die meisten unbekannten Massengräber.

ciación de descendientes del Exilio (Verein der Nachkommen des Exils), gegen die Exhumierungen Position bezog. Für sie war es damit getan, einfach ein Denkmal aufzustellen. Die PCE gründete das *Foro por la Memoria* (Gedächtnisforum), für das die Exhumierungen rein politische Akte waren. Sie behaupteten, wir würden durch unseren Diskurs der Familien und der Menschenrechte die Opfer verraten. Die beiden Organisationen hatten es auf uns abgesehen, denn das Gedächtnis ist sehr mächtig, und die Parteien wollen es kontrollieren.«

Die ARMH übernimmt, was Aufgabe des Staates wäre: die Identifizierung der anonymen Leichen durch DNA-Analyse und die Bestattung dieser so unwürdig verscharrten Bürger. Sie finanziert sich durch Mitgliedsbeiträge und Spenden. Solange die Sozialisten bis 2011 an der Macht waren, gab es Zuschüsse, die weniger als zwei Prozent der Ausgaben ausmachten. Danach gab es gar kein Geld mehr.

Ungeachtet dessen arbeitet die Vereinigung am Aufbau eines umfangreichen Archivs der Opfer des Bürgerkrieges und der Franco-Diktatur, veröffentlicht Arbeitsberichte und vernetzt die Aktivitäten von lokalen Initiativen im ganzen Land. Die Hauptarbeit liegt in der Öffnung und Dokumentation der Massengräber. Zunächst muss die Fläche gesperrt werden, um Spuren nicht zu beschädigen. Zutritt haben nur Personen, die die Öffnung der Massengräber vornehmen. Alle Schritte werden genau dokumentiert, denn die Angaben sollen auch gerichtsverwertbar sein. Es wird nach Projektilen gesucht, die Knochen werden auf Beschädigungen untersucht, und man nimmt DNA-Proben.

Der Gerichtsmediziner Professor Francisco Etxeberria hat internationale Erfahrung. Er gehörte der Expertenkommission an, die die Todesursache des chilenischen Präsidenten Salvador Allende am 11. September 1973 ermitteln sollte. Ging man bis 2011 davon aus, dass er Selbstmord begangen hatte, konnte nachgewiesen werden, dass ihn das putschende Militär ermordete. Etxeberria war bei der ersten Exhumierung dabei, als Emilio Silva 2000 seinen Großvater bergen konnte.

Heute ist er der angesehenste Experte für die Exhumierungen der Bürgerkriegsopfer. »Als wir zu exhumieren begannen, wurde mir klar, dass wir alles ausführlich dokumentieren mussten. Dokumentieren heißt Gutachten erstellen, die Datum, Name und Unterschrift von fachlich qualifizierten Personen tragen, die Auskunft über die Funde geben. Wenn es heißt, es seien sechs Skelette, dann sind es auch sechs, wenn eines davon eine Frau ist, ist dem auch so. Daher schlug ich von Anfang an vor, technische Gutachten zu erstellen für den Fall, dass die Ausgrabungen einmal administrative oder juristische Folgen haben sollten. Damals dachte ich nicht, dass sich je eine öffentliche Stelle dafür interessieren würde. Doch hielt ich es für unsere Pflicht, den Opfern zu Ehren und damit man auch in Zukunft weiß, wie viele Gräber wir gefunden haben, wie viele Reste, welche Verletzungen, welche Typologien. Daher stellten wir gleich zu Beginn ein Protokoll auf, das nach und nach verbessert wurde. Es hatte einigen Einfluss, sodass man heute das, was die verschiedenen Teams machen, summieren und es auf mehr oder weniger objektive Weise nachvollziehen kann, nicht nur akademisch, auch administrativ. Kommt morgen ein internationales Tribunal und stellt uns Fragen, so können wir ihnen sofort Tonnen von Gutachten vorlegen, bestens dokumentiert mit Fotos und Videos.«

Bei den Grabungen kommt es immer wieder auch zu Begegnungen, wie sie die Journalistin Anna Marie Goretzki aus Pamplona schilderte. Dort suchte die Enkelin ihren 1936 entführten und erschossenen Großvater, der vermutlich mit anderen auf einem Feld verscharrt worden war. Ihre Mutter hatte schon gleich nach dem Tod Francos nach ihrem Vater gesucht. Sie musste nach Drohungen rechtsextremer Gruppierungen die Nachforschungen einstellen.

Bei den Grabungen wurde nun die Enkelin angesprochen: »Am zweiten Tag fragte mich eine Frau: ›Was sucht ihr denn?‹ ›Vier im Bürgerkrieg ermordete Männer, die hier begraben sind‹, antwortete ich. Sie sagte: ›Ach so, lohnt sich das denn noch?‹ Da drehte ich mich weg und sagte: ›Ja, Señora, weil fünf Kilometer entfernt von hier meine Mutter sitzt und darauf wartet, dass ich sie anrufe und ihr sage, dass wir ihren Vater gefunden haben.‹«

Bei allen Graböffnungen sind ausgebildete Archäologen dabei. Die Öffnungen sind gleichzeitig Anschauungsunterricht für die Bewohner der Umgebung sowie für die Zuschauer. Hier erfahren sie, was der Staat nicht will: Die Untersuchung der schrecklichen Überreste des Terrors. Jedes Skelett wird sorgsam in Behälter gelegt, die mit Ort, Zeit und genauem Fundort registriert werden. Die Fachleute untersuchen die Knochen, vergleichen die DNA mit der der Angehörigen, und am Ende kommt es in den besten Fällen zu einer würdigen Bestattung.

Marian Martínez Pancorbo, Zellbiologin an der Universität des Baskenlandes (UPV), untersucht seit 2007 die menschlichen Überreste aus Massengräbern. Sie beziffert die Kosten für die

Identifizierung zwischen 500 und 700 Euro. Zudem müsse an einem Familienangehörigen für weitere 120 Euro ein DNA-Test vorgenommen werden.

Um an die Fundstellen zu gelangen, gibt es ein mittlerweile einheitliches Vorgehen. Zunächst wird das Gemeindeamt aufgesucht, wo der oder die Verschwundene zuletzt registriert war. Das wichtigste Hilfsmittel ist das Wählerverzeichnis von 1935, das in den meisten Archiven noch vorhanden ist. Es wird nach früheren Nachbarn gesucht, die noch am Leben sind. Danach werden die Kirchenbücher konsultiert. Gibt es Einträge über die Verschwundenen, folgen die Militärarchive. Hier befinden sich sowohl die Register der Angehörigen der republikanischen Streitkräfte wie auch die Listen, in denen exakt die Feinde der Franquisten erfasst wurden. Diese Militärarchive sind in den fünf verschiedenen Militärregionen niedergelassen, in die das Land früher unterteilt war.

Im *Archivo General Militar* von Guadalajara befinden sich die Unterlagen über alle in Spanien erfassten Wehrpflichtigen. Sie können beispielsweise über die physischen Daten der Verschwundenen Auskunft geben, wie groß sie waren, welche Besonderheiten sie hatten. In Ávila lagern die genauen Zuordnungen, in welchen Einheiten die vermisste Person möglicherweise gedient hatte.

Der größte Aktenbestand befindet sich in Salamanca. Hier finden sich auch die Unterlagen der *Guardia Civil,* die bei der Unterdrückung eine zentrale Rolle gespielt hatte. Die Aktenbestände sind mittlerweile digitalisiert. (Ein großer Teil der Gelder zur Digitalisierung der Archive wurde in der Zeit der konservativen Regierung Aznar illegal an die Franco-Stiftung umgeleitet.) Doch ein großer Teil der Akten wurde zerstört oder ist nicht mehr auffindbar.

Die Schwierigkeiten in den spanischen Archiven schilderte der Historiker Francisco Espinosa Maestre in einem Gespräch mit Georg Pichler, das dieser in dem Band »Gegenwart der Vergangenheit. Die Kontroverse um Diktatur und Bürgerkrieg in Spanien« veröffentlichte: »Um im Militärhistorischen Archiv in Madrid arbeiten zu können, benötigte man die Bürgschaft einer einflussreichen Person. Was heißt einflussreiche Person? Ein hoher Offizier, eine bekannte Persönlichkeit, die natürlich fast alle rechts waren. (…) Die Unterlagen der Kriegsgerichte waren zum Beispiel bis 1997 nicht einsehbar. Eigentlich wäre 1986 die legale Sperrfrist von fünfzig Jahren abgelaufen, aber da sie machten, was sie wollten, und ihnen niemand Einhalt gebot, beschlossen sie, diese Unterlagen bis 1997 nicht herauszugeben. Dass die Archive dann geöffnet wurden und wir Zugang zu den Materialen bekamen, bedeutete einen grundlegenden Wandel. Aber bis heute gibt es viel Material, das wir nicht einsehen können.«

Mittlerweile gibt es in den Archiven selbst Aktivisten, die mit den Opferverbänden sympathisieren und auf die wahren Zustände in den Archiven hinweisen: Im *Archivo General de Ávila* lagern z. B. 50 000 Kisten, von denen gerade einmal 4000 durchgesehen wurden. Tausende sind noch nicht einmal erfasst. Woran liegt das? In den insgesamt 23 Archiven des Militärs arbeiteten 2018 ganze 28 Archivare.

An die Akten, die sich in der *Fundación Nacional Francisco Franco* (FNFF) befinden, kommt nur ein erlesener Kreis heran. Die Vereinigung zur Rückgewinnung des historischen Gedächtnisses gehört nicht dazu. Kritikern wird der Zugang verwehrt, obwohl die FNFF staatliche Unterstützung erhält. Dem Europäischen Parlament ist die Stiftung suspekt. In einer 2018 verabschiedeten Resolution, die in den EU-Ländern Aktivitäten unterbinden soll, die den Faschismus verherrlichen, ist die Franco-Stiftung explizit aufgeführt.

Die 1976 gegründete Stiftung ist privat organisiert. Sie soll der Verbreitung des Andenkens an den Diktator dienen. Basis der Stiftung sind 30 000 Dokumente aus dem Privatarchiv Francos. Leiter ist der ehemalige Privatadjutant von König Juan Carlos I., General a. D. Juan Chicharro, ein bekennender Fan des Diktators:

Franquisten beim faschistischen Gruß während eines Treffens zu Francos Geburtstag vor der Grabstätte des Diktators im »Tal der Gefallenen«

»Ich bin sehr stolz darauf, ein Franquist zu sein. Als Franco 1975 starb, waren 70 Prozent der Spanier Franco-Anhänger. Heute gibt es anscheinend keine mehr. Dabei hatte Franco damals keine nennenswerte Opposition.« Sein Geschichtsbild lässt tief blicken, wenn er behauptet: »Franco war nicht für den Bürgerkrieg verantwortlich. Es waren die Linken, vor allem die Sozialisten.« Heute ist der pensionierte Divisionsgeneral ein aktiver Unterstützer der rechtsradikalen VOX-Partei.

Epilog

45 Jahre nach dem Tod von Francisco Franco sind die Amnestiegesetze, die alle Verbrechen vor 1975 straffrei stellten, weiterhin in Kraft. Richter Baltasar Garzón, der 2008 feststellte, dass im Bürgerkrieg und in der Diktatur Verbrechen gegen die Menschlichkeit begangen wurden, die nicht amnestiefähig sind, erhielt Berufsverbot.

Das 2007 verabschiedete Gesetz über das historische Gedenken war halbherzig verfasst und wurde von der konservativen Regierung Rajoy durch die Verweigerung der Mittel faktisch außer Kraft gesetzt. Die im Juli 2018 von der sozialistischen Minderheitsregierung in Aussicht gestellte Gründung einer Wahrheitskommission zur Aufklärung der Verbrechen während des Bürgerkriegs und der Franco-Diktatur blieb eine Ankündigung.

Das Modell der *transición,* des Übergangs zur Demokratie ohne Aufarbeitung der Vergangenheit, hat vielleicht bis zur ersten freien Parlamentswahl 1978 funktioniert. Spätestens nach dem gescheiterten Putsch von 1981 wäre es an der Zeit gewesen, sich der Verantwortung für die Aufarbeitung der Vergangenheit zu stellen. Dass dies bis heute nicht geschah, ist ein Skandal. Dass die Verantwortlichen aus der Diktatur nach und nach aussterben und Demokraten Platz machen würden, war bestenfalls Wunschdenken. Sie sind nicht abgetreten, ohne sich ihren Nachwuchs nachzuziehen.

Die unterbliebene Aufarbeitung lässt die Anhänger der Diktatur noch immer im Glauben, dass die »Roten« am Bürgerkrieg schuld seien. Franco hingegen habe das Vaterland gerettet und geeint. Er habe Spanien zu einem aufblühenden Industrieland gemacht und in den Kreis der Europäer geführt und dem Land seine Würde zurückgegeben. Unter anderem darum gibt es heute in Spanien wieder eine extreme Rechte, die in Francos Tradition ungehemmt agiert.

Die mit der Diktatur gingen, haben profitiert – in manchen Fällen sogar erst in der Phase des Übergangs und der anschließenden Demokratie. Diejenigen, die die Republik gegen die Putschisten um Franco verteidigten, wurden benachteiligt. Während sich die einen über Generationen einen angenehmen Lebensstil aufbauen konnten, wurden die anderen diskriminiert, bekamen schlechte Arbeit oder gar keine. Während die einen in den Jahrzehnten der Diktatur das geistig-kulturelle Leben in Spanien prägten (und damit auch alle, die in jenen Jahren die Universitäten und Hochschulen besuchten), lebten die anderen im Exil unter teils widrigen Bedingungen. Während die einen keine strafrechtliche Verfolgung befürchten müssen, sind die Schandurteile gegen die anderen bis heute nicht aufgehoben.

Die Rechtsgrundlage des heutigen Spaniens wird in wichtigen Teilen noch von der Justiz aus der Franco-Zeit geprägt. Hunderte Gesetze aus der Franco-Zeit sind bis heute noch in Kraft. Darunter befindet sich auch das Gesetz über die Staatsgeheimnisse, das der Diktator noch kurz vor seinem Tode unterschrieb. Die Partei der baskischen Nationalisten brachte 2016 einen Gesetzentwurf ein, wonach die Dokumente aus den Archiven spätestens nach 25 Jahren freigegeben werden müssen. Die Abstimmung über diesen Antrag wurde bereits 14 Mal verschoben.

Wichtige Archive aus der Zeit des Bürgerkrieges und der nachfolgenden Diktatur befinden sich noch immer in einem beklagenswerten Zustand. Sie sind beschämend unterbesetzt. Nur ein Teil ist digitalisiert. Es fehlen überall die notwendigen Gelder, heißt es. Dabei wird an anderer Stelle das Geld mit vollen Händen ausgegeben, siehe nur die Ausgaben für das Königshaus. Für die Exhumierung und die würdige Beerdigung der Opfer Francos ist kaum Geld in der Staatskasse. Die bisherige Arbeit der zahlreich entstandenen Bürgerinitiativen wird von Spendengeldern finanziert und von Freiwilligen umgesetzt.

Mittlerweile hat sich eine starke Bewegung entwickelt, die nicht länger warten will, bis sich die Regierenden endlich durchringen, die verschleppte Aufarbeitung der Franco-Vergangenheit zu beginnen. In allen Landesteilen, in großen und kleinen Kommunen haben Freiwillige damit begonnen, die Überreste der Opfer zu bergen und in Würde zur letzten Ruhe zu betten. Sie haben sich vernetzt und zusammengeschlossen, treten auf allen Kanälen in den sozialen Medien auf, sind gefragte Gesprächspartner der Medien und üben so immer stärkeren Druck aus.

Das führte dazu, dass die nur acht Monate regierende sozialistische Regierung unter Pedro Sánchez 2018 ankündigte, die Gebeine des Diktators aus seinem Mausoleum im Valle de los Caídos entfernen zu lassen. »Es ist ein Affront gegen die spanische Demokratie, dass ein Diktator in einem staatlichen Mausoleum begraben liegt«, sagte der Verantwortliche für das Projekt, Fernando Martinez, vom spanischen Justizministerium. »Und dass dieser Ort zur Pilgerstätte des spanischen Faschismus geworden ist. Das kann ein demokratisches Land nicht dulden.«

Für die Annahme, dass es sich bei der Regierungsaktion zunächst um einen Schnellschuss handelte, sprachen einige Indizien. Da war zunächst einmal die Familie des Diktators. Die empfand eine Umbettung als Grabschändung und Störung der Totenruhe. Und sie hat ein Mitspracherecht. Geschickt stimmte sie formal einer Verlegung zu, aber nur in die Almudena-Kathedrale in Madrid, gleich neben dem Königspalast. Das wäre der vollendete Albtraum gewesen, denn damit wäre eine Pilgerstätte für Franco-Anhänger direkt in der Hauptstadt entstanden. Dort liegen bereits die sterblichen Überreste mehrerer Diktatoren, wie Fulgencio Batista aus Kuba, Marcos Pérez Jiménez aus Venezuela oder des kroatischen Faschistenführers Ante Pavelić.

Anfang 2019 taten sich neue Hindernisse auf. Der Prior des Benediktinerordens, der im Valle de los Caídos mit der Grabpflege beauftragt ist, teilte mit, dass man jedem den Zutritt verwehren werde, der mit der Absicht einer Exhumierung Francos komme. Sein Kloster untersteht nur dem Papst. Der Vatikan hielt sich zunächst heraus, stimmte dann aber einer Umbettung zu.

Der frühere Zwangsarbeiter Nicolás Sánchez Albornoz, der beim Bau eingesetzt wurde, war schon froh, dass über das Thema überhaupt öffentlich diskutiert wird: »Über 40 Jahre lang war das ein Tabuthema. Mich hat das immer beschämt. In ganz Europa hat man sich gefragt: Wie kann Spanien ein Mausoleum für einen Diktator unterhalten? Die Asche von Hitler wurde von der Spree davongetragen, die Überreste von Mussolini sind in einem kleinen Dorf bestattet. Was für eine Schande!«

Im Februar 2019 unterband Verwaltungsrichter José Yusty Bastarreche alle weiteren Aktivitäten zur Umbettung. Es sei zu gefährlich für die Arbeiter, die tonnenschwere Granitplatte, die auf dem Grab Francos liege, anzuheben. Die Angelegenheit habe zudem »keine Eile«, denn das verstorbene Staatsoberhaupt habe dort schon 44 Jahre gelegen.

Wer ist dieser Richter? Sein Vater war unter Franco Admiral, wie auch sein Großvater, der schon bei der Unterdrückung des Bergarbeiterstreiks in Asturien 1934 und beim Putsch gegen die Republik zwei Jahre später dabei war. Ein Platz in Cartagena trug seinen Namen, bis er 2016 umbenannt wurde. Der Richter hat sich mehrmals in seinen Schriften als rechtskonservativer Ideologe zu erkennen gegeben. Das Gesetz zur historischen Erinnerung von 2007 nannte er eine »Verruchtheit von Zapatero und dem Sozialnationalismus«.

Viel Aufsehen erregte ein Appell von 181 teils hochrangigen Militärs (die Mehrheit von ihnen im Ruhestand), die Würde des Diktators nicht anzutasten. Angesichts einer seit Francos Tod anhaltenden Schmutzkampagne der Linken sei es an der Zeit, sich zu Wort zu melden, um die Ehre des Caudillos zu verteidigen. Die rechtsradikale VOX-Partei nominierte zwei der prominentesten Unterzeichner als Spitzenkandidaten zu den Parlamentswahlen 2019.

Feldwebel Marco Antonio Santos hingegen protestierte in den sozialen Netzwerken gegen diese Verteidigung Francos. Er wurde im November 2019 unehrenhaft entlassen. Er hatte auf die franquistische Tradition in den spanischen Streitkräften verwiesen, darauf, dass der faschistische Gruß »Arriba España« immer noch zu hören sei. Am 20. November, dem Todestag Francos, werde in vielen Kasernen ein Tagesbefehl ausgegeben, mit dem des Diktators gedacht werde. »Die Führung der Streitkräfte steht immer noch in der Tradition der franquistischen Unterdrückung.«

Sobald sie den aktiven Dienst in den Streitkräften beendet haben, fühlen sich immer mehr Militärs bemüßigt, ihren politischen Standort öffentlich zu machen. In der Monatszeitschrift »Militares« schmähte Oberst Enrique Domínguez Martínez Campos Ende 2019 die regierende Sozialistische Partei als »antispanisch« und »marxistisch«. Franco habe sein Land »vor der kommunistischen Revolution gerettet«. Die Vereinigung und damit auch das Blatt unterstehen dem Personalrat der Streitkräfte (Coperfas) und damit dem Verteidigungsministerium in Madrid.

Am 24. Oktober 2019 wurde der Leichnam Francos schließlich doch noch umgebettet. Der Diktator liegt nun auf dem Friedhof von Mingorrubio, unweit seines Palastes. Die Familie will dagegen den Europäischen Gerichtshof für Menschenrechte in Strasbourg anrufen. Der spanische Staat soll wegen Verletzung von Artikel 8 (Schutz der Privatsphäre und der Familie) der Europäischen Menschenrechtskonvention verklagt werden. Konkret richtet sich der Vorwurf gegen die Entscheidung, Franco nicht in der Familiengruft in der Krypta der Kathedrale La Almudena in Madrid zu bestatten.

Die Umbettung Francos macht Madrid nun zum Zentrum der Auseinandersetzungen um das historische Gedächtnis. Wenige Wochen nach der Umbettung verfügte die Stadtregierung, die von der rechtskonservativen PP und den rechtsliberalen Ciudadanos gestellt wird, dass die 65 Erinnerungstafeln von 1000 Opfern Francos auf dem Friedhof La Almudena entfernt werden. Künftig solle aller Opfer des Bürgerkriegs gedacht werden. Die abgeschlagenen Steintafeln stapeln sich, die Gedenkmauern sind mittlerweile leer.

Die Zentralregierung hat mit der Umbettung ein Zeichen gesetzt. Reicht es aus? Was wird aus dem Grab des Faschistenführers Primo de Rivera im Mausoleum? Auch er ist der Grund für die zahlreichen Wallfahrten der Rechten, die hier den rechten Arm emporrecken und die faschistische Hymne »Gesicht zur Sonne« singen. Was geschieht mit dem Mausoleum selbst? Die gigantomanische Grabstätte zerbröselt und müsste in naher Zukunft mit großem Aufwand restauriert werden.

Aus Sicht der Angehörigen der Opfer, die aus Massengräbern herausgeholt und im Valle de los Caídos wahllos zusammengekippt wurden, wäre es ein Zeichen seriöser Aufarbeitung der Diktatur, wenn man endlich mit dem Aufbau einer nationalen Datenbank zur Identifizierung begonnen hätte. Es gilt noch heute die Feststellung eines der bekanntesten spanischen Schriftsteller, Juan Benet, anlässlich des 40. Jahrestages des Franco-Putsches: »Der Bürgerkrieg von 1936 bis 1939 war zweifelsohne das einschneidendste historische Ereignis im Spanien der Gegenwart und wer weiß, vielleicht sogar in seiner gesamten Geschichte.«

* * *

Die Demokratie in Spanien steht auf dem Fundament der faschistischen Diktatur. Der alte Apparat der Diktatur wurde nie angetastet. Für die Erben Francos verschwand mit dem Tod des Diktators auch die Diktatur. Die *transición,* der Waffenstillstand mit der Opposition, wurde in der »paktierten Demokratie« in ihrem Sinne organisiert.

Die konservative Volkspartei *Partido Popular* (PP) war jahrzehntelang ihr politisches Instrument. Deren Ursprung liegt in der 1976 gegründeten *Alianza Popular* (AP). Ihr Gründer Manuel Fraga Iribarne war eine zentrale Gestalt der Diktatur seit 1962. In der AP waren alle rechten Parteien zusammengefasst: Sechs von sieben standen unter der Führung ehemaliger Franco-Minister. 1989 erfolgte die Umbenennung in *Partido Popular.*

Bis vor kurzem gab es in Spanien keine nennenswerten rechtsradikalen Parteien. Dann gewann 2018 bei den Regionalwahlen in Andalusien die von PP-Mitgliedern 2013 gegründete Partei VOX aus dem Stand elf Prozent und verschaffte damit den Rechtskonservativen von der PP die Rückkehr an die Macht. Bei den nationalen Wahlen vom 28. April 2019 erhielt sie beachtliche zehn Prozent. Die nachfolgende Regierungsbildung scheiterte. Bei den Neuwahlen im November 2019 stieg VOX zur drittstärksten Partei Spaniens auf, die einen Vizepräsidenten im Parlament stellt. Die PP regiert in drei Regionen nur noch mit Duldung der Rechtsextremen.

Diese Ergebnisse sind Ausdruck einer Mobilisierung und Radikalisierung rechter Wählerschichten, die von den Ereignissen der letzten Jahre alarmiert worden sind. Im Zentrum des Wahlkampfes stand die Einheit Spaniens zur Abwehr der Zentrifugalkräfte in einigen Regionen. VOX steht für die radikale Abschaffung der regionalen Autonomie sowie des Senats, der Vertretung der Regionen. Den Entwurf für eine Regionalverfassung in Katalonien werten die Rechtsradikalen als separatistischen Staatsstreichversuch. Die spanische Sprache soll einzige Amtssprache werden. Die Partei ist strikt gegen Abtreibungen und Geschlechtsumwandlungen. Dafür soll der Stierkampf zum spanischen Kulturerbe erklärt und die Jagd umfänglich geschützt werden.

Ein weiterer Schwerpunkt ist die Abwehr von Flüchtlingen. Die kostenlose Gesundheitsfürsorge für sie will VOX abschaffen. Illegale und straffällige Migranten sollen abgeschoben werden. Die Grenze der in Marokko gelegenen Enklaven Melilla und Ceuta soll mit einer »unüberwindlichen Mauer« gesichert werden. Polizei und Sicherheitskräfte sollen alle erforderlichen Mittel zur Abwehr von Flüchtlingen bekommen.

Der katholische Klerus ist bereits gespalten, weil sich einige kirchliche Würdenträger für die Rechtsradikalen ausgesprochen haben. Führend ist der Bischof von Córdoba, Demetrio Fernández. Bekannt ist auch die Unterstützung der Bischöfe von Alcalá de Henares, San Sebastián, Oviedo und Burgos.

Schließlich ist der Kampf gegen die Versuche, die Verbrechen der Diktatur aufzudecken, ein zentrales Thema der Rechtsradikalen. Dafür hat VOX wirkungsvoll ehemalige führende Militärs als Kandidaten zu Wahlen aufgestellt. Der frühere Generalstabschef des Heeres, Fulgencio Coll, kandidierte erfolgreich für den Stadtrat von Palma de Mallorca. Sein Vater war der letzte Regionalpräsident der Insel unter Franco, ebenso wie sein Großvater, Juan Coll Fuster, Bürgermeister von Palma zwischen 1945 und 1952. Generalleutnant a. D. Manuel Mestre Barea wurde in Alicante gewählt, Fallschirmjäger-General a. D. Alberto Asarta Cuevas in Castellón. In Cádiz kandidierte Brigadegeneral a. D. Agustin Rosety Fernandez von der Marineinfanterie und vertritt nun VOX im Parlament. Alle drei sind erfahrene Militärs mit Spezialeinsätzen im Ausland. Es ist der bewusste Aufbau einer Drohkulisse.

Das Militär rückt immer mehr ins Zentrum der Forderungen der VOX. Sie plädiert für mehr Geld und fordert zwei Prozent des Staatshaushalts, wie sie die NATO reklamiert; sie fordert die beste Ausrüstung und Bewaffnung für die Streitkräfte. Beste Beziehungen zum Militär unterhält vor allem VOX-Generalsekretär Javier Ortega, der als Offizier bei den Spezialeinsatzkräften diente. Er rechtfertigte die Massenerschießungen durch Francos Militär mit der Begründung, es hätte sein Werk verrichtet nach dem Motto *sin odio, con amor* (ohne Hass, mit Liebe). Im Wahlkampf ließ der rechtsradikale Spitzenfunktionär stets das Kampflied der spanischen Legion *El novio de la muerte* anstimmen. Das Lied stammt vom Gründer der Fremdenlegion, General Millan Astray, der 1936 bei einem Disput mit dem Rektor der Universität von Salamanca, Miguel de Unamuno, wutentbrannt ausrief: »Tod der Intelligenz!«

Die Vergangenheit lebt wieder auf.

Anhang

Verzeichnis der Abkürzungen

ARMH – Asociación para la Recuperación de la Memoria Histórica (Vereinigung zur Wiedererlangung des historischen Gedächtnisses)

CEDA – Confederación Española de Derechas Autónomas (Spanische Konföderation der Autonomen Rechten)

CC.OO – Comisiones Obreras (Arbeiterkommissionen)

CNT – Confederación Nacional del Trabajo (Konföderation anarchosyndikalistischer Gewerkschaften)

ETA – Euskadi Ta Askatasuna (Baskenland und Freiheit)

FET y de las JONS – Falange Española Tradicionalista y de las Juntas de Ofensiva Nacional Sindicalista (Falange der Spanischen Traditionalisten und der Ausschuss der Nationalsyndikalistischen Offensive)

GAL – Grupos Antiterroristas de Liberación (Antiterroristische Befreiungsgruppen)

GRAPO – Grupos de Resistencia Antifascista Primero de Octubre (Gruppen des antifaschistischen Widerstands Erster Oktober)

HISMA – Compañía Hispano-Marroquí de Transportes Limitada (Spanisch-Marokkanische Transportgesellschaft mit beschränkter Haftung)

JONS – Juntas de Ofensiva Nacional Sindicalista (Vereinigungen der Nationalsyndikalistischen Offensive)

PCD – Plataforma de Convergencia Democrática (Plattform des Demokratischen Zusammengehens)

PCE – Partido Comunista de España (Kommunistische Partei Spaniens)

PNV – Partido Nacionalista Vasco (Baskische Nationalistische Partei)

POUM – Partido Obrero de Unificación Marxista (Arbeiterpartei der Marxistischen Einheit)

PP – Partido Popular (Volkspartei)

PSOE – Partido Socialista Obrero Español (Spanische Sozialistische Arbeiterpartei)

ROWAK – Rohstoff- und Wareneinkaufsgesellschaft m. b. H.

UCD – Unión de Centro Democrático (Verband des Demokratischen Zentrums)

UGT – Unión General de Trabajadores (Allgemeine Arbeiterunion – sozialistisch)

Chronik

507 Die Westgoten flüchten nach einer Niederlage auf die Iberische Halbinsel.

587 Der westgotische König Rekkared konvertiert zum Katholizismus und herrscht von Toledo aus über fast die gesamte Iberische Halbinsel.

711 Ein muslimisches Heer schlägt in Andalusien die Westgoten. Nach drei Jahren ist fast das ganze Reich unter muslimischer Kontrolle.

1469 In Valladolid heiraten die kastilische Thronfolgerin Isabella (1451–1504) und Ferdinand, der Kronprinz von Aragón (1452–1516). Damit herrschen beide über Spanien.

1492 Nach zehnjährigen Kämpfen wird das letzte muslimische Herrschaftsgebiet in Westeuropa von den Christen erobert. Damit endet die Reconquista, die Halbinsel untersteht vollständig christlichen Herrschern. Alle Juden werden ausgewiesen.

1502 Ausweisung aller Muslime. Christoph Kolumbus sucht im Auftrag der spanischen Könige einen Seeweg nach Indien – und erreicht am 12. Oktober die Bahamas.

1519 Hernan Cortés (1485–1547) erobert Mexiko. Der spanische König Karl I. wird in Frankfurt als Karl V. zum römisch-deutschen König und damit de facto zum Kaiser des Heiligen Römischen Reiches gewählt.

1532 Francisco Pizarro erobert Peru.

1543 In den spanischen Besitzungen in Südamerika wird das Vizekönigreich Peru errichtet. Um die Mitte des 16. Jahrhunderts sind weite Teile Mittel- und Südamerikas sowie das südliche Nordamerika von Spanien unterworfen.

1556 Karl I. dankt ab und übergibt Spanien, die Niederlande, die italienischen Besitzungen und die überseeischen Kolonien seinem Sohn Philipp II. Karls Bruder Ferdinand I. wird dessen Nachfolger als römisch-deutscher Kaiser.

1571 Miguel López de Legazpi erobert die Philippinen.

1580 Philipp II. übernimmt den Thron von Portugal samt seinen Kolonien in Asien, Afrika und Südamerika.

1588 Spanien versucht, England zu erobern, und scheitert.

1609 König Philipp III. weist die zum katholischen Glauben übergetretenen Muslime aus Spanien aus. Viele Landstriche werden fast vollkommen entvölkert, andere verlieren ihre wirtschaftlich aktive Bevölkerung.

1640 In Katalonien erheben sich Bauern, Landarbeiter und Handwerker gegen die spanische Zentralmacht, rufen die Republik aus und unterstellen sich dem französischen König.

In Portugal verschwören sich die Adeligen gegen die Herrschaft des spanischen Monarchen und machen sich wieder selbständig.

1648 Im Frieden von Münster muss Spanien die Unabhängigkeit der protestantischen Niederlande anerkennen.

1652 Spanien erobert Katalonien zurück.

1659 Im Pyrenäenfrieden verliert Spanien Teile Flanderns sowie Nordkatalonien an Frankreich. Damit endet die spanische Hegemonie in Europa.

1700 Karl II. stirbt kinderlos. Die spanische Krone geht an die französische Bourbonen-Dynastie.

1750 Portugal und Spanien einigen sich auf einen Grenzverlauf in Südamerika.

1811 Venezuela erklärt seine Unabhängigkeit von Spanien.

1815 Ferdinand VII. entsendet 10 000 Mann zur Niederschlagung der Unabhängigkeitskämpfe in Südamerika.

1817 Panama, Kolumbien, Ecuador und Venezuela vereinigen sich zur unabhängigen Republik Kolumbien.

1822 Mexiko wird unabhängig.

1898 Nach der Explosion des US-amerikanischen Kriegsschiffes »Maine« im Hafen von Havanna beginnt der Spanisch-Amerikanischen Krieg. Spanien verliert mit den Philippinen, Guam, Puerto Rico und Kuba seine letzten Kolonien.

1904 José de Echegaray erhält den Literaturnobelpreis.

1906 Santiago Ramón y Cajal erhält den Nobelpreis für Medizin.

1909 Erhebung der Berber im Rif-Gebirge. Spanien entsendet zur Niederschlagung Truppen, vor allem Reservisten aus Katalonien. 500 sterben, Tausende werden verwundet. Es kommt zu Massenprotesten. Die Armee schreitet ein, 120 Demonstranten werden erschossen, mehr als 1700 verurteilt.

1912 Oberleutnant Francisco Franco zieht in den Krieg in Marokko.

1921 Die spanische Armee kapituliert vor den Berberrebellen unter Führung von Abd el-Krim. Der ruft zwei Jahre später die unabhängige Rif-Republik aus.

1922 Jacinto Benavente erhält den Literaturnobelpreis.

1923 Der Generalkapitän von Katalonien, General Miguel Primo de Rivera, putscht gegen die Regierung und errichtet mit Zustimmung durch König Alfons XIII. eine Militärdiktatur, die bis 1930 dauert.

1926 Die Berberrepublik kapituliert gegen die Übermacht der Truppen aus Frankreich und Spanien. Abd el-Krim wird auf die französische

Insel Réunion im Indischen Ozean verbannt. Franco wird mit 33 Jahren General.

1931 Einführung des Frauenwahlrechts.

Bei Wahlen siegen die Gegner der Monarchie. König Alfonso XIII. geht ins Exil nach Paris. Es entsteht die Zweite Republik. Eine Mitte-links-Koalition übernimmt die Regierung.

1934 Nach Wahlen übernehmen die Rechten die Regierung. Der Streik der asturischen Bergarbeiter wird blutig niedergeschlagen. In der Verantwortung ist auch General Franco. 3000 Menschen sterben, 30 000 werden verhaftet.

1936 Mit ihrem Wahlsieg im Februar übernimmt eine Volksfrontregierung die Macht.

Am 18. Juli putschen Teile der Generalität. Franco ist in Spanisch-Marokko. Seine Truppen werden mithilfe deutscher und italienischer Flugzeuge ans spanische Festland gebracht.

Im September werden die ersten Internationalen Brigaden zur Verteidigung der Republik gebildet. Einen Monat später greift die Sowjetunion in den Kampf ein und entsendet Waffen und Freiwillige.

Franco wird Generalissimus und neuer Staatschef des von den Putschisten eroberten Teils von Spanien.

1937 Vertreter Spaniens und der UdSSR unterzeichnen die Übergabe des spanischen Goldschatzes in Moskau. Von den über 500 Tonnen sind nach 19 Monaten nur noch zwei übrig. Mit dem Erlös hatte die republikanische Regierung Waffen von der Sowjetunion gekauft.

Bei der Schlacht um Teruel erleiden die Republikaner schwere Verluste: 10 000 Soldaten sind gefallen, 15 000 werden gefangen genommen.

1938 Flugzeuge der deutschen Legion Condor und der italienischen Luftwaffe zerstören Guernica.

Stalin stellt die Hilfen an Spanien ein. Die Internationalen Brigaden werden mit einer Parade in Barcelona verabschiedet.

1939 Francos Truppen nehmen Katalonien und seine Hauptstadt Barcelona ein. Fast eine halbe Million Spanier flüchten nach Frankreich.

Am 19. Mai 1939 hält Franco seine Siegesparade in Madrid ab.

1940 Treffen von Franco mit Adolf Hitler. Der Versuch, Spanien an die Seite Nazideutschlands in den Zweiten Weltkrieg zu ziehen, scheitert.

1946 Die UNO verweigert Spanien die Aufnahme. Begründung: Die Franco-Herrschaft ist ein faschistisches Regime, das mithilfe der Nazis und des faschistischen Italiens an die Macht gekommen ist. Spanien wird von allen internationalen Organisationen ausgeschlossen. Bis auf den Vatikan, Irland und Portugal verlassen alle anderen Botschafter das Land.

1947 Franco lässt per Referendum die Monarchie wiedereinführen. Er macht sich zum Herrscher auf Lebenszeit und nimmt sich das Recht, den König selbst zu bestimmen.

1953 Spanien schließt das Konkordat mit dem Vatikan. In 36 Artikeln werden der katholischen Kirche Sonderrechte wie in keinem anderen Land der Welt eingeräumt.

Spanien und die USA schließen den Pakt von Madrid. Spanien erhält verstärkt militärische und wirtschaftliche Unterstützung, und die USA können auf spanischem Territorium Militärbasen errichten.

1955 Spanien wird Mitglied der UNO.

1959 Spanien tritt der Organisation für wirtschaftliche Zusammenarbeit und Entwicklung (OECD) bei und öffnet sich für das Auslandskapital.

1962 Eine Bankreform unterstellt das gesamte Kreditwesen des Landes der Bank von Spanien. Mit Mariano Navarro Rubio als Präsident der Zentralbank steigt der katholische Laienorden Opus Dei in kürzester Zeit zum einflussreichsten Faktor in Spanien auf. Er kontrolliert Banken, Industrieunternehmen, Tageszeitungen, Verlage, Rundfunksender, Filmgesellschaften, Agenturen, Universitäten und Schulen.

1963 Trotz internationaler Proteste wird der kommunistische Funktionär Julián Grimau García zum Tode verurteilt und hingerichtet.

Die Diktatur richtet Sondertribunale für politische Straftaten ein. Vor allem richtet sich die Strafverfolgung des Tribunal de Orden Público (TOP) gegen die immer stärker werdenden neuen Gewerkschaften.

1964 In Madrid und Barcelona werden die ersten Provinzorganisationen der illegalen Gewerkschaften Comisiones Obreras (CC.OO) gegründet.

1967 Mit dem »Marsch auf Madrid«, zu dem die CC.OO aufgerufen hatten, kommt es zur größten Protestdemonstration seit Ende des Bürgerkriegs.

1968 Ein Kommando der baskischen Untergrundorganisation ETA tötet den Chefinspektor der politischen Polizei in San Sebastián, Melitón Manzanas. Er war Spaniens bekanntester Folterer und unbarmherziger Verfolger der Opposition.

1969 Studenten und Gewerkschafter demonstrieren gegen die Diktatur. Für drei Monate verhängt Franco den nationalen Ausnahmezustand. Die Cortes bestätigen Juan Carlos als Nachfolger Francos.

Die ETA zündet mehr als ein Dutzend Bomben. Binnen weniger Monate wird fast die gesamte Führungsstruktur zerschlagen. Die meisten werden verhaftet, andere fliehen ins Exil.

1970 Vor einem Kriegsgericht werden 16 Mitglieder der ETA vor Gericht gestellt. Sechs werden zum Tode verurteilt, eine Angeklagte freigesprochen. Die anderen werden zu Haftstrafen zwischen 62 und 12 Jahren verurteilt – insgesamt 754 Jahre Gefängnis. Auf weltweiten Druck hin werden die Todesurteile nicht vollstreckt.

1973 Die ETA tötet bei einem Bombenanschlag Regierungschef Luis Carrero Blanco.

1975 Das Regime vollstreckt fünf Todesurteile. Zwei der Getöteten waren baskische Separatisten der ETA, drei weitere gehörten der linksradikalen FRAP an.

1975 Nach langer Krankheit stirbt Francisco Franco. Juan Carlos wird König von Spanien.

1976 Der Generalsekretär der faschistischen Falange, Adolfo Suárez, wird neuer Regierungschef. Er macht sich verdient, indem er den Übergang zwischen Diktatur und Demokratie erfolgreich zwischen Rechten und Linken, Siegern und Besiegten des Bürgerkrieges moderiert.

1977 Generalamnestie für alle politisch motivierten Gewaltverbrechen vor Ende 1976.

Zulassung der politischen Parteien, darunter auch der Kommunistischen Partei Spaniens, zu den ersten freien Wahlen.

1978 Die Cortes wird zur verfassunggebenden Versammlung und legt die erste Verfassung seit 1936 vor, die mit 88 Prozent der Stimmen angenommen wird.

1979 Mehr als 600 terroristische Attentate erschüttern das Land. Die Mehrheit mit fast 250 Toten und knapp 800 Verletzten geht auf das Konto der ETA.

1980 Die Terrorwelle hält an: Bei 480 Attentaten und 200 Bombenanschlägen kommen 132 Menschen ums Leben, 432 werden verletzt. 2000 Verdächtige werden verhaftet, nahezu alle gehören der ETA an.

1981 Teile der Guardia Civil und des Militärs putschen gegen die Regierung. König Juan Carlos I. erteilt den Befehl, die verfassungsmäßige Ordnung wiederherzustellen. Der Putsch scheitert.

1982 Bei vorgezogenen Neuwahlen siegt die Sozialistische Arbeiterpartei Spaniens (PSOE) mit der absoluten Mehrheit der Stimmen. Felipe González wird neuer Regierungschef. Der Slogan »100 Jahren Ehrlichkeit« verfängt beim Wahlvolk, kann aber nicht eingelöst werden. Die

Partei verstrickt sich in den nachfolgenden Jahren in zahlreiche Korruptionsskandale.

1984 Die ETA ermordet den sozialistischen Senator Enrique Casas, die zentrale Figur der Sozialisten im Baskenland.

Der Kinderarzt Santiago Brouard wird in seiner Praxis ermordet. Er war Führer der baskischen Unabhängigkeitspartei Herri Batasuna, kandidierte für das Bürgermeisteramt in Bilbao und war langjähriger Unterstützer der ETA. Hinter dem Mord steht eine Organisation, die sich Grupos Antiterrorista de Liberación (GAL), nennt. Ihr Motto: Auge um Auge, Zahn um Zahn, arithmetische Vergeltung.

1996 Die Rechte von der Partido Popular (PP) kehrt nach siegreichem Wahlausgang zurück an die Macht und bildet ein Minderheitskabinett. Der neue Regierungschef José Maria Aznar entstammt den höchsten franquistischen Familien. Sein Vater war während des Bürgerkriegs Propagandachef der faschistischen Falange.

1998 Untersuchungsrichter Baltasar Garzón bringt die Hintermänner der GAL vor Gericht, wo sie 1998 zum Teil zu langen Gefängnisstrafen verurteilt werden. Unter ihnen der sozialistische Innenminister, sein Staatssekretär und Chef des Geheimdienstes, der Generalsekretär der PSOE im Baskenland, der oberste Leiter der Anti-Terror-Bekämpfung sowie der Chef des Geheimdienstes in Bilbao.

2000 Die PP siegt bei den Wahlen mit absoluter Mehrheit.

Gründung der Asociación para la Recuperación de la Memoria Histórica (Vereinigung zur Rückgewinnung des historischen Gedächtnisses).

2002 Die Regierungsfraktion der Partido Popular überstimmt eine Gesetzesinitiative aller übrigen parlamentarischen Fraktionen, die vorsah, die Opfer des Franquismus zu rehabilitieren und ökonomisch zu entschädigen.

2004 Die Regierung Aznar wird abgewählt. Zuvor ereignen sich Bombenanschläge auf drei Bahnstationen rund um Madrid mit 191 Toten und 2057 Verletzten. Ungeachtet der sich verdichtenden Hinweise auf einen islamistischen Terrorakt erklärt die Regierung, die Täter seien bei der ETA zu suchen. Die PSOE mit ihrem Spitzenkandidaten José Luis Rodríguez Zapatero gewinnt mit 42,6 Prozent der Stimmen.

2007 Die sozialistische Regierung verabschiedet das Gesetz über das historische Andenken (Ley de Memoria Histórica). Als die rechtskonservative Partido Popular 2011 die Wahlen mit dem bisher besten Ergebnis ihres Bestehens erzielt, setzt sie das Gesetz faktisch außer Kraft.

2008 Untersuchungsrichter Garzón beginnt offiziell seine Ermittlungen gegen Diktator Franco und Dutzende prominente Vertreter der Diktatur. Die Franco-Diktatur habe einen »systematischen Plan« verfolgt, die Verteidiger der Republik zu eliminieren. Das sei als Verbrechen gegen die Menschlichkeit anzusehen. Da die Opfer verschollen seien, könnten die Verbrechen nicht verjährt sein. Das stellt die Generalamnestie von 1977 infrage.

2009 Untersuchungsrichter Baltasar Garzón eröffnet ein Ermittlungsverfahren gegen führende Funktionäre der Partido Popular. Es geht um den Verdacht eines Korruptionsnetzwerks in Madrid, Valencia und der Costa del Sol. Der Vorgang erhält den Namen »Fall Gürtel«.

2010 Richter Luciano Varela beschuldigt Garzón der Rechtsbeugung, weil er mit der Genehmigung der Öffnung der Massengräber gegen das Amnestiegesetz von 1977 verstoßen habe, das von einem demokratisch gewählten Parlament beschlossen worden sei. Sein Beschluss sei »objektiv gesehen rechtswidrig«. Garzón erhält für elf Jahre Berufsverbot. Danach ist er in jedem Fall pensioniert.

2011 Die ETA stellt nach 2606 Attentaten und 758 Toten den bewaffneten Kampf ein. Sieben Jahre später gibt sie die Selbstauflösung bekannt.

2014 König Juan Carlos I. tritt nach zahlreichen Skandalen ab. Neuer König wird sein Sohn Felipe VI.

2018 Im Korruptionsfall »Gürtel« werden die Urteile bekannt gegeben: Der Kopf des Netzwerks, Francisco Correa, erhält eine Haftstrafe von 51 Jahren und 11 Monaten und der Ex-Schatzmeister der PP 33 Jahre Haft und eine Geldstrafe von 44 Millionen Euro. Der Partido Popular wird in dem 1687 Seiten langen Urteil bescheinigt, mindestens ab 1989 dauerhaft illegale Finanzierungssysteme eingerichtet zu haben.

Premierminister Mariano Rajoy wird durch ein Misstrauensvotum gestürzt. Sein Konkurrent von der PSOE, Pablo Sánchez, regiert ab Mitte des Jahres mit einer Minderheitsregierung.

Zum ersten Mal seit dem Ende der Franco-Diktatur zieht mit der 2013 gegründeten VOX eine rechtsextreme Partei in ein Regionalparlament ein. In Andalusien erzielt sie bei der Regionalwahl aus dem Stand knapp elf Prozent der Stimmen.

Die sozialistische Regierung fasst den Beschluss, die Gebeine des Diktators aus seinem Mausoleum im Valle de los Caídos zu holen.

2019 Ein Richter stoppt die Verlegung der Gebeine Francos.

Die Sozialistische Minderheitsregierung muss nach acht Monaten im Amt Neuwahlen ausrufen. Die PSOE gewinnt die Abstimmung im April, hat aber wieder keine Mehrheit. Die rechtsradikale VOX-Partei zieht aus

dem Stand mit zehn Prozent ins spanische Parlament ein. Eine Regierungsbildung scheitert.
Im Oktober werden die Gebeine Francos auf den Friedhof Mingorrubio bei Madrid verlegt.
Im November werden wieder Wahlen abgehalten. Die rechtsradikale VOX-Partei gewinnt Stimmen hinzu.

2020 Am 7. Januar gelingt es dem geschäftsführenden Regierungschef Pedro Sánchez (PSOE) im zweiten Wahlgang mit hauchdünnem Vorsprung von zwei Stimmen mit der linken Partei Unidos Podemos die erste Koalitionsregierung in der neueren Geschichte Spaniens zu bilden. Sie wurde durch die Stimmen kleinerer Regionalpartei sowie der Duldung durch die katalanischen Unabhängigkeitspartei ERC ermöglicht.

Quellen und Literaturverzeichnis

Zeitungen und Zeitschriften

Die Zeit
Der Spiegel
die tageszeitung
Süddeutsche Zeitung
Die Welt
Der Standard
Neue Zürcher Zeitung
El País
El Mundo
Le Monde diplomatique en español
Hispania Nova. Revista de Historia Contemporánea

Rundfunk

ARD
Deutschlandfunk
Deutsche Welle

Online

heise.de
elconfidencial.com
eldiario.es
pressenza.com
spanienkämpfer.de
Telepolis
Tranvia.de
youtube.de

Wissenschaftliche Arbeiten

Aguilar, Paloma: La amnesia y la memoria. Las movilizaciones por la amnistía en la transición a la democracia, in: Rafael Cruz/Manuel Perez Ledesma (Hg.), Cultura y movilización en la España contemporanea, Madrid 1997, S. 327–357

Andrade Blanco, Juan: Santiago Carrillo en la Transición. Historia y mito del secretario general del PCE, in: Historia del Presente 24, 2014, S. 59–76.

Bernecker, Walther L.: Spaniens Übergang von der Diktatur zur Demokratie – Deutungen, Revisionen, Vergangenheitsaufarbeitung, in: Vierteljahrshefte für Zeitgeschichte, Jahrgang 52 (2204) Heft 5, S. 693–710

Davis, Madeleine: Is Spain Recovering Its Memory? Breaking the *Pacto del Olvido*, in: Human Rights Quarterly 27, Baltimore 2005, S. 858–880.

Denoyer, Aurélie: Exil als Heimat. Die spanischen kommunistischen Flüchtlinge in der DDR. Individuelle Lebensläufe, Kollektivgeschichte. Diss. Universität Potsdam / Université Paris-Est 2012

Geinitz, Frank Peter: Die Falange Española und ihr Gründer José Antonio Primo de Rivera (1903–1936) – im Rahmen der Bewältigung der Vergangenheit der Zweiten Spanischen Republik (1931–1939), Diss. Sozialwissenschaftliche Fakultät der Ludwig-Maximilians-Universität München 2008

Hünecke, Silke: Überwindung des Schweigens. Verdrängte Geschichte, politische Repression und Kollektives Trauma als Gegenstand der Arbeit der erinnerungspolitischen Bewegung im spanischen Staat, Diss. Fachbereich Politikwissenschaft der FU Berlin, Berlin 2013

Macher, Julia: Verdrängung um der Versöhnung willen? Die geschichtspolitische Auseinandersetzung mit Bürgerkrieg und Franco-Diktatur in den ersten Jahren des friedlichen Übergangs von der Diktatur zur Demokratie in Spanien (1975–1978), Historisches Forschungszentrum der Friedrich-Ebert-Stiftung, Bonn 2002

Nellessen, Bernd: Die verbotene Revolution. Aufstieg und Niedergang der Falange, Diss. Hamburg 1963

Preston, Paul: General Franco as a military leader. The transactions of the Royal Historical Society: sixth series, 4. 1994, S. 21–41.

Rau, Hannah: Strafrechtliche Vergangenheitsbewältigung am Beispiel Spanien, Diss. Universität Heidelberg, Heidelberg 2014

Sotelo, Ignacio: Vergangenheitsbewältigung: Spanien ein unpassendes Beispiel, in: Klaus Sühl (Hg.): Vergangenheitsbewältigung 1945 und 1989. Ein unmöglicher Vergleich?, Berlin 1994, S. 44–57.

Bücher

Abel, Werner: Die Kommunistische Internationale und der Spanische Bürgerkrieg. Dokumente, Berlin 2009

Abel, Werner/ Enrico Hilbert (Hg.): Sie werden nicht durchkommen. Deutsche an der Seite der Spanischen Republik und der sozialen Revolution, Lich 2015

Abendroth, Hans-Henning: Hitler in der spanischen Arena, Paderborn 1973

Aguado Sánchez, Francisco: El maquís en Espana. Madrid 1975
Aguilar, Paloma: Memory and Amnesia. The Role of the Spanish Civil War in the Transition to Democracy, New York 2002
Aguilar Fernández, Paloma / Payne, Leigh A.: El resurgir del pasado en España. Fosas de víctimas y confesiones de verdugos, Madrid 2018
Alba, Victor: Historia de la resistencia antifranquista (1939–1955), Barcelona 1978
Aróstegui, Julio / Godicheau, Francois: Guerra Civil. Mito y Memoria, Madrid 2006
Aschmann, Birgit: Treue Freunde?: Westdeutschland und Spanien (1945 bis 1963), Stuttgart 1999
Ballesteros, Iván: Españoles ¡Franco no ha muerto! La Transición como el continuismo de los pilares de la dictadura, Madrid 2018
Baumer, Andreas: Kommunismus in Spanien. Die Partido Comunista de España – Widerstand, Krise und Anpassung (1970–2006), Baden-Baden 2008
Bernecker, Walther L.: Anarchismus und Bürgerkrieg. Zur Geschichte der Sozialen Revolution in Spanien 1936–1939, Hamburg 1978
– ders.: Krieg in Spanien 1936–1939, Darmstadt 2005
– ders.: Spanische Geschichte. Vom 15. Jahrhundert bis zur Gegenwart, München 2015
Bernecker, Walter L. / Sören Brinkmann: Kampf der Erinnerungen. Der Spanische Bürgerkrieg in Politik und Gesellschaft 1936–2010, Nettersheim 2011
Bedmar González, Arcángel (Hg.): Memoria y olvido sobre la Guerra Civil y la represión franquista, Lucena 2003.
Berg, Angela: Die internationalen Brigaden im Spanischen Bürgerkrieg 1936–1939. Essen 2005
Broué, Pierre / Emile Témime: Revolution und Krieg in Spanien. Geschichte des spanischen Bürgerkrieges, Frankfurt 1968
Carr, Raymond: Spain: Dictatorship to Democracy, London 1981
Casanova, Julian (Hg.), Morir, matar, sobrevivir. La violencia en la dictadura de Franco, Barcelona 2002
Castellano, Pablo: Por Diós, por la Patria y el Rey. Una visión critica de la transición española, Madrid 2001
Collado Seidel, Carlos: Der Spanische Bürgerkrieg. Geschichte eines europäischen Konflikts, München 2010
Díaz-Plaja, Fernando: La Vida Cotidiana En La España De La Guerra Civil, Madrid 1994

Einhorn, Marion: Spanienintervention. Die ökonomischen Hintergründe der faschistischen deutschen Intervention in Spanien 1937–1939, Berlin 1962

Espín Martín, Manuel: Los años rebeldes: España, 1966–69, Madrid 2018

Fernandez, Carlos, Tensiones Militares durante el Franquismo, Barcelona 1985

Fernández-Miranda, Juan / García Calero, Jesús: Don Juan contra Franco: Los papeles perdidos del régimen: Los archivos secretos de la última conspiración monárquica, Madrid 2018

Froidevaux, Alexandre: Gegengeschichten oder Versöhnung? Erinnerungskulturen und Geschichte der spanischen Arbeiterbewegung vom Bürgerkrieg bis zur Transición (1936–1982), Nettersheim 2015

Fusi, Juan Pablo: Franco. Spanien unter der Diktatur 1936–1975, München 1992

Gorkin, Julián: Stalins langer Arm, Köln 1980

Grebe, Inga: »Die Deutschen waren für uns etwas Besonderes …«. Gespräch mit Santiago Carrillo, in: Martin-Luther-Universität Halle-Wittenberg, Hallische Beiträge zur Zeitgeschichte, Heft 6, Halle 1999, S. 75 ff.

Hugh, Thomas: La guerra civil española, Ruedo Ibérico, Paris 1962

Hutter, Hans: Spanien im Herzen. Ein Schweizer im Spanischen Bürgerkrieg. Zürich 1996

Juliá, Santos: Transición. Historia de una política española (1937–2017), Barcelona 2017

– ders.: Víctimas de la Guerra Civil, Madrid 2004

Kühn, Adriaan: Kampf um die Vergangenheit als Kampf um die Gegenwart. Die Wiederkehr der »zwei Spanien«, Baden-Baden 2012

Manjón, José: Zona roja, Madrid 2019

Miralles, Ricardo / Viñas, Angel: Los rusos en la guerra de España, 1936–1939, Madrid 2009

Moradiellos, Enrique: Franco. Anatomy of a Dictator, London 2018

Morán, Gregorio: Miseria y grandeza del Partido Comunista de España 1939–1985, Barcelona 1986

– ders.: El precio de la transición, Barcelona 1991

Moser, Carsten R.: Tourismus und Entwicklungspolitik. Dargestellt am Beispiel Spaniens, Hamburg 1972

Mühlen, Patrik v. zur: Spanien war ihre Hoffnung. Die deutsche Linke im Spanischen Bürgerkrieg 1936 bis 1939, Bonn 1983

Muñoz Sánchez, Antonio: El amigo alemán. El SPD y el PSOE de la dictadura a la democracia, Barcelona 2012
Nelles, Dieter u. a.: Deutsche AntifaschistInnnen in Barcelona 1933–1939. Die Gruppe »Deutsche Anarchosyndikalisten« (DAS), Freiburg 2013
Ordaz, Pablo/Jiménez Barca, Antonio: Así fue la dictadura. Diez historias de la represión franquista, Madrid 2018
Pack, Sasha D.: Tourism and Dictatorship. Europe's Peaceful Invasion of Franco's Spain, New York 2006
Peñaranda, Juan María de: Operación Lucero. El plan secreto para mantener todo atado tras la muerte de Franco, Madrid 2017
Pichler, Georg: Gegenwart der Vergangenheit. Die Kontroverse um Diktatur und Bürgerkrieg in Spanien, Zürich 2012
Plate, Eckart: Der Zuchtmeister. General Franco und sein Spanien, Alicante 2000
– ders.: Spanien in Flammen. Der Bürgerkrieg und seine Vorgeschichte, Valencia 1995
Prego, Victoria: Así se hizo la transición, Barcelona 1995
Preston, Paul: The Spanish Civil War. Reaction, Revolution and Revenge, New York/London 2007
– ders.: The Politics of Revenge. Fascism and the Military in Twentieth-Century Spain, London, 1990
– ders.: The Last Stalinist. The Life of Santiago Carrillo, London 2014
– ders.: Franco, London 1995
Rau, Peter: Der Spanienkrieg 1936–39, Köln 2012
Riebenbauer, Raúl M.: El silencio de Georg. La verdadera historia de Heinz Ches, ejecutado el mismo día que Salvador Puig Antich, Barcelona 2005
Rodrigo, Javier: Los campos de concentración franquistas, Madrid 2003
Roig Pruñonosa, Neus: Lo llores que vas a ser feliz. El tráfico de bebés en España: de la represión al negocio, 1936–1996, Madrid 2018
Saña, Heleno: Die libertäre Revolution. Die Anarchisten im Spanischen Bürgerkrieg, Hamburg 2001
Serrano, Secundino: Maquís. História de la guerrilla antifranquista. Madrid 2001
Schauff, Frank: Der verspielte Sieg. Sowjetunion, Kommunistische Internationale und Spanischer Bürgerkrieg 1936–1939, Frankfurt am Main 2005
Silva, Emilio/Macías, Santiago: Las fosas de Franco. Los republicanos que el dictador dejó en las cunetas, Madrid 2003

Silva, Jesús R. / Martí Llop Heterónimo, Carles: Franco, la locura y la muerte, o. O. 2019
Tosstorff, Reiner: Die POUM in der spanischen Revolution, Köln 2006
Tusell, Javier / Álvaro Soto (Hg.): Historia de la transición 1975 – 1986, Madrid 1996
Vilar, Sergio: História del antifranquismo 1939 – 1975, Esplugas 1984
Viñas, Ángel: El oro de Moscú. Alfa y ómega de un mito franquista, Barcelona 1979
Viñas Angel (Hg.): Guerra, Dinero, Dictadura, Barcelona1984
Woods, Alan: Spain's Revolution Against Franco. The Great Betrayal, London 2019
Zaratiegui, Jesús María: Bienvenido míster Marshall. Los planes de desarrollo (1964 – 1973), Madrid 2019

Abbildungsnachweis

Die historischen Abbildungen stammen aus dem Archiv des Autors. Das aktuelle Foto vom Aufmarsch der Franquisten auf Seite 262 ist von Sebastian Marjanov (picture alliance / AP Photo). Die Karten zeichnete Peter Palm in Berlin.

Der Autor

Hannes Bahrmann (1952), studierte Lateinamerikawissenschaften und Allgemeine Geschichte an der Universität Rostock. Er arbeitete als Journalist bei Nachrichtenagenturen, Zeitungen, Zeitschriften und beim Rundfunk. Gemeinsam mit Christoph Links verfasste er die »Chronik der Wende«, die vom Ostdeutschen Rundfunk Brandenburg (ORB) für die ARD in insgesamt 167 Folgen verfilmt wurde. Im Rahmen einer Revolutionstrilogie erschienen im Ch. Links Verlag »Abschied vom Mythos. Sechs Jahrzehnte kubanische Revolution. Eine kritische Bilanz« (2016), »Nicaragua. Die privatisierte Revolution« (2017) und »Venezuela. Die gescheiterte Revolution« (2018). Mit Christoph Links verfasste er »Finale. Das letzte Jahr der DDR« (2019). Er lebt in Mecklenburg-Vorpommern. Neun Jahre lang hatte er seinen zweiten Wohnsitz in Spanien.